アニメ聖地巡礼の観光社会学

コンテンツツーリズムのメディア・コミュニケーション分析

岡本 健
Takeshi Okamoto

法律文化社

短めのまえがき

　「聖地巡礼」（pilgrimage）と聞いて第一に思い浮かべるイメージは国や地域，人，世代などによって異なります。もちろん，第一義的には宗教にかかわる重要な場所を聖地と呼んで，そこを訪れることを指します。ですが，たとえば，スポーツ選手にとって重要な場所を「聖地」と呼ぶ使い方も，一般的になされています。相撲の両国国技館，野球の甲子園，ボクシングの後楽園ホールは有名ですね。特定の職業や趣味の聖地もあります。近江神宮は「かるた」の聖地です。あるいは，何らかの開運効果があるとされる場所が「パワースポット」と呼ばれ，聖地化することもあります。アイドルの出身地やゆかりの場所，名字が冠されている神社への来訪なども聖地巡礼と呼ばれています。

　「聖地巡礼」は，これほど幅の広いイメージを束ねる言葉になっています。本書では，この聖地巡礼のなかの「アニメ聖地巡礼」を扱います。1990年代から目立ち始めたアニメファンの行動で，アニメの背景に描かれた場所を探し出して，実際にそこを訪ねる行為です（図）。この図は，2018年2月2日に力士の天空海さんがアニメ映画『君の名は。』（2016年）の聖地巡礼を行い，越錦さんと共にシーンを再現して，自身の Twitter アカウントから投稿したツイートです。『君の四股名は。』というコメントが付されたこのツイートは Twitter ユーザーの間で人気を博し，2018年7月時点で11万以上の「リツイート」，22万以上の「いいね」を獲得しています。このツイートをきっかけに，そのコメント欄では『君の名は。』の主題歌である『前前前世』（RADWIMPS）の替え歌『前前前頭』が複数のユーザーの書き込みでつくられていきました。本書は，現在このような展開を見せている「アニメ聖地巡礼」について研究を行った成果を記したものです。

　このように書くと，よくいただく声があります。それは，「アニメのような軽薄な文化と，歴史的な聖地巡礼を同列に扱うなんて，けしからん」などというものです。高齢の方からいただくことが多いのですが，若い学生から聞こえてくることもあります。何らかの違和感を覚える現象を前にしたときに，かた

図　アニメ映画『君の名は。』の聖地巡礼

出所：天空海さんの Twitter より（@aquashoma）。本人の許可を得たうえで転載。

くなに否定的な態度を崩さずにいては，分析がそれ以上進みません。いわゆる「思考停止」というやつです。さらに，対象への攻撃を表明してしまう態度は，もはや，いじめやハラスメントなどに隣接するものでしょう。

　古いものだけが重要なのでしょうか。詳しくは，『マンガ・アニメで人気の「聖地」をめぐる神社巡礼』（エクスナレッジ）という書籍で書いたので，そちらをご覧いただきたいのですが，文化は，古い状態のままで固定してしまうことによってのみ，守られるわけではないのです。私は，「古いものは不要で新しいものが大切だ」と言っているわけでは決してありません。そうではなく，新しいものも古いものもどちらも研究して「面白がる」あるいは「面白がり方を学ぶ」ことこそ重要であると考えています。古いものを学んで新しい表現形式を生み出すことも，新しい表現に惹かれて歴史を学ぶ回路も，どちらも必要だと思うのです。違和感は，むしろ研究のチャンスです。

短めのまえがき

　本書では，一見すると「軽い」現代の文化現象を，研究というアプローチで分析しました。私は大学の教員なのですが，学生さんに日々お伝えしているのは，この「研究」の態度です。それは，自分で決めたテーマについて，すでになされている先行研究を調べて整理し，客観的な調査を実施して，そこに自分なりの新たな知見を付け加えていくというものです。

　私は「研究テーマに貴賤は無い」と口癖のように言っています。研究という行為の魅力の1つは，研究の作法を守りさえすれば，どんな対象についても扱える自由さだと考えているからです。本書ではアニメ聖地巡礼を扱っていますが，私は以前，研究のアプローチを用いて『ゾンビ学』（人文書院）という本を出版しました。「ゾンビ」なんて，もっと研究にならなさそうでしょう？　でも，これも対象にしてしまえるのが研究の面白いところなのです。

　本文では，アニメ聖地巡礼の実態について，さまざまな方法を用いて迫っていきます。先行研究の整理，文献研究，新聞・雑誌記事分析，アニメ作品そのものの分析，アンケート（質問紙）調査，現地に赴いて調査するフィールドワーク，関係者へのインタビュー（聞き取り）調査，SNSを用いた調査や，ウェブサイトやブログのアクセス解析などを組み合わせました。

　逆に，アニメ聖地巡礼について詳しい人からすると，これらの手続きは「まどろっこしい」ものかもしれません。ただ，「研究」が大切にするのは，客観的に検証可能な手段で事実を積み重ねて結果を得ることです。当然，研究主体による解釈が入り込みますので，完全に客観的であることは不可能ですし，それはそれで無味乾燥なものになるでしょう。ですが，でき得る限り，他者が読んでわかるように表現し，他者も同じ方法で再度結果を検証できるように方法や手続きを明示する。これを心がけるアプローチなのです。

　この本には，研究の成果はもちろんですが，それを導きだすために用いた方法についても詳しく記載しました。**付録**では，実際に用いたアンケート用紙や，ウェブサイトへのアクセス数なども掲載しています。つまり，皆さんは，得られた結果から，私とは異なる考察を行うことも可能なのです。それは研究の重要な営為の1つである「批判的検討」につながり，そこから皆さん独自の新たな研究上の問いが生みだされます。さて，前置きはこのあたりにして，そろそろ，アニメ聖地巡礼に観光社会学的に迫る「旅」に出かけましょう。

iii

目　次

短めのまえがき

序　章　社会にとっての観光の意味　　　　　　　　　　　　　　1

第 1 章　なぜ，アニメ聖地巡礼を研究するのか　　　　　　　3

1　情報社会における旅行者の特徴 ……………………………………… 3
2　観光政策，観光ビジネスにおける旅行者 ……………………… 3
3　観光社会学における旅行者 ………………………………………… 6

第 2 章　情報社会の観光とメディア・コミュニケーション　　7

1　現代社会の諸問題 …………………………………………………… 7
2　情報社会の進展とコミュニケーションやアイデンティティ ……… 7
　　（1）インターネット利用者数と普及率の推移／（2）情報機器から情
　　報通信機器へ——技術的，政策的な環境変化／（3）コミュニケーション
　　のあり方——インティメイト・ストレンジャー／（4）個人のアイデンティ
　　ティのあり方——多元的自己
3　再帰的近代化における個人化——「大きな物語」と「小さな物語」……… 14
4　他者との出会いの回路としての観光の可能性 …………………… 17

第 3 章　観光学におけるメディア・旅行者・相互作用　　　19

1　観光とメディアに関する研究 ……………………………………… 19
　　（1）観光メディア研究の整理／（2）ソーシャルメディア時代の観光
　　メディア研究／（3）コンテンツの定義／（4）デジタルコンテンツ（源）
　　とアナログコンテンツ（源）／（5）コンテンツツーリズムへの政策的
　　注目／（6）コンテンツツーリズムへの学術的注目

iv

2 旅行者の特徴に関する研究 ……………………………………………… 32

（1）旅行者の消費者心理学，消費者行動論的研究／（2）旅行者の社会学的研究／（3）旅行者の人類学的研究

3 旅行者と地域住民の相互作用に関する研究 ……………………………… 39

（1）ホスト／ゲスト枠組の限界／（2）情報社会のコミュニティとコミュニケーション

第4章 現代的な観光現象を分析する複合的手法 43

1 3つの研究領域を横断した研究 ………………………………………… 43

2 方法としてのアニメ聖地巡礼 …………………………………………… 44

3 オタクの登場とメディア ………………………………………………… 46

4 オタクの定義と消費行動，コミュニケーション …………………… 47

5 マルチメディアな二次創作文化 ………………………………………… 49

6 ネットを通じて広がるN次創作 ………………………………………… 50

7 共同体と公共性 …………………………………………………………… 53

8 どのように研究を進めていくのか ……………………………………… 54

第5章 観光の社会的潮流と旅行者の情報化 57

1 観光の潮流 ………………………………………………………………… 57

（1）（まれに）気晴らしを求めた時代──1950年代後半～1960年代後半／（2）皆が出かける（参加する）ようになった時代──1960年代後半～1970年代後半／（3）社会全体の動向との対比／（4）生活のなかの観光の時代──1970年代後半～1980年代前半／（5）国際観光隆盛の時代──1980年代後半～1990年代初め／（6）「新たな観光」への期待と「観光の動物化」──1990年代後半以降／（7）「再帰的」な個人主義と旅行の多様性／（8）「動物化」と不可能性の時代／（9）観光の動物化とメディア

2 旅行者の情報化 …………………………………………………………… 67

（1）1990年代における旅行の情報源／（2）2000年代における旅行の情報源／（3）旅行に関する情報行動の世代，性別による差／（4）旅行情報化世代

第6章 アニメ聖地巡礼の誕生とその展開——文献，新聞・雑誌記事分析 75

1 「アニメ聖地巡礼」とは何か 75

2 文献研究と新聞・雑誌記事分析 76

（1）文献研究／（2）新聞・雑誌記事分析

3 アニメ聖地巡礼の誕生にかかわる文献および新聞記事の分析結果 79

4 アニメ聖地巡礼の誕生時期と観光の潮流における位置づけ 81

5 アニメ聖地巡礼の展開にかかわる新聞・雑誌記事検索の結果 82

6 アニメ聖地巡礼の展開についての考察 84

（1）アニメ聖地巡礼者の特徴／（2）アニメ聖地となった地域の地元
住民の動向／（3）アニメ聖地巡礼者と地元住民とのかかわり／（4）
アニメ聖地巡礼に関する作品関係者の態度

7 メディア分析の成果から見るアニメ聖地巡礼の誕生，特徴，展開 91

第7章 アニメ聖地巡礼の特徴——大河ドラマ観光との比較 105

1 旅行行動の特徴の分析枠組みと調査手続き 105

（1）分析の枠組み／（2）アニメ聖地8か所フィールド調査の手続き

2 フィールドワークの結果からわかるアニメ聖地巡礼行動 107

（1）アニメ聖地巡礼の動機形成／（2）アニメ聖地巡礼の情報探索／
（3）アニメ聖地巡礼の旅行中行動／（4）アニメ聖地巡礼の旅行後行
動

3 大河ドラマ観光の特徴 116

（1）大河ドラマの概要／（2）大河ドラマ観光の動機形成／（3）大
河ドラマ観光の情報探索／（4）大河ドラマ観光の旅行中行動／（5）
大河ドラマ観光の旅行後行動

4 アニメ聖地巡礼と大河ドラマ観光 121

（1）動機形成および情報探索における主体性と能動性／（2）旅行者
による情報発信と情報の編集／（3）旅行におけるコミュニケーション
のあり方の変容／（4）能動的な巡礼者像

第8章 舞台を「発見」する開拓者——ソーシャルメディアのコミュニティ調査 127

1 アニメ聖地を「発見」する人々 127

2 開拓的アニメ聖地巡礼者への SNS コミュニティ調査の結果 ……………… 128

（1）開拓者の基本情報——性別・年齢・居住地・職業／（2）情報交換
の仕方／（3）舞台探訪のきっかけ／（4）舞台探訪を開始した時期／
（5）開拓者の情報源と交通手段／（6）舞台探訪中のよかったこと／（7）
舞台探訪中の悪かったこと

3 開拓的聖地巡礼者のコミュニケーション ……………………………………… 134

（1）「動物化」的特徴／（2）動物化の乗り越え／（3）開拓者の両義
性

第9章 聖地巡礼者の全体像——アニメ聖地4か所での質問紙調査 138

1 聖地巡礼者像をとらえる ………………………………………………………… 138

2 アニメ聖地4か所における質問紙調査 ……………………………………… 139

（1）質問紙調査の手続き／（2）収集データの概要

3 アニメ聖地巡礼者の基本情報 ………………………………………………… 140

（1）性別／（2）年齢／（3）居住地／（4）情報源

4 質問紙調査データからわかること ……………………………………………… 145

第10章 『らき☆すた』と『けいおん！』——作品のコンテンツ史的位置づけ 146

1 『らき☆すた』と『けいおん！』の特徴 …………………………………… 146

2 アニメ史における位置づけ …………………………………………………… 147

（1）第一次アニメブーム——1960年代／（2）第二次アニメブーム——
1970年代後半から1980年代後半／（3）第三次アニメブーム——1990年代
後半から2000年代前半

3 2000年代のアニメ作品 ………………………………………………………… 151

（1）古い想像力（1995〜2001年）と現代の想像力（2001年〜）／（2）
引きこもり／心理主義／（3）サヴァイブ感と決断主義／（4）日常系・
空気系アニメ

第11章 『らき☆すた』聖地「鷲宮」における土師祭 156

1 『らき☆すた』聖地「鷲宮」の誕生と展開 ………………………………… 156

（1）埼玉県北葛飾郡鷲宮町の概要／（2）聖地巡礼者と商工会職員と

vii

のコミュニケーション／（3）鷲宮における取り組みの展開と効果／（4）
聖地巡礼者と地域住民のコミュニケーション／（5）鷲宮の取り組みの
広がり

2 土師祭と「らき☆すた神輿」 ……………………………………… 161

（1）「らき☆すた神輿」の発案／（2）「らき☆すた神輿」展開の経緯

3 「らき☆すた神輿」担ぎ手アンケート ………………………… 167

（1）来訪回数／（2）担ぎ手募集の情報源／（3）再び担ぐ意思／（4）
土師祭の感想（よかった点）／（5）土師祭の感想（悪かった点）／（6）
鷲宮町に対する感想や意見

4 価値観を認め合う場 ……………………………………………… 175

第12章 『けいおん！』聖地「豊郷」における豊郷小学校旧校舎群　177

1 『けいおん！』聖地「豊郷」の誕生と展開 …………………… 177

（1）滋賀県犬上郡豊郷町の概要／（2）『けいおん！』の聖地，とされ
ている「豊郷」／（3）『けいおん！』聖地としての豊郷小学校旧校舎
群

2 個人の行動の集合がつくり上げる観光資源 ………………… 184

（1）観光資源のボトムアップ的構築／（2）地域の祭りへの巡礼者の
参画／（3）巡礼者による取り組み／（4）地域の個人による取り組み

3 『けいおん！』聖地豊郷における質問紙調査 ……………… 191

（1）異なる価値観の人々が集う場としての豊郷／（2）豊郷小学校旧
校舎群における質問紙調査の手続き／（3）データの回収数と概要／
（4）他の『けいおん！』聖地への来訪／（5）他のヴォーリズ建築の
知識の有無と来訪意思

4 偶然の出会いからの価値観の広がり …………………………… 195

第13章 地域側から発信される観光情報の流通プロセス　196

1 ウェブページのアクセス解析 …………………………………… 196

（1）「鷲宮町商工会ホームページ」と「今日の部室」／（2）アクセス
解析の手続き

2 アクセス解析の結果 ……………………………………………… 197

（1）アクセス数の推移／（2）地域の状況との関連／（3）アクセス

のリンク元／（4）アクセス経路の分析

3 情報拡散者の役割 ……………………………………………………… 204

第14章 発信・創造・表現する旅行者 205

1 アニメ聖地巡礼の行動的特徴の整理 ……………………………… 205
2 ボトムアップ的に構築される観光情報 …………………………… 208
3 地域側からの情報発信とその流通のあり方 …………………… 210
4 趣味を突き詰めた結果としての観光 …………………………… 212

第15章 他者との回路としての観光の可能性 214

1 オフ会との比較による検討 ………………………………………… 214
　　（1）「殺伐」オフ会／（2）オフ会とアニメ聖地巡礼／（3）匿名でありながら特定される個人

2 新たな旅行コミュニケーションのメカニズム …………………… 218
　　（1）地域側が旅行者に対して価値観を表明すること／（2）対面接触場面でのコミュニケーション

3 観光をきっかけとした社会の「再」構築にむけて …………… 220
4 情報社会における観光の可能性 ………………………………… 221

付　録 225

〈1〉　開拓的アニメ聖地巡礼者への調査項目 ………………………… 227
〈2〉　アニメ聖地4か所調査の調査票（埼玉県北葛飾郡鷲宮町）…… 228
〈3〉　アニメ聖地4か所調査の調査票（滋賀県犬上郡豊郷町）……… 232
〈4〉　「らき☆すた神輿」担ぎ手アンケートの調査票 ……………… 235
〈5〉　「鷲宮町商工会ホームページ」および「今日の部室」の日ごとアクセス数一覧 ‥ 236
〈6〉　関連論文一覧 …………………………………………………… 240
〈7〉　発展論文一覧 …………………………………………………… 241
〈8〉　コンテンツツーリズム関連書籍一覧 ………………………… 242

長めのあとがき

参考文献一覧
索　　引
著者紹介

序章　**社会にとっての観光の意味**

　情報社会における観光の意味が問われている。この場合の情報社会とは，デジタル化とネットワーク化が進み，個人による情報の受信や編集，発信が容易にできるようになった社会のことだ。具体的には，2000年代に入って，インターネットの大衆化が進んだ日本社会のことを指している。

　情報通信技術の発展および普及や，交通網の整備が進むにつれて，旅行者はその特徴を大きく変化させてきている。旅行者の個人化，多様化，能動化が進んでいるのだ。これは，観光の政策やビジネスのあり方を考える際に重要な事柄でもあるが，人にとって，社会にとって，観光がどのような役割を持つのか，という社会学的問題としても注目に値する。

　その範囲をより明確にすると，現代社会において，観光は，他者とのコミュニケーションを開く回路となるのか否かという問題である。近年，社会学において盛んに議論され，現在重要な論点となっているのが，「他者性を持った他者」との出会いの可能性と不可能性だ。人は動物化し，他者とのコミュニケーションは不要になってしまったという仮説が提出される一方で，人は他者性を持った他者とのコミュニケーションを必要としているという説もある。

　また，他者との関係のあり方が変容していることについても議論がなされている。たとえば，電子メディアが普及する前は，匿名性と親密性は元来相容れないものであったが，情報通信機器の発展，普及により，匿名でありながら，いや，むしろ匿名だからこそ親密になれる，というような新たな他者関係が見いだされているのだ。こうした時代にあって，観光にかかわってなされるメディア・コミュニケーションを通して，他者性を持った他者との関係性はどのようになっているだろうか。

　観光は，普段暮らしている日常的な生活空間から離れる行動である。この特

徴により，観光中は，人々にとって，他者性を持った他者との出会いの機会になり得ると同時に，他者とのコンフリクトが発生する可能性が高まる場面でもある。このように考えると，人と人との偶然の出会いや，コミュニケーションのあり方，そして，そこからどのような関係性が構築されていくのか（あるいは構築されないのか）を分析するうえで，観光の現場は最適な場だと考えられる。

　本書では，こうした状況を背景として，これまで「個人化」や「他者とのコミュニケーション」，「公共性」などを議論する際に，多くの論者によって議論の俎上にのせられ，分析がなされてきた「オタク」の旅行行動を分析していく。オタクの旅行行動とは，すなわち「アニメ聖地巡礼」と呼ばれるものだ。これは，アニメの背景として描かれた場所を実際に訪れる行動である。アニメの聖地巡礼行動およびそれを取り巻くメディア・コミュニケーションを多角的に分析することによって，情報社会における旅行者の行動的特徴とコミュニケーション的特徴を実証的に明らかにする。そうすることで，観光が，他者性を持った他者との出会いの回路となり得るかという問題について論じ，社会における観光の意味を考察することができる。

第1章 なぜ，アニメ聖地巡礼を研究するのか

1 情報社会における旅行者の特徴

　本書では，情報社会における旅行者の特徴を明らかにしていく。この場合の情報社会とは，デジタル化とネットワーク化が進展した社会のことを指す。具体的には，日本において2000年代に形成された，インターネットが多くの人々に広く普及した状況である。

　また，旅行者の特徴については，主に次の2つの特徴について明らかにしていく。1つは旅行者の行動的特徴であり，もう1つはメディア・コミュニケーション的な特徴である。その際，地域住民の動向や情報発信なども分析の対象に含める。これらを明らかにしていくことで，情報社会において，観光は「他者性を持った他者」との出会いを開く回路となるのか，なるのだとしたら，どのような仕組みになっているのか，について考察することができる。

　このような目的を設定した背景として，大きく以下の2点が挙げられる。1点目は，観光政策，観光ビジネスにおける旅行者分析の必要性の高まり，そして，2点目は，現代社会における価値観やアイデンティティ，リアリティ，コミュニケーションのあり方の変容だ。

2 観光政策，観光ビジネスにおける旅行者

　日本の政策として観光立国が掲げられ，観光を活用した地域振興に期待が集まっている。そのなかで，旅行者はどのような存在として扱われているだろうか。観光政策の基本方針として2012年3月30日に閣議決定された「観光立国推進基本計画」[1]には，その第4章「観光立国の実現に関する施策を総合的かつ計

3

画的に推進するために必要な事項」において，「国」「地方公共団体」「住民」「観光事業者」「観光旅行者」のそれぞれが果たすべき役割が示されている。

　なかでも特筆すべきなのは「観光旅行者」について，その理想像を描いている点だ。抜粋すると「観光旅行者は，訪れる国又は地域の固有の文化・歴史等に対する理解を深めるよう努めることとし，それらを尊重することとする。また，持続的な観光の発展のため，観光資源・観光施設等や観光地の魅力を損ねることなく子々孫々まで永く保つよう努めることとし，いやしくも落書きやゴミの放置をせず，多くの人々が共に観光旅行を楽しめるよう努めることとする[2]」とある。

　観光立国推進基本計画で挙げられている5つの主体のなかで最もコントロールがききにくいのは，「観光旅行者」だろう。「旅行者」であるから流動的であり，また，学びや宗教的巡礼のみならず，レクリエーションや享楽的な楽しさを求めて観光行動を行っている場合も考えられる。そうした主体に対して，基本計画で挙げられているような信条を持ったうえで行動をとることを，外発的に促すのは難しいのではないだろうか。それというのも，観光をはじめとするレジャーを行う人間の本質的欲求のなかには，「自分で選択権を握ること」「自分でコントロールができること」「自己決定権があること」（Mannell and Kleiber 1997＝2004）があるからだ。

　また，観光ビジネスや産業，旅行実務の文脈においても旅行者は重要視されているが，消費者としての旅行者の動向をとらえるのが難しくなっている，あるいは，難しくなったと感じられている。このことをよく示しているのが，公益社団法人日本観光協会が刊行した『平成22年度版 観光の実態と志向』で設定されたテーマだ。それは，「人はなぜ旅に出なくなったのか[3]」である。

1） 2017年3月28日に新たな「観光立国推進基本計画」が閣議決定された。そこでは，国内旅行消費額21兆円，訪日外国人旅行者数4,000万人，訪日外国人旅行消費額8兆円，訪日外国人旅行者に占めるリピーター数2,400万人，訪日外国人旅行者の地方部における延べ宿泊者数7,000万人泊，などの目標が掲げられている。

2） 2017年版の「観光立国推進基本計画」では，「観光旅行者は，訪れる国又は地域の固有の文化・歴史等に対する理解を深め，そこでのマナーを守り，観光資源，観光地域等の魅力を損ねることのないように保ち，将来にわたって多くの人々が観光旅行を楽しめるよう努める」と表現が改められている。

第1章　なぜ，アニメ聖地巡礼を研究するのか

　ただし，このときの旅行は宿泊旅行を指している。つまり，日帰りを含めた場合，本当に人が旅行をしなくなっているかは明言し難い。また，場所の移動をともなわず，旅行と同様の心理的充足を得られる活動が存在する可能性もある。いずれにせよ，宿泊旅行を行う人数が減ったということのみにとらわれている状態は，政策的にも実務的にも建設的ではないだろう。

　こうした問題に対して有用な知見を得るためには，表面的，全体的な旅行者動向の分析だけではなく，旅行者のタイプや，旅行者および観光目的地となる地域が置かれている社会背景を正確にとらえたうえで，旅行者の行動的特徴を質的に分析し，把握することが重要になる。

　国策としてなされている観光振興だが，観光による地域社会の問題解決への期待も大きく，「観光まちづくり」や「観光を活用した地域振興」が盛んに実践され，論じられている。[4] そうした観光を活用した地域振興に関する文脈のなかでも，旅行者の役割は重要性を増している。

　情報通信技術が発展，普及し，交通網が整備され，旅行者の自由度が増した結果，旅行者はパッケージ・ツアーを利用せずとも，自分の意思で旅行をデザインし，観光を行えるようになってきた（石森 2001a；石森 2001b）。これを石森秀三は，「観光者みずからが自分の意思で旅行を可能ならしめているという意味で，『自律的観光』とみなすことができる」と述べた（石森 2001a；石森 2001b）。その一方で，地域側から見ると，この「自律的」な観光者をいかにマネジメントしていくかが問題になるという指摘もある（敷田・森重 2006）。

　こうした問題に関しては，地域への入込客数としてのみ旅行者を見ていては，有用な解決策は得られない。旅行者の行動的な特徴はもちろん，旅行者が他者とどのようなコミュニケーションを行っているのか，そして，そのコミュニケーション行動の特徴はどのようなものなのか，他の旅行者や地域住民とどのような関係性を構築しているのかについての調査，分析が必要だろう。

3）　関連する研究の成果として，中村・西村・髙井（2014）がある。

4）　たとえば，観光まちづくり研究会編（2002），井口編（2002），安村（2006），吉田（2006），山村編（2006），山村ほか（2007），西村編（2009），大藪編（2010），深見・井出編（2010）などが挙げられる。

3 観光社会学における旅行者

　政策的，産業・ビジネス的な問題として注目を集める観光だが，ここからは政策や実務に限定した問題のみならず，社会全体の価値観のあり方やリアリティのあり方にもかかわる，観光社会学的な研究課題が惹起される。

　社会学的な議論として，インターネットが大衆化した現代日本社会における個人のアイデンティティや他者関係のあり方が重要な論点となっている。観光研究，特に観光社会学分野では，こうした現代社会の問題について，観光はいかに機能し得るのか，が論点として示されている。つまり，人間や社会に対して観光はどのような役割を担い得るのか，ということが問われているのだ。しかし，これまでの研究では，そうした関係性はどのように構築されるのか，されるとしたらどのような形をとるのか，といったことについて，概念的な思索や，部分的な例示以上のことがなされていない。

　そこで本書では，特定の事例を多角的かつ詳細に分析し，「他者性を持った他者」との出会いは観光によっていかに可能であるのか，を検討することを目的とする。具体的には，他者性を要請されずに生きているとされる「オタク」に焦点をあてる。そして，その旅行行動の1つである「アニメ聖地巡礼」を分析対象とし，その行動的特徴およびコミュニケーション的特徴を実証的に調査する。そのことによって，観光は他者性を持った他者との出会いの回路となり得るのかを考察する。

　観光政策，観光実務，そして，観光研究の分野において，旅行者と他者とのコミュニケーションが重要な論点として認識されていることを確認してきた。本書ではこれらを背景とし，情報社会における旅行者行動の特徴，および旅行者とそれにかかわる他者とのコミュニケーションの特徴を明らかにする。

第 2 章 情報社会の観光とメディア・コミュニケーション

1 現代社会の諸問題

　本書の目的を確認してきたが，この成果は現代社会の諸問題について検討する際に重要な役割を果たす可能性が高い。ここで言う現代社会の諸問題とは，大きく以下の 3 点である。1 点目は，情報環境の変化によるコミュニケーションのあり方や，アイデンティティのあり方の変化によって生じる問題。2 点目は，再帰的近代化によって生じた両義的な他者との出会いの問題。そして 3 点目は，公共性の問題だ。

　こうした現代日本社会において盛んに議論がなされている問題について，観光がその解決策を提示できる可能性が指摘され始めている。しかし，それらの問題の解決策として，観光が実際に機能するのか，機能するとしたらどのような形なのか，ということは実証的に示されていない。つまり，本書は，観光が現代社会の諸問題に解決策を与えるかどうか，与えるとしたらどのような形で可能か，という問題を考える際に重要な知見を提供するものとして位置づけることができる。

　本章では，社会の動向や先行研究を概観しながら研究を位置づけていく。

2 情報社会の進展とコミュニケーションやアイデンティティ

（1）インターネット利用者数と普及率の推移

　2000年代を通じて情報通信技術が目覚ましく発展，普及してきた。そのことを示すデータとして，日本におけるインターネットの利用者数と，その人口普及率の推移を確認しておきたい（図2-1）。

図2-1　インターネットの利用者数および人口普及率の推移

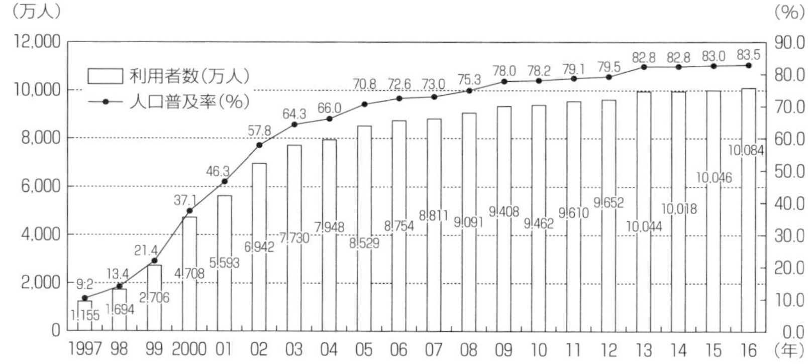

（万人）　　　　　　　　　　　　　　　　　　　　　　　　　　　　　　（％）

12,000　　　　　　　　　　　　　　　　　　　　　　　　　　　　　　90.0

　　□ 利用者数（万人）　　　　　　　　　　82.8 82.8 83.0 83.5　80.0

10,000　● 人口普及率（%）　　　　　　78.0 78.2 79.1 79.5　　　　　10,084

　　　　　　　　　　　　70.8 72.6 73.0 75.3　　　　　　　10,046　70.0

8,000　　　　　　　57.8　64.3 66.0　　　　　　　　　　　　　　60.0

　　　　　　　46.3　　　　　　　　　　　　　　　　9,652　10,018　50.0

6,000　　37.1　　　6,942 7,730 7,948 8,529 8,754 8,811 9,091 9,408 9,462 9,610　10,044

　　21.4　　5,593　　　　　　　　　　　　　　　　　　　　　　40.0

4,000　　　4,708　　　　　　　　　　　　　　　　　　　　　　30.0

　9.2 13.4 2,706　　　　　　　　　　　　　　　　　　　　　20.0

2,000 1,155 1,694　　　　　　　　　　　　　　　　　　　　10.0

　　　　　　　　　　　　　　　　　　　　　　　　　　　　　0.0

　1997 98 99 2000 01 02 03 04 05 06 07 08 09 10 11 12 13 14 15 16（年）

出所：総務省「情報通信白書」をもとに筆者作成。

　1997年に1,155万人であったインターネットの利用者数は，2000年には約4倍の4,708万人に増加した。その後，2005年には8,529万人，2010年には9,462万人となった。2010年の利用者数は，1997年のそれと比較すると，8倍以上に増加している。人口普及率については，1997年に9.2％であったのが，2000年には37.1％となり，その5年後の2005年には70.8％と7割を超えた。2010年の普及率は78.2％と8割に近い数値になっており，1997年から比較すると8.5倍になっている。その後，利用者数，普及率ともに徐々に上昇を続け，2013年には利用者数が1億人を超え，人口普及率も80％を突破した。

　2005年から2009年を「2000年代後半」と呼ぶとすれば，2000年代後半は，インターネットの利用者数が8,500万人を超え，人口普及率が7割を超えた状態が続いており，多くの人々がインターネットを利用するようになった社会であると言えよう。

（2）情報機器から情報通信機器へ──技術的，政策的な環境変化

　こうしたインターネットの普及にともなって，その利用者数の量的な増加のみならず，活用方法の質的な変化も指摘されるようになっていく。

　まずは，インターネットに接続するハードであるコンピュータの発展段階を簡単に整理し，2000年代のコンピュータの特徴を明らかにしておきたい。森川

信男の『コンピュータとコミュニケーション』（森川 2006：109-115）によると，情報化の段階は3つの区分に分けられる。まず，1960年代前半から1970年代後半の「DP化」，そして，1980年代前半から1990年代後半の「OA化」，そして2000年代前半からの「IT化」である（森川 2006：112-113）。これらをコンピュータの適用段階の観点から分類すると，次のように特徴づけることができる。第1段階の「DP化」では「情報変換過程」への，そして第2段階の「OA化」では「情報蓄積過程」，そして第3段階の「IT化」では「情報伝達過程」へのコンピュータの適用だ（森川 2006：112-113）。つまり，「IT化」の段階では情報の「伝達」に焦点があたっており，コミュニケーションが重視されるハードになってきたことがわかる。

　次に，こうしたハードの性質の変化をよく表しているものに，政策に使用される用語の変化を挙げることができる。ITからICTへの変化である。2004年5月に日本政府は「u-Japan構想」を発表したが，そのなかにこの変化を見てとることができる。「u-Japan構想」とは，ユビキタスネットワーク社会の実現を目標とするものである。ユビキタスネットワーク社会とは，「いつでも，どこでも，何でも，誰でも」簡単にネットワークに接続することができる社会を指す。[1] 政府は，この「u-Japan構想」を推進するにあたって，「人と人のコミュニケーション」「人とモノのコミュニケーション」「モノとモノのコミュニケーション」などの「コミュニケーション」を重要視するという意味で，それ以前まで盛んに用いてきたIT（Information Technology：情報技術）から，ICT（Information and Communication Technology：情報通信技術）へ呼称を変更した（田上 2007：4）。

　2000年代は，ハードのあり方や政策として，情報通信技術をコミュニケーションに活用していくことが重視され，実際にそれが普及していったことがわかる。このように，インターネットが広く普及し，コミュニケーションを重視した利用が頻繁になされ始めた2000年代の日本社会では，そうした環境変化にともない，コミュニケーションのあり方やアイデンティティの変容にかかわる問題が指摘され始めた。

1）　2018年4月現在，こうした発想は「IoT（Internet of Thing）」と呼ばれるようになり，継続している。

図2-2 匿名性と親密性によるインティメイト・ストレンジャーの位置づけ

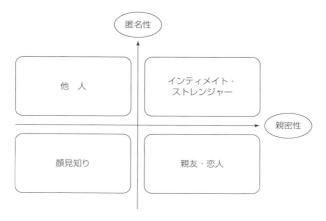

出所：富田（2009：158）図24をもとに筆者作成。

（3）コミュニケーションのあり方――インティメイト・ストレンジャー

　富田英典は，「インティメイト・ストレンジャー」[2]という新たな関係の他者について論じている。この「インティメイト・ストレンジャー」は，「メディアの上だけで親しくする他者」とされ（富田 2009：156），この新たな他者の特徴は，「匿名性」と「親密性」の2つの性質を用いて次のように説明されている。匿名かつ親密でない他者というのは，いわゆる「他人」である。相手の氏名や立場などを知らず，親密度も低い場合である。このように考えていくと，匿名でなくかつ親密な他者は「親友」や「恋人」であり，匿名でなくかつ親密でない他者は「顔見知り」となる。そして，新たな他者として，匿名かつ親密である「インティメイト・ストレンジャー」があらわれたと言うのだ（図2-2）。

　一般に，二者の親密性が増していくことと，お互いが持つ相手の情報量は，正の相関関係にあると考えられる。コミュニケーションを重ね，相手のことをよく知り，場合によっては共にいる時間を長く過ごしていくことによって，親密性は高まっていく。ではなぜ，匿名性と親密性が同居する他者の存在感が増してきたのだろうか。

2）　アメリカ映画『真夜中の殺人コール』の原題からの借用である。

富田は，こうしたこれまで相容れなかったはずの他者関係がメディア上で見られるようになった背景として，次の3点を挙げた（富田2009）。

1点目は，「地理的な空間とメディア空間の違い」である。この違いを説明する際に，富田は「文通」を例にとってみせる。見知らぬ人と手紙のやりとりをし，「同世代の相手に共通する悩みを打ち明けたりする心の触れ合い」を主な目的とした文通では，相手が「すぐには会えないほど離れていることが重要な条件」だ（富田2009）。それは，手紙のやりとりを行う都合上，相手の住所や名前がわかっているからである。住所や名前が明らかで，すぐに会えるような場所に住む他者で，悩みを打ち明けられるような関係なのであれば，それは「親友・恋人」に近く，わざわざ文通する必要はない。紙メディアを用いているという点では「交換日記」に近いものになるだろう。「ペンフレンド」は地理的に距離が離れていることで意味をなす。

一方で，ポケベルを介した「ベル友」やメールのやりとりのみの「メル友」の場合，相手がどこに住んでいるかには，文通の場合のような意味はない。そもそも「ベル友」や「メル友」では，相手の住所や氏名がわからずともコミュニケーションが可能だからである。彼ら（彼女ら）はまさに「地理的な空間とは別の空間，サイバースペース（電脳空間）の友」なのだ（富田2009：159）。

すでに確認したように，2000年代後半の日本社会では，情報通信機器が発展，普及しており，広大な情報空間[3]を想定することができる。そのなかでは，地理的な遠近とは関係なく，親密性がはぐくまれる場が多数存在し得る。

2点目は，「日常のメディア・コミュニケーションの変化」だ。通信メディアがパーソナル化し，モバイル化したことで，いつでもどこでも自由にコミュニケーションをとることができるようになっている。しかし，これは同時に「コミュニケーション回路を自由に切断する道を開く」ことにもつながるという（富田2009：159-160）。つまり，現状では機械的，そして，機会的には，特定の個人にいつでもどこでも自由にコミュニケーションをとることができる。ところが，情報通信機器に「誰からの連絡なのか」がわかる機能が搭載されて

3）『インティメイト・ストレンジャー』（富田2009）のなかで，「サイバースペース」や「メディア空間」と表現されているものを，本書では情報空間と呼ぶ。

いることによって，必要なときにはコミュニケーションをすることを選択し，そうでないときは，コミュニケーションを断つ，こうした態度が可能になっているのだ。この状況を，富田は次のようにまとめる。

　メディアは，遠く離れた人との間をつないでくれるが，身近にいる嫌いな人との直接的な関係を切断してもくれる。私たちは，通信メディアを利用して，身近な人との関係を「親密」にしたり「疎遠」にしたりし始めている（富田 2009）

　地理的な制約を超えて，他者とつながることを可能にしてきた情報通信機器の発展であるが，身近な人との関係性を自分で操作することにも使われるようになっているのだ。

　３点目は，「身近な人間との関係がメディアによって変容するときに生まれるストレンジャー感の変化」である（富田 2009）。すでに確認したように，身近な人との関係性を情報通信機器によって自分で操作することが可能になってきた。一方で，現代社会，特に都市空間においては「匿名性」が顕著にあらわれている。富田は，「不特定の他者，多数の見知らぬ他者（ストレンジャー）との出会いと『匿名のコミュニケーション』が行われ，対面的なストレンジャー・ワールドが成立している」と表現する（富田 2009）。このように対面コミュニケーションの場としての日常生活空間が「匿名化」してくると，情報通信機器を用いて，関係性をきっちりと管理しておかなければならなくなる。そうしなければ，「『トモダチ』という衣を着た他者が『私の世界』に土足で上がり込んでくる危険性がある」からだ（富田 2009：161）。しかし，メディアのなかのストレンジャーであれば，情報空間上で関係性を持っている限りは，その危険性はない。さらに，携帯電話やインターネットは個人同士をダイレクトにつないでくれるので，より強い「親密性」を生み出し得る（富田 2009：161）。このような状況では，地理的に近接してはいるが，むしろ，だからこそ，危険性をはらんでいる身近な他者よりも，情報空間上の匿名のストレンジャーに対して「親密性」を求めることも不自然ではないだろう。

　「匿名性」を前提としたメディア上の親密な関係である「インティメイト・ストレンジャー」は，主に電話コミュニケーションの場で発見されたのだが，こうした他者関係は，インターネットを含めた情報空間上で一般的に起こるようになった。[4] これまでは，「親密性」と「匿名性」が同時に成立することは珍

しいことであったが，情報通信技術が発展，普及した結果，情報空間が拡大し，それによって，こうした他者関係が以前に比べて頻繁に見られるようになっている。

（4）個人のアイデンティティのあり方──多元的自己

　こうした関係性の変容が指摘される一方で，個人のアイデンティティのあり方についても議論されている[5]。たとえば，現代日本社会における「多元的自己」がある。

　浅野智彦は，物語やマンガにおける多重人格者の描かれ方の変遷や，多重人格をテーマとしたノンフィクション作品『24人のビリー・ミリガン』が日本で肯定的に受容されたことに触れ，「自己の多元化を肯定的にとらえる社会関係のスタイルが今日しだいに定着しつつある」と述べた（浅野 1999）。さらに，それを実証するために，青少年研究会によって1992年から1993年にかけ，杉並区と神戸市の16歳から30歳の若者を対象として行われた調査における「友人とつきあっていくときに取られる基本的な態度・方向性」についての質問項目の結果を分析する。その結果，「今日の日本社会に生きる若者のかなり多くの部分が多重人格になじみやすい友人関係を志向して」おり，「複数の自分のどれもが本当の自分であるというような『私』のあり方が見られたという（浅野1999）。これは，本当の自己が存在し，状況に応じて役割を演じている，ということとは異なり，「本当の自己／偽の自己」「演技する主体／演じられる役割」「内面／外見」「素顔／仮面」という二項対立的な構図ではなく，複数の自分がどれも本当の自分である，というアイデンティティのあり方と言えよう。

　これは，次に整理する再帰的近代の問題とも関係するが，近代的な自我のあり方からの変容であると見なすことができる。浅野も同様のとらえ方をし，

4）　特に昨今は，携帯電話でありながらパーソナルコンピュータのウェブブラウザとほぼ同じ機能を持っているスマートフォンや，パーソナルコンピュータをインターネットに接続してテレビ電話機能を持たせることも可能だ。マルチメディア化が進んでおり，さまざまな機器によって情報空間を通した双方向コミュニケーションが可能になっている。

5）　もちろん，個人のアイデンティティのあり方と他者との関係性は密接にかかわっており，どちらかがどちらかに一方的に影響を与えている，というよりは，相互に作用し合う形で変容してきていると考えられる。

「元来，近代社会とは，そこに生きる全ての個人に時間・空間を超えた同一性，あらゆる文脈の移動を貫く不動の視点，いわば環境のうつろいやすさに抗する〈固い自我〉を要請するような社会であったのだが，いまやそういったハードな自我はゆるやかにほどけ始めているのではないか」と指摘した。

　ここまで，情報通信技術の発展と，それにともなう他者関係やアイデンティティのあり方の変容について整理を行った。ここからは，これを土台に，後期近代における他者忌避についての問題を整理していく。

3　再帰的近代化における個人化——「大きな物語」と「小さな物語」

　伝統や共同体を成立させてきた「大きな物語」が以前ほど力を持たなくなっている現代社会では，自分の行為や選択についての価値を，自分自身で構築していかなくてはならない。個人のあり方は「近代的な個人」から「再帰的な個人」に変化している。このことを，山田義裕は，アンソニー・ギデンズの研究（Giddens 1991=2005）を参照しながら，次のように整理している（山田 2009）。

　　再帰的近代化の進展により，私たちは伝統や共同体のしがらみから解放され，自分の生き方を自由に選択し，自分の行為を自らがコントロールできるようになった。さらに再帰的社会を支える制度や生活基盤が整備・充実されることで，私たちは他者に頼らずに，他者を気にせずに生きていくことが可能となっている。このような個人化が進んだ社会では，私たちは他者から干渉されずに自由に考え行動できるが，一方でこういった個人化の中で他者との関係が希薄化し，私たちは寄る辺なさを感じるとともに，生きる意味の所在を見失いがちである。（山田 2009）

　現代日本に生きる私たちは，伝統や共同体に縛られることが比較的少なくなってきている。生き方の選択の幅は広がり，入手できる情報量も多くなっている。生得的な家柄や出身地などではなく，後天的な個人の資質が評価されるようなシステムが構築されていくことで，伝統や共同体から解放されている。[6]

　しかし，こうした環境が整ってくると，さまざまな決定の責任は自分自身が

---

6)　完全に自由なのかと言えば疑問符はつくが，「比較的」自由になっているとは言ってもよいと考えられる。

第2章　情報社会の観光とメディア・コミュニケーション

負わなければならなくなっていく。機会やチャンスが平等に与えられていることになれば、それを成功に結び付けられるかどうかは、個人の能力や努力によるものとされる。そうすると、さまざまな場面で個人が自分の責任において、何かを選びとっていかなければならないことになる。それは、他者に頼らず、他者から干渉されずに生きられることを意味するが、その一方で、他者に頼ったり、干渉したりする機会が減少することも意味する。

　かつては、「大きな物語」（Lyotard 1979=1986）と呼ばれる普遍的な価値が機能していたが、現代日本社会ではそれが失調していると言われている。東浩紀は「大きな物語」について、次のように整理した。

　　18世紀末より20世紀半ばまで、近代国家では、成員をひとつにまとめあげるためのさまざまなシステムが整備され、その働きを前提として社会が運営されてきた。そのシステムはたとえば、思想的には人間や理性の理念として、政治的には国民国家や革命のイデオロギーとして、経済的には生産の優位として現れてきた。「大きな物語」とはそれらシステムの総称である。

　　近代は大きな物語で支配された時代だった。それに対してポストモダンでは、大きな物語があちこちで機能不全を起こし、社会全体のまとまりが急速に弱体化する。日本ではその弱体化は、高度経済成長と「政治の季節」が終わり、石油ショックと連合赤軍事件を経た70年代に加速した。（東 2001：44）

　このように、普遍的な価値を設定する機能が働かなくなり、個人化が進んだ場合、生きる意味をどのように得ていくのか、という問題は重要性を増してくる。この問題に取り組んだ『動物化するポストモダン』（東 2001）では、オタクの消費行動やコミュニケーション行動について分析が行われ、「データベース的動物」という特徴が見いだされた。それは、人間的な感情や生きる意味の充足については、他者と交渉することなく、孤独に行うあり方である。コミュニケーションそのものには意味を見いださず、あくまで情報交換として行う。こうしたあり方の生が1995年以降に一般化しているとして、「動物の時代」と名づけた（東 2001）。

　しかし、そんなことははたして可能だろうか。人間的な感情や生きる意味の充足について、他者と交渉せずに、孤独に行い得るだろうか。これは、原理的に難しいのではないかと思われる。それと言うのも、自己アイデンティティを確立し、生きる意味を見いだすためには、やはり他者が必要であると考えられ

るからだ。しかし，その他者との出会い方が変容していることは，すでに整理したとおりだ。コミュニケーションやアイデンティティのあり方が変容する一方で，多くの人々に生きる意味を与えることができる「大きな物語」は失調している。そうすると，どのような関係性が構築されることになるのか。この点について，山田は『動物化するポストモダン』（東 2001）と『ゼロ年代の想像力』（宇野 2008）でなされた議論を次のように整理している。

> ウェブ空間のコミュニティであれ，現実空間の政治グループであれ，島宇宙は小さな物語を信じ，価値観を共有する人々の排他的なコミュニティである。価値観の異なるものは，ノイズとして徹底的に排除される。そのため，島宇宙の中の仲間は，他者であっても極力他者性を脱色された他者である。つまり，ここでは他者性を徹底的に隠蔽するという形で，他者の回避が行われているのである。かつて東は，データベース的動物は，他者を回避しながら生きられるし，それがデータベース消費のポストモダン状況に適した戦略であると主張した。しかし宇野が批判するように，東の予測に反して，21世紀に入ってからこの「他者性の脱色」戦略は排除型のコミュニティを生み出し，その排除の論理と暴力によって今の社会は苦しめられているのである。（山田 2010：21）

つまり，一度失調した「大きな物語」を再構築するのは困難であるので，共通の価値観を持った人々が集まり，個人に意味を与えてくれる「小さな物語」をつくりだすことで乗り越えがはかられた。この「小さな物語」は，同質の他者によって成るグループである「島宇宙」の内部で力を発揮する。「小さな物語」が力を発揮するには，その「島宇宙」内部においては，その価値観が信じるに足るものでなければならない。とはいえ，「大きな物語」はすでにないわけなので，「小さな物語」に力を与えるには，自分たちで意味を構築する他ない。そうしたときにとりうる戦略の1つとして，他の価値観の排除があり得る。まず，価値観の純度を高め，島宇宙内の親密性を高めることによって，「小さな物語」をつくることができる。しかし，ここで問題が出てくる。その「小さな物語」の価値観を担保してくれるものがないのだ。それではどうするか，個人に意味を供給する「大きな物語」がなく，あらゆる価値観が相対化された状態である場合，自分が信じる価値観に力を持たせるためには，他の価値観と比較をして，差異を強調する方法がある。このようにして，「小さな物語」を持った「島宇宙」が，それぞれに排他性を帯びて争い合うような状況が想定される。

第2章 情報社会の観光とメディア・コミュニケーション

　実際，こうした現状は，現代日本社会において「価値観の多様化」という言葉によって表現されているように思われる。価値観を同じくする他者とは「小さな物語」を共有するために集まり，そうでない「他者性を持った他者」は排除したり無視をしたりするあり方だ。

4　他者との出会いの回路としての観光の可能性

　現代社会におけるコミュニケーションや自己アイデンティティ，および他者との関係性の問題について整理を行ってきた。ここでは，観光が他者性を持った他者との出会いの回路を用意する可能性について論じ，本書における考察範囲を明確にしておきたい。

　ここで言う，他者性を持った他者とは何か，まずはこのことを説明しておく必要があるだろう。人は社会に生きている以上，自分ではない他者と出会わない生活を送り続けるのは難しい。たとえば，自宅に自分の家族がいるとしよう。家族は，血のつながりや，共にいる時間の長さ等によって，「他人」ではない関係かもしれないが，自分とは異なる他者だ。一人暮らしをしていても，外出をすれば，他者が歩いている。これは自分ではない他者である。しかし，ここまでの議論で問題になっているのは，こうした他者と「まったく出会わない」ということではない。自分が関係を取り結ぶ他者として，他者性が抜かれた他者，あるいは，他者性が薄い他者を選択して生きている点に焦点があてられている。前提として，同じコンテンツが好きであるとか，趣味が同じであるというような，同じであることが確認できた他者を選択して関係を取り結んでいるのだ。そして，他者に自分との差異を認めたときに，それを忌避するようなあり方である。本書で言う「他者性を持った他者」とは，自分との同質性が保障されていない他者のことを指す。

　先行研究では，「観光」がこうした他者性を持った他者との出会いの機能を持つ可能性が指摘されている（山田 2008；吉田 2008；遠藤 2009a；遠藤 2010）。遠藤英樹は論文「観光の快楽をめぐる『外部の唯物論』」のなかで，次のように述べる。

私たちはそれぞれが異なる価値観や信念を持ち，異なる性のもとで，異なる民族性
をもち，異なる地域や国の中で暮らしており，多様な他者たちとともに生きている。
J. リオタール（1979=1986）の言葉を用いて言い換えるなら，社会の成員を一つにま
とめる「大きな物語」ではなく，分裂した「小さな物語」を私たちはいきているので
ある。そうであるなら「小さな物語」を否定し，「大きな物語」を構築し直すのでは
なく，分裂した「小さな物語」のもとで「他者」を慈しみ，愛おしみ，赦し，「他者」
とともに生きることを理念としていくべきだろう。（遠藤 2010：37）

　ここでは，本書でも確認してきた「大きな物語」の失調を背景とし，私たち
は「小さな物語」を生きていることが指摘され，そのうえで，「小さな物語」
のもとで「他者」に対して，排除や無視ではない可能性を探っている。

　遠藤は続けて，観光が持つ「遊び」＝「戯れ」という無為性が，「公共圏」
を形成するために重要であるという仮説を提示する（遠藤 2010）。この場合の
「公共圏」は，以下の意味で用いられている。

　　それは，等質な価値を有するアイデンティティに支えられた「共同体」ではない。
たとえ価値を共有する者でなくても，気軽にその輪に入ることができ，異質な価値を
有する者同士が異質な価値を持ったままで，お互いの感情や意見や考えを交わし，相
互に尊重し合える「公共圏」である。（遠藤 2010）

　つまり，観光が，「島宇宙[7]」ではない場で，特定の小さな物語による島宇宙
内の成員[8]のみでなく，他者性を持った他者[9]が，他者のまま出会える場をつくり
だす可能性を提示している。そして，このことが可能になれば，同じ物語を共
有しているという同質性を重視した社会ではなく，違う物語を分有しているとい
う異質性を認めた社会が可能になると構想している（遠藤 2010：37）。

　ただし，ここでは仮説が提示されているのみであり，観光によるこうした場
の創出が，具体的にどのように実現可能であるのか，というところまでは論が
及んでいない。本書では，この「観光は他者性を持った他者との交流の回路を
開くのか，開くとしたらどのような形であり得るのか」という問題について，
現実の事例を分析することで，考察を行うものである。

---

7 ） ここでは「共同体」と呼ばれている。
8 ） ここでは「価値を共有する者」とされている。
9 ） ここでは「異質な価値を有する者」とされている。

第3章 観光学におけるメディア・旅行者・相互作用

　本章では，観光学におけるメディア，旅行者，相互作用に関する先行研究の
整理を行い，本書の研究成果が観光研究にどのように資するかを述べる。本書
の目的は，情報社会における旅行者の特徴を明らかにすることだ。情報社会と
は，具体的には2000年代後半の日本社会を指している。そして，本書において
は，旅行者の特徴のうち，行動的特徴およびコミュニケーション的特徴を対象
とする。本書に関連する先行研究は，この目的に即して，大きく次の3つの分
野に分けることができよう。それぞれ「観光とメディアに関する研究」「旅行
者の特徴に関する研究」，そして「旅行者と地域住民の相互作用に関する研究」
である。

1　観光とメディアに関する研究

（1）観光メディア研究の整理

　本書の先行研究として考えられる1つ目の分野は「観光とメディアに関する
研究」だ。観光とメディアに関する研究は，ダニエル・ブーアスティンによっ
て先鞭がつけられた。ブーアスティンは「旅行者は能動的だった。しかし今で
は受け身である。旅行は自分のからだを動かすスポーツから，見るスポーツへ
と変化した」と述べ，これは「旅行者の没落，観光客の台頭」であるとした
(Boorstin 1962＝1964：96)。こうした変化を説明するために，ブーアスティンは
観光を成り立たせるシステム，たとえば旅行保険や航空機を挙げていくのだ
が，そのなかに，メディアに関する記述がある。ガイドブックや映画，写真に
ついてだ。観光客はガイドブックに書いてあるとおりのものを確認し，「映画
が撮影された『実際』の場所を訪れたがる」とし，また，「われわれは見るた

めにではなく，写真を撮るために旅行する」と述べた（Boorstin 1962＝1964：115
-128）。つまり，何か冒険的に新たなものを見るというのではなく，メディア
によって評価されたものを確認しにいく行動になっていることを指摘している
と言えよう。

　続いてジョン・アーリは，観光には「新しい体験にたいする白昼夢と期待感
が必然的に内包されている」とし，「こういう白昼夢は自律的なものではない
のだ。広告やその他のメディア発信の記号群への徹底的な依拠を忘れてはなら
ない」と主張した（Urry 1990＝1995：163）。アーリは，なかでもテレビの影響力
を強調する。「階級（やその他の社会勢力）の集合的アイデンティティ」は，「当
該の社会集団に特有な，独自の情報の体系に依拠している」と述べ，メディア
の成長によって情報の「個別的とか特有とかいう体系の意味」をなくしてしまっ
たことを指摘する（Urry 1990＝1995：163）。そのうえで，メディアは「非日常で
ある」と人々が認識する水準を押し上げたと述べた。アーリは，海浜リゾート
の誘引力の低下の原因をここに見る。社会的アイデンティティは崩壊し，ツー
リストの単位は家族単位ではなくなっており，快楽はリゾート地のみではな
く，さまざまな場所にあって，メディア自体もその対象となり得ると指摘する
（Urry 1990＝1995：182-184）。

　さらにアーリは，観光とメディアの関係を次のように整理してみせる。観光
による楽しみへの期待は「映画，新聞，テレビ，雑誌，レコード，ビデオ等ま
なざしを形づくる種々の非観光的な実践を通して作り上げられ，支えられて」
おり，これによって構築された観光のまなざしによって，観光経験の解釈がな
される（Urry 1995＝2003：216-217）。そして，「まなざしは写真，絵葉書，映画，
模型等を通して視覚的に対象化」され，それによって「まなざしは果てしなく
再生産され，呼びおこされる」（Urry 1995＝2003:217）。観光客が観光地を見る「ま
なざし」は，メディアによって構築され，再生産されていくことを指摘してい
る。

　続いて，日本におけるメディアと観光にかかわる研究を整理しておこう。山
中速人は「メディアと観光」という論文で，ハワイの楽園イメージの形成が写
真やハリウッド映画によってなされる構造を明らかにした（山中 1996）。山中
は，アメリカ本土の「メディアの利益と興味にしたがって，ハワイに『楽園』

のイメージを与え，その先住民にたいしては，『楽園の住人』というイメージを与えつづけた」と指摘する。また，中村哲は「観光におけるマスメディアの影響」という論文で，観光行動論の立場から，大河ドラマによって舞台となった地域にどれほどの入込客があるかを分析している（中村 2003）。そして，中谷哲弥は，主に映画に着目し，フィルムツーリズムについて考察を行った（中谷 2007；中谷 2010）。中谷は，ただ「メディアが観光地イメージを作り上げる」という構造を超えて，「メディア」「観光地イメージ」「観光経験」について複合的に論じている点が特徴的だ（中谷 2007）。「映画による観光地イメージの構築」「観光空間の構成要素への影響」「ストーリー・ラインによる影響」「観光者の求める経験－追体験，理想の自分との一致」「映画の舞台裏を覗く観光」などについて言及している（中谷 2007：48-52）。メディアによって地域イメージが定まり，旅行行動が誘発されるという事実が明らかにされ，それがどのような構造を持っているのかについても議論がなされていることがわかる。

（2）ソーシャルメディア時代の観光メディア研究

　ここまで，メディアと観光に関する内外の研究を概観してきた。こうした研究の多くは，マスメディアがどのように観光客の行動や認識に影響するのか，という観点でなされている。しかし，ここで大きな疑問が生じる。はたして，メディアのオーディエンスは単純にメディアの影響を受けるのだろうか。これを明らかにするためには，観光に影響を及ぼすメディアと，そのオーディエンスについての同時的な分析が必要となる。

　同様の問題意識を指摘した，メディアの影響についての近年の研究がある。論文 "Media effects on image" によると，これまでの研究においては，メディア表現か，あるいは，それによって構築されるイメージのどちらかに焦点をあてた研究が多い（Mercille 2005）。メディアによってどのような情報内容が提示されたのか，そして，それが視聴者に実際にどのような影響を及ぼしているのか，ということについて，連続的に分析をする必要性は本書でも強調しておきたい。遠藤英樹はこの点について，奈良において実地調査を行っている（遠藤 2001）。それによると，旅行者は観光情報誌が提供する奈良イメージ，たとえば「歴史がある」「自然が豊か」「厳粛な」「伝統的な」などと同様に奈良を見

ている側面がありながらも，次のような変更を加えることがある。観光情報誌
やパンフレットにおいては，「しっとり」や「のんびり」といった形容詞が，「歴
史」や「伝統」と結びつけて提示される傾向があるが，旅行者のなかには，「しっ
とり」や「のんびり」を「自然」に結びつけて解釈をしている人がいるという。
必ずしもメディアによって観光客の認識が正確につくられているわけではな
く，実際の観光経験によって解釈を変更することが実証的に明らかにされてい
る（遠藤 2001）。

　また，観光のまなざしや観光地へのイメージは，メディアとそのオーディエ
ンスや観光客のみで構築されているわけではない。韓国ドラマ『冬のソナタ』
とそのロケ地を事例として観光とメディアの関係性を分析した遠藤英樹は，
「観光空間　知覚　メディアをめぐる新たな社会理論への転回」という論文で，
「メディアは単独で力を持つのではなく，観光業者，メディア制作者，行政，
地域住民，観光客等による輻輳した社会関係の中ではじめて力を持つ」と指摘
し，「観光の風景は，メディアがそれのみで創りだすものではなく，メディア
を媒介としてではあれ，メディアを取り巻いている社会関係によって創りださ
れてくる」と述べた（遠藤 2004）。そのうえで遠藤は，今後の課題として「映画，
テレビ，雑誌といった従来のメディアだけでなく，インターネットのウェブや
ゲーム等」の新たなメディアの分析の必要性を述べる（遠藤 2004）。

　たしかにマスメディアは，今なお大きな影響力を持っているが，近年，情報
通信機器の発展，普及により，インターネットを利用できる人口が飛躍的に増
大してきている。つまり，個人の情報発信の力が増大しているのである。個人
によって発信された情報は検索サイトを通じて，別の個人に視聴され，それに
よって観光のまなざしが構成されるであろうことは容易に想像できる。こうし
た情報環境の拡大をふまえて，寺岡伸悟は，マクルーハンのメディア論を参照
しながら，メディアと観光について考察する際に，以下の2つの次元による分
析が必要であると指摘している（寺岡 2011）。1点目は「マスメディアやイン
ターネットなど狭義のメディアが観光実践に与える影響を考える次元」，そし
て2点目は「情報化の深化によって情報環境の存在感が高まり，あらゆるもの
がメディア化しえるという状況のなかで，ローカリティや移動，私たちの自己
意識やリアリティを考えるという次元」である（寺岡 2011）。

第3章　観光学におけるメディア・旅行者・相互作用

　観光メディアとしてインターネットやソーシャルメディアを加えた代表的な研究論文として，"Mediatized Tourism"を挙げることができる（Månsson 2011）。この論文では，Facebook や Twitter，ブログ，YouTube，Flickr などのソーシャルメディアを含めたニューメディアを観光研究に導入する必要性が論じられ，旅行者の情報行動が分析されていて，先駆的な研究となっている。旅行者の情報行動を分析しているという意味では本書と類似の研究であると言えるが，"Mediatized Tourism"では，主に旅行者側の情報行動のみを扱っており，地域住民を含めた他者とのコミュニケーションは扱われていない。また，どちらかというと，旅行行動論的な，旅行商品造成やマーケティングに資することを主な目的としている点で異なっている。つまり"Mediatized Tourism"は，寺岡が提示した2つの次元のうち，1点目の次元を主な焦点としていると言うことができるだろう。本書では，ソーシャルメディアが普及した社会における旅行者の情報行動を論じるが，それだけではなく，地域住民も含めた他者とのコミュニケーションまで分析を行う。そして，考察範囲は，心理的な側面にまで及ぶものである。

（3）コンテンツの定義

　観光とメディアに関する研究の整理を行ってきたが，本書で前提としている情報社会においては，メディアに対する考え方に大きな転換が必要である。それは，本書が前提とする情報社会は情報通信機器に関してデジタル化とネットワーク化がなされ，それらが一般に普及している社会であるからだ。本節では，これらを背景として「コンテンツ」という語を観光の分析に導入するために，その概念の定義を行う。

　これまでの観光とメディアに関する研究では，映画やテレビ，ガイドブック，雑誌など，メディアについて，ほとんど同列に扱っていることが多かった。しかし，映画はストーリーが存在し，それ自体で消費され得るメディアであるのに対し，観光ガイドブックや旅行雑誌は，観光に行くための情報としてのメディアであり，これらがまったく同じ効果を生むとは考えにくい。テレビに至っては，同じメディア内で旅番組やテレビドラマなどさまざまな情報を得ることができるメディアである。

23

この問題について，たとえば中谷哲弥は，次のような整理を行った。まず，ガイドブック，旅行雑誌，新聞雑誌記事，旅行番組，行政や旅行会社等が作成するパンフレット類を「観光地についてより直接的に紹介・宣伝するため」のメディアとし，次に，テレビドラマ，映画，小説などを「観光を前提にした宣伝媒体ではない」として，「自律的メディア」と名づけている（中谷2007）。たしかにこれで，観光を誘発することを志向したメディアとそうでないものには分けることができる。ただし，これは内容上の，しかも送り手の意図した内容による分類である。

　現在はメディアも多様化しており，同一の情報内容を違った機器で体験することが当たり前になってきている。具体的には，デジタル化とネットワーク化によって，情報内容と，それが流通するプラットフォームが分離しており，かつ，情報通信機器の種類も増えたために視聴体験が多様化している。すると，情報通信機器の種類によって，同一の情報内容であっても受け取り方や，その後の行動に差が出る可能性がある。また，情報を発信できるのは特権的なメディア産業従事者だけではなくなっていることも加味する必要がある。メディアの種類と情報内容を分けて，それぞれについて議論していきたい。

　そこで，ここでは，情報の内容とそれを視聴する機器を分けて考察するために，コンテンツという言葉を用いたい。「コンテンツ」という語には，法的な定義がある。2004年に成立した「コンテンツの創造，保護及び活用の促進に関する法律」の第2条で，コンテンツの定義がなされている。

　　第2条　この法律において「コンテンツ」とは，映画，音楽，演劇，文芸，写真，漫画，アニメーション，コンピュータゲームその他の文字，図形，色彩，音声，動作若しくは映像若しくはこれらを組み合わせたもの又はこれらに係る情報を電子計算機を介して提供するためのプログラム（電子計算機に対する指令であって，一の結果を得ることができるように組み合わせたものをいう。）であって，人間の創造的活動により生み出されるもののうち，教養又は娯楽の範囲に属するものをいう。

　一文が非常に長いが，法律の定義らしく，かなり網羅的な定義になっていることがわかる。定義の前半では，さまざまな「コンテンツ」の実例が挙げられており，後半では「人間の創造的活動により生み出されるもののうち，教養又は娯楽の範囲に属するものをいう」と性質が示されている。

第3章　観光学におけるメディア・旅行者・相互作用

　ここで，研究者によるコンテンツの定義も概観しておきたい。コンテンツの定義を試みた田中辰雄は，コンテンツを「広義のコンテンツ」と「狭義のコンテンツ」に分けた（田中 2003）。広義のコンテンツはすなわち「情報財」のことであり，狭義のコンテンツは，映画，音楽，テレビ番組，書籍雑誌などの「エンターテイメント系の情報財」のことであると区分している（田中 2003：1-3）。一方で，水鳥川和夫は，コンテンツを映画，アニメ，ゲーム，マンガ，音楽などの「情報」であるとしたうえで，「それ自身が人々の欲求の対象になるようなもの，すなわち『最終消費財』として『価値ある情報』」という特徴について指摘している（水鳥川 2005：2-4）。また，これは田中の定義でも強調されていることであるが，コンテンツは人を楽しませるものであり，ニュースや知識などに比べて手段的側面は低いと述べている（水鳥川 2005）。出口弘は，コンテンツは「マンガや小説，音楽やドラマ，アニメやゲーム等多彩な領域の『作品』」を括る用語であるとまとめた（出口・田中・小山 2009：4）。

　ここまで，コンテンツの定義を概観してきたが，まとめると，次の2つの性質を持つものと考えられる。1点目は，コンテンツは何らかの形で編集された情報であるということ，そして2点目は，コンテンツは，それ自体を消費することで消費者が楽しさを得る可能性があることだ。つまり，コンテンツは「情報が何らかの形で創造・編集されたものであり，それ自体を消費することで楽しさが得られ得る情報内容」と整理できる。

　このように定義して，問題になるのは「楽しさ」の程度であろう。たとえば，CGM や UGC を考えてみよう。CGM とは，Consumer Generated Media の略称であり，「個人が作成する，デジタル情報に変換可能な何か」である（伊地知 2006）。一方の UGC は User Generated Contents の略称で，CGM と同様ユーザー側がつくりだすコンテンツのことを指す。つまり，CGM や UGC は，個人による自由な創作の成果で，創作者はインターネット等のメディアを通じて創作物をダイレクトに発表することができる。そうすると，多くの人々には「楽しさ」を生じさせることができないものがつくられ，公開される可能性が出てくる。

　ただし，これについては職業としてコンテンツ製作者の立場についている人々がつくったコンテンツにも起こり得る事態だ。プロがつくったコンテンツ

のすべてが大勢の体験者に受け入れられるわけではない。売れ行きが悪い映画やアニメはいくらでもある。つまり，この部分に関しては，楽しさの程度はコンテンツの体験者の評価によって定まるものであるとし，絶対的にコンテンツとそうでないものを区分するのではなくコンテンツ体験者による評価によって変動するものとしておくことで解決できる。つまり，コンテンツとして世に出されていても，受け手（オーディエンス）側にとってコンテンツの要件を満たしていない場合もあれば，その逆もまたあり得るということだ。

（4）デジタルコンテンツ（源）とアナログコンテンツ（源）

　ここまでで，体験者によるコンテンツ創造も視野に入れて「コンテンツ」を定義した。しかし，実際の事例を分析する際には，もう１つ課題がある。それは，デジタルとアナログの問題である。ここまでは，コンテンツについて，主に情報空間との関連を前提に議論を進めてきたが，コンテンツの考え方を観光の分析に適用する際には，情報空間のみに着目するだけでなく，現実空間とのかかわりが重要になる。コンテンツは，人々の地域イメージに影響を与えるものであり，そして観光は，実際にその場所を訪れる行為を含んでいるからだ。

　たとえば，玉井建也や増淵敏之が指摘するように，歌枕など，現在のような情報環境がない時代の情報内容も観光に密接にかかわっている（玉井 2009；増淵 2010）。岸川善光は，コンテンツの起源をラスコー洞窟壁画として，約４万年前に求めている（岸川 2010）。また，長谷川文雄は書籍『コンテンツ学』のなかで，地域に実際に存在するさまざまな物や事，人などを「潜在的なコンテンツ」ととらえ，これらをもとにコンテンツがつくられると「地域コンテンツ」になると述べている。このように考えると，コンテンツという語が指す範囲はかなり広いものであることがわかる。

　ただし，ここで注意が必要なのは，コンテンツという言葉が無制限に拡大され，定義の意味をなさなくなってしまうことだ。ラスコー洞窟の壁画と，アニメ，そして消費者がつくりだしネットで流通する CGM，UGC を同じ「コンテンツ」という言葉で括ってしまうと，相違点が多く，正確な議論が難しいだろう。具体的にどういったものがコンテンツと言えるかについては，今後も引き続きさまざまな事例を検討し，より詳細な議論が必要だ。とはいえ，コンテン

ツという概念で，デジタルメディアが発達する以前の事象を考察することで，これまでとは異なる見方ができる可能性も含まれている。

　このように考えると，ひとまず現実空間上で結実するコンテンツと情報空間上で結実するコンテンツは分けておきたい。デジタルコンテンツ法制について論じた増田雅史は，「コンテンツの中でも，特にデジタル形式で存在し，又は利用されるコンテンツ」を「デジタルコンテンツ」と定義した（増田・生貝 2012）。本書でも，情報空間上で結実するコンテンツを「デジタルコンテンツ」と名づけ，現実空間上で結実するコンテンツを「アナログコンテンツ」と呼びたい。アナログコンテンツのデジタルコンテンツ化，そして，デジタルコンテンツのアナログコンテンツ化も可能だ。さらに，コンテンツを編集するもととなる情報を「コンテンツ源」としておく。この場合の情報は広い意味での情報であり，「物理化学的なパターン」をすべて含むものとする。物理化学的なパターンとは，人間が感覚できる刺激全般を指す。たとえば，音は空気の振動という物理的パターンであり，視覚情報は光という物理的パターンだ。匂いや味は，特定の化学的パターンに対して生じる感覚である。

（5）コンテンツツーリズムへの政策的注目

　近年，コンテンツを活用した観光振興や，コンテンツを旅行動機とした旅行行動に関してさまざまな実践が行われるとともに，研究が進められている。一口にコンテンツと言っても，小説や映画，ドラマ，アニメ，ゲームなどさまざまであり，これまでさまざまな事例が見られる。[1]

　日本から海外への観光客が増加した例としては，韓国ドラマ『冬のソナタ』による日本から韓国への旅客の増加が代表的であり（白神 2005），海外からの誘客がなされる事例については，映画『Love Letter』によって韓国・台湾から小樽・函館への観光客が増加し（国土交通省総合政策局観光地域振興課・経済産業省商務情報政策局文化情報関連産業課・文化庁文化部芸術文化課 2005：51-52），映画『狙った恋の落とし方。』で中国から道東への観光客が増加したことが挙げられ

1）　こうした事例は，『コンテンツ・ビジネスが地域を変える』（長谷川・水鳥川 2005），『フィルムコミッションガイド』（長島 2007），『映画にしくまれたカミの見えざる手』（谷國 2009），『物語を旅するひとびと』（増淵 2010）などに数多く紹介されている。

よう[2]。

　また，コミックマーケット，世界コスプレサミットなどのアニメやマンガを
はじめとしたコンテンツに関連する旅行行動は，国外からも見られるように
なってきている。さらに，日本のアニメやマンガ，ゲーム，ファッションなど
のファンは世界各地に存在し，それらのコンテンツを愛好しているという報告
も多数なされている（中村・小野編 2006；奥野 2008；櫻井 2009a；櫻井 2009b；櫻井
2010）。これらのコンテンツ愛好者のなかには，実際に日本を訪れている人も
いるだろうし，また，訪れたいと思っている人も一定数いると考えられる。国
際観光時代の日本の観光政策を考えるうえで注目すべき旅行者であると言えよ
う。

　こうした背景から，官公庁も調査事業や広報活動を行っている。コンテンツ
ツーリズムについて考えるうえで重要な調査報告書に「映像等コンテンツの制
作・活用による地域振興のあり方に関する調査」がある。この報告書は2005（平
成17）年に国土交通省総合政策局観光地域振興課，経済産業省商務情報政策局
文化情報関連産業課，文化庁文化部芸術文化課によって共同で出されたもの
だ。

　本報告書において，コンテンツツーリズムは次のように定義され，説明され
ている。少し長いが，背景も含めて，次に引用する。

　　「観光立国行動計画」を通じて，「観光立国」「一地域一観光」の取組が推進される
　中で，地域の魅力あるコンテンツの効果的な活用が注目されている。これまでも
　NHK大河ドラマを始めとして，映画・ドラマの舞台を観光資源として活用しようと
　する取組は多かったが，最近になって，「ラブレター」「冬のソナタ」「世界の中心で，
　愛をさけぶ」などの話題作が登場する中で，改めてその可能性が注目されている。ま
　た，映画をテーマにしたテーマパーク（ユニバーサルスタジオ），アニメを活かした
　街作りなどの例にみられるように，集客要素としてのコンテンツの活用は，現実の世
　界を対象とした映画・ドラマにとどまらず，まんが・アニメ・ゲームも含めて拡大し
　ている。
　　ここでは，このような地域に関わるコンテンツ（映画，テレビドラマ，小説，まん

2）　2010年8月8日に msn 産経ニュースに掲載された記事「映画きっかけに中国人観光客急増 日本
　　配給はニトリの子会社」によると，2009（平成21）年度に北海道を訪れた外国人は前年度比
　　98.0％であったにもかかわらず，中国からは195.6％と増加している（http://sankei.jp.msn.com/
　　entertainments/entertainers/100808/tnr1008081901007-n 2 .htm【2010年8月20日ダウンロード】）。

が，ゲームなど）を活用して，観光と関連産業の振興を図ることを意図したツーリズムを「コンテンツツーリズム」と呼ぶことにしたい。

そして，コンテンツツーリズムの「根幹」は，「地域に『コンテンツを通して醸成された地域固有の雰囲気・イメージ』としての『物語性』『テーマ性』を付加し，その物語性を観光資源として活用することである」とされている。コンテンツツーリズム（Contents Tourism）は和製英語であり，政策文書のなかで定義された用語なのだ。

続けて，平成18年度国土施策創発調査の結果が「日本のアニメを活用した国際観光交流等の拡大による地域活性化調査」というタイトルで公表されている[3]。さらに，日本政府観光局（JNTO：Japan National Tourism Organization）により，JAPAN ANIME MAP も公開されており[4]，パリで開催される「Japan Expo」や，ロサンゼルスで開催される「Anime Expo」で，本マップを活用し，「日本の魅力を発信していく」[5]としている。本マップには，「JAPAN ANIME MAP –Sacred places pilgrimage」として，以下の作品や場所が挙げられている。『涼宮ハルヒの憂鬱』（兵庫県西宮市），『千と千尋の神隠し』（東京都小金井市），『true tears』（富山県南砺市），『サマーウォーズ』（長野県上田市），『らき☆すた』（埼玉県春日部市，幸手市，北葛飾郡鷲宮町），『三鷹の森ジブリ美術館』（東京都三鷹市），『Sanrio Puroland』（東京都多摩市），『ヱヴァンゲリヲン新劇場版』（神奈川県箱根），である。さらに，「OTHER PLACES」として『最終兵器彼女』（北海道小樽市），『かんなぎ』（宮城県仙台市），『クレヨンしんちゃん』（埼玉県春日部市），『美少女戦士セーラームーン』（東京都港区麻布十番），『デジモンアドベンチャー』（東京都港区台場），『とある科学の超電磁砲』（東京都多摩センター駅，立川駅周辺），が挙げられている。

観光による地域振興の文脈や，海外からの観光客の誘客（インバウンド振興）

---

3) 国土交通省総合政策局観光資源課・文化庁文化部芸術文化課地域文化振興室・関東運輸局企画観光部・近畿運輸局企画観光部・中国運輸局企画観光部（2007）「日本のアニメを活用した国際観光交流等の拡大による地域活性化調査」（http://www.mlit.go.jp/kokudokeikaku/souhatu/h18seika/01anime/01anime.html【2011年11月1日ダウンロード】）。

4) 「Japan National Tourism Organization | Japan Anime Tourism」（http://www.jnto.go.jp/eng/animemap/index.html【2010年7月24日ダウンロード】）。

5) 2011年6月17日に日本政府観光局から出された「NEWS RELEASE 報道発表」から。「日本政府観光局（JNTO）| 報道発表」（http://www.jnto.go.jp/jpn/press_releases/110617_animemap.html【2010年7月24日ダウンロード】）。

の文脈で，政策的にコンテンツツーリズムという語が生み出され，展開されていることが確認できた。

（6）コンテンツツーリズムへの学術的注目

このように国策として進められつつあるコンテンツツーリズムだが，コンテンツツーリズムに関する学術的な著作はまだ少ない[6]。フィルムツーリズムに関する研究は論文や書籍が多数あるが[7]，映画やドラマに限定せずに，アニメやゲーム，マンガなども含めてコンテンツとし，そして，情報通信技術の普及を背景にして包括的に扱っているものは少ない。

2012年時点で認められた，コンテンツとツーリズムをある程度包括的に扱った代表的な論文や書籍として，『コンテンツ・ビジネスが地域を変える』（長谷川・水鳥川 2005），『メディアコンテンツとツーリズム』（北海道大学観光学高等研究センター文化資源マネジメント研究チーム編 2009），『萌える地域振興の行方』（井手口 2009），『物語を旅するひとびと』（増淵 2010），『アニメ・マンガで地域振興』（山村 2011a）などを挙げることができる。[8]

『コンテンツ・ビジネスが地域を変える』は，「はじめに」でも指摘されているとおり，専門書というよりは実践に役立つ書物として書かれている（長谷川・水鳥川 2005）。しかしながら，コンテンツの定義を行い，コンテンツ産業の動向を概観したうえで，最終的には地域にとってのコンテンツ・ビジネスのあり方のパターンを整理して見せており，コンテンツツーリズムに関する文献として先駆的なものとなっている。

『メディアコンテンツとツーリズム』には，アニメ聖地巡礼およびその後のまちおこしに関する論考や，フィルムツーリズムに関する論考が収録されてお

6）　2018年4月現在，この状況は変化し，コンテンツツーリズムに関する論文や書籍の数は増えてきている。2012年以降の文献については，本書巻末の**付録〈8〉**に紹介したので，そちらを参照していただきたい。

7）　Riley et al.（1998），Kim and Richardson（2003），Beeton（2005），Mercille（2005），Andereck et al.（2005），中谷（2007, 2010），内田（2009），木村（2009, 2010），Buchmann et al.（2010）などが挙げられる。

8）　「ある程度包括的に」というのは，複数のメディアやコンテンツにわたって言及があることや，複数の事例を扱っていること，あるいは，事例研究のみでなく概念構築を目指していること，を指している。

り，コンテンツとツーリズムのかかわり方について，複数の執筆者によって論じられている（北海道大学観光学高等研究センター文化資源マネジメント研究チーム編 2009）。ただし，コンテンツの明確な定義などは行われておらず，コンテンツツーリズムの枠組みを構築するには至っていない。

『萌える地域振興の行方』では，マンガ，アニメ，ゲームにかかわる地域振興のあり方についてさまざまな事例を検討することで，分類を行っている（井手口 2009）。分類の方法として，「メディア主導型」か「地域主導型」か，「意図的」か「意図的でない」か，「萌える」か「萌えない」か，「活用する」か「活用しない」かという軸が提案されている。コンテンツ全般というよりは，「萌え」に着目して分析がなされている点が特徴的である。「萌え」は消費者側の感情であり，地域振興のあり方について議論する際に，消費者側の感覚を取り入れる試みになっており，独自の視点を提供していると言えよう。

『物語を旅するひとびと』では，切り口を限定せず，音楽なども含めてコンテンツの範囲を広くとって，ドラマ，マンガ，アニメ，小説，歌枕などをコンテンツとしてさまざまな事例を概観・整理し，検討が加えられている（増淵 2010）。コンテンツツーリズムという名称を副題とはいえタイトルに関した一般的書物としては本邦初であろう。

『アニメ・マンガで地域振興』は，コンテンツを活用した地域振興のあり方について，情報社会を前提とし，かかわるアクター間の関係性をどのように構築していくのか，そして，地域の伝統的な文化とコンテンツをどのように結びつけるか，といった観点で書かれている。事例としては，『サマーウォーズ』の長野県上田市，『らき☆すた』の埼玉県北葛飾郡鷲宮町，そして『戦国BASARA』の宮城県白石市を取り上げ，フィールドワークによって得られた結果をもとに分析を試みている（山村 2011a）。山村高淑は，コンテンツツーリズムは「地域やある場所がメディアになり，そこに付与されたコンテンツ（物語性）を，人々が現地で五感を通して感じること。そして人と人の間，人とある対象の間でコンテンツを共有することで，感情的な繋がりを創り出すこと」と定義している。この定義の意味するところは，コンテンツを活用した地域振興における成功例（特に「感情的な繋がり」の創出に成功した場合）がコンテンツツーリズムである，ということになるだろう。

ここまでに挙げたコンテンツツーリズムに関する研究は，事例研究が中心であり，どちらかというと政策論的，観光開発論的な研究が主であると言えよう。むろん，コンテンツツーリズムにおいてそうした研究が重要なのは言うまでもない。しかし，現状では，コンテンツが特権的なメディア事業者によってつくられ，消費者はそれをただ消費する，あるいは対抗的に読む，といったことのみでは現象の全体像を把握しきれない。また，コンテンツの定義をする際に，これまで消費者と呼ばれていた人々が編集，発信機能を手に入れたことによって，コンテンツの発信者になることが容易になったことを確認した。ということは，観光の現場においても，旅行者側の影響力は強くなっていると考えられる。そのため，政策論や観光開発論の文脈においても，旅行者の特徴を明らかにすることは必要であろう。消費者がつくりだす UGC（User Generated Contents）や CGM（Consumer Generated Media）なども，コンテンツツーリズム研究の俎上にのせ，その特徴を仔細に分析していくことが必要となる。

　そして，この旅行者側の発信力や影響力の増大は，地域振興の成功，失敗に影響を与えるということで完結するものではなく，コミュニケーションのあり方や企業のあり方，社会のあり方とも密接にかかわることである。本書では，情報社会を背景とし，旅行者側の行動やコミュニケーションのあり方を中心に論じていくことによって，コンテンツツーリズム研究に対しても学術的貢献を果たそうとするものである。

　本書では，インターネットという新しいメディアに言及するのみならず，その情報内容であるコンテンツについても分析を行う。後に詳述するが，本書では，アニメを動機とした観光行動であるアニメ聖地巡礼について分析を行う。その際には，対象となっているアニメコンテンツについても一定の分析を行う。このことにより，観光とメディアの関係性について，より詳細な議論が可能になる。

2　旅行者の特徴に関する研究

（1）旅行者の消費者心理学，消費者行動論的研究

　旅行者の特徴についての研究群として，消費者心理学や消費者行動論的な観

点からの旅行者研究がある[9]。こうした研究の主たる目的は，消費者としての旅行者行動や意思決定，評価等のメカニズムの解明だ。旅行動機の生じ方，目的地選択のプロセス解明，観光地イメージの構築のされ方，情報探索はどのように行われるのか，観光経験の評価のされ方などの観光にかかわる諸問題を心理的，行動論的な観点から扱う研究群であると言える。

　観光の心理学的研究の成果を概観，整理した佐々木土師二の『観光旅行の心理学』によると，観光旅行の行動モデルは図3-1のように表現できるという（佐々木 2007）。佐々木が示したモデルは，観光旅行者の心理的メカニズムについて，地域住民の反応についても一部取り込んで，詳細に表現してみせている。旅行者心理をモデル化した意義は大きい。

　ただし，佐々木自身も指摘しているように，このプロセスに対して促進的にせよ抑制的にせよ，影響を与える外部条件は十分に描かれていない（佐々木2007）。また，こうした研究の枠組みにおいては，本書で注目している「インターネット」について，旅行前の意思決定過程における情報探索の部分で情報源の1つとして扱われるのみであり，旅行中や旅行後の情報行動については重視されていない。さらに，情報社会の旅行者は情報発信行動を行い得るが，それについても扱われていない。

　そして，基本的に心理学的モデルは1つひとつの過程がモジュール化され，個別に分析されている点にも注意が必要だ。実際の旅行行動は連続的であり，また，現在さまざまなタイプの旅行行動が見られている。それらのメカニズムを解明するためには，同一の旅行行動についての連続的，質的な調査，分析を行う必要があるだろう。佐々木が指摘するように，この領域はまさに「肥沃な荒野」であり，旅行者やそれにかかわる人々についての心理学的分析には未開拓な場所が多く残されている（佐々木2007）。

　こうした状況を背景として，本書では，観光心理学的，旅行者行動論的な観点から，情報社会における旅行行動の1つのあり方として，アニメ聖地巡礼を取り上げる。アニメ聖地巡礼を行う旅行者行動について，さまざまなデータを

9）　たとえば，Pearce（1982，2005），前田（1995），佐々木（2000），March and Woodside（2005），佐々木（2007），Kozak and Decrop（2009）などである。

図3-1 観光旅行者の行動モデル

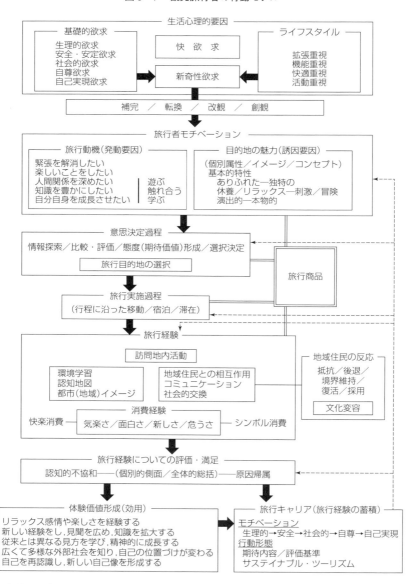

出所:佐々木(2007)をもとに筆者作成。

用い，同一テーマの旅行前，旅行中，旅行後を連続的に分析していきたい。

（2）旅行者の社会学的研究

　一方で，同じく旅行者に焦点をあてるのだが，社会における行為者として分析する研究群がある。社会学的，人類学的な旅行者研究だ。この，社会的行為者としての研究について，安村克己は，マックス・ウェーバー（Weber 1904＝1955-1962, 1922＝1972），タルコット・パーソンズ（Parsons 1937＝1974-1989, 1951＝1974, 1953），ジョージ・キャスパー・ホマンズ（Homans 1961＝1978）といった社会学者による「社会的行為」の研究を概観し，「社会現象や社会集団などを説明したり記述したりできるように，社会的行為の概念や現実を考察するのが，社会学における“行為者”レベルの特徴」であるとまとめている（安村 2001：41-46）。

　前述の消費者行動論的な旅行者研究と，ここで整理する社会学的，人類学的な旅行者研究は，完全に断絶しているわけではもちろんないが，社会現象や社会集団などの説明や記述に，より力点が置かれていると言える。

　エリク・コーエンは，旅行者分類を行った（Cohen 1972）。それは，「目新しさ・対・なじみ深さ」を両極とした軸から誘導される4分類だ。「目新しさ」から「なじみ深さ」に向けて，①放浪者（drifter）－②探検者（explorer）－③個人参加型マス・ツーリスト（individual mass tourist）－④団体参加型マス・ツーリスト（organized mass tourist）に分けられる。新奇性に惹かれる度合いが強いのが放浪者であり，なじみ深さに惹かれる度合いが強いのが団体参加型マス・ツーリストということである。

　さらにコーエンは，ここに「中心」という概念を導入し，次の分類を行った（Cohen 1979＝1998）。「中心」とは「精神的な中心」を意味する。コーエンは，まず，観光経験についての代表的な2つの著作，ダニエル・ブーアスティンの書籍『幻影の時代』（Boorstin 1962＝1964）とディーン・マキャーネルの論文 "Staged Authenticity"（MacCannell 1973）について検討した（Cohen 1979＝1998）。それによると，ブーアスティンは「オーセンティックな経験を追い求める古き時代の旅人の消滅を嘆き，『疑似イベント』を享受する軽薄な現代のマスツーリストを嫌悪して」おり，それに対して，マキャーネルは「（ツーリストの観察から）私

が収集したものの中には，ツーリストが表層的でわざとらしい経験だけを欲しているという Boorstin の主張を支持するものは何一つなかった。むしろツーリストたちは，Boorstin の言うところのオーセンティシティを望んでいる」と述べている（Cohen 1979＝1998）。コーエンはこの議論について，「それぞれの考えは，ある種のツーリストの動機・行動・経験について価値ある洞察を加えてはいる」としながらも，「どちらの立場も自分の見解を述べる場合，自分が根拠とする事例を強調しすぎるきらいがある」と批判し，「『ツーリスト』は 1 つのタイプで存在するわけではない」と主張する（Cohen 1979＝1998）。そこでコーエンは，「中心」という概念を導入し，「中心」とのかかわりにおいて旅行者類型を行ってみせた。「中心」とは「宗教的であれ文化的であれ，人々の『精神的』な中心」である（Cohen 1979＝1998）。この概念は宗教的な中心に絞らず，より広い概念として扱うことができるものだ。本書においても，この「精神的な中心」を広く解釈し，そのあり方については限定しない。

コーエンは，特定の人々を特定の類型に分類するのではなく，観光経験を「モード」に分類し，同一人物であっても，そして，一度の旅行のなかでも複数のモードを体験し得るとした（Cohen 1979＝1998）。まず，精神的な中心が労働にある場合には，「レクリエーションモード」の観光経験となる。つまり，労働に対する余暇，リフレッシュの機能を持った活動である。「レクリエーションモード」では，精神的中心への回帰を目的としているが，次の「気晴らしモード」は，そもそも生が意味喪失している場合である。「退屈で無意味な日常から逃れ，バケーションでのんびりする」というモードである。行動パターンは「レクリエーションモード」と似ているが，精神的中心を喪失している点で異なっている。コーエンは，ブーアスティンが批判を展開していたのは，これらの 2 つのモードに対してであったと分析している。そして，次は「経験モード」である。「レクリエーションモード」を経験するツーリストは，「自己の社会や文化の中心を支持」しており，「気晴らしモード」を経験するツーリストは，「中心を喪失し」ているが，中心を喪失しながらも，その中心を希求し，観光によって「他者の〈生〉に意味を見いだ」そうとするのが「経験モード」である（Cohen 1979＝1998）。マキャーネルによって指摘された旅行者はこのモードに属するものとしている。続いて「体験モード」は，「自己の社会の精神的中心を

何ら支持しないが，その一方，様々なやり方でそれに代わり得るものを求めている人々に特徴的」なモードである。「自分探し」をしており，精神的な中心を探求し続けている。コーエンは，最後に「実存モード」を提示している。「体験モード」では，探求が続けられていたが，「実存モード」は，「『選び取った』精神的中心，すなわち自己の社会や文化の主流とは異なった中心に完全にコミットする旅人たちに特徴的」なモードである。つまり，これは宗教的な巡礼と類似している（Cohen 1979＝1998）。

　ここまで，旅行者に関する社会学的な研究を整理してきたが，ここで注意すべき点がある。それは，情報社会の旅行者に対して，ここまでの分析をそのまま適応することができるか否かという問題だ。すでに指摘したように，現代社会における1つの特徴としての精神的中心のありようの多様化が背景としてあるからである。そうすると，旅行者を行動によって分類したり，旅行者の特徴を抽出したりすることを前提として，旅行者全体の特徴を描き出すという方略をとっても，現実の多様性を捨象してしまうことになりかねない。普段の生活，趣味，社会背景なども吟味し，そのうえで旅行者を特徴づけ，その旅行者の観光行動を連続的かつ質的に分析していく必要がある。

　そこで，ある一定の特徴を持った人々の旅行行動を分析することによって，この問題を克服したい。具体的には，これまでコミュニケーションのあり方に関して，さまざまな特徴が指摘され，研究されてきた「オタク」と呼ばれる人々を対象にして，その旅行行動を分析していくことで問題を解決し，新たな知見を得たい。「オタク」は「精神的な中心」が主に趣味にある人々である。特に，本書で事例とするのは，アニメやマンガ，ゲーム等のコンテンツや，その周辺のコンテンツ文化を趣味とする人々だ。

（3）旅行者の人類学的研究

　次に，人類学的観点から観光について分析したヴァーレン・スミスは，書籍 *Hosts and Guests* で，観光活動による観光地への影響に着目した観光者類型を行っている（Smith 1989＝1991）。この観光者類型は，観光者の人数，目的，地域規範への適応，という3点から導かれるものである。観光者は，人数がきわめて限られており，地域規範への適応が完全な「探検者」から，「玄人観光者」「破

表 3-1　スミスによる観光者類型

観光者類型	観光者数	地域規範への適応
探検者	きわめて限られている	完全に受容
玄人観光者	めったに見られない	十分に適応
破天荒観光者	ごくまれに見られる	かなり適応
型破り観光者	ときおり見られる	ある程度まで適応
初期マス・ツーリズム	一定のフォロー	西洋的快適さを探索
マス・ツーリズム	絶え間のない入れ込み	西洋的快適さを要望
団体観光者	大量の到着数	西洋的快適さを要求

出所：安村（2001：45）表 2-1 をもとに筆者作成。

天荒観光者」「型破り観光者」「初期マス・ツーリズム」「マス・ツーリズム」，そして，大量に訪れ，地域規範への適応よりも西洋的快適さの希求が強い「団体観光者」の 7 種類に分類することができるとしている（表 3-1）。

　これは，旅行者側のみの特徴だけではなく，観光地への影響を加味しているがゆえに，次に整理する「旅行者と地域住民の相互作用に関する研究」につながる研究であると言える。

　また，近年，心理学的な観光研究においても相互作用的な観点が重視されつつある（佐々木 2000；佐々木 2007）。佐々木土師二の書籍『旅行者行動の心理学』は，「旅行者行動の心理学」の課題領域として「消費者（旅行者）特性」「旅行のモチベーション」「旅行の意思決定過程」「旅行の実行行為」「旅行後の評価と関連行動」「目的地・通過地への影響」「旅行者行動の類型論」「旅行商品の特性」を挙げている（佐々木 2000）。地域住民との相互作用なども「旅行の実行行為」に含まれているものの，基本的には旅行者心理の内的なメカニズムに着目している。続く『観光旅行の心理学』においては，『旅行者行動の心理学』で提示したモデルが精緻化されるとともに，「地域住民の反応」が追加され，地域住民との相互作用研究の重要性が述べられている（佐々木 2007）。また，内的過程のみでなく，外部条件についても研究がなされるべきだと主張している（佐々木 2007：222）。つまり，心理学的，行動論的な観点からも相互作用や外部条件を加味した研究が必要とされていることがわかる。次節では，旅行者と地域住民の相互作用に関する研究について整理を行う。

3 旅行者と地域住民の相互作用に関する研究

旅行者と他者とのコミュニケーションを扱った研究は，旅行者（ゲスト）と地域住民（ホスト）の相互作用に関するものを中心に行われてきた。この研究分野は，ヴァーレン・スミスによって先鞭がつけられた（Smith 1989＝1991）。その後，ゲストとホストの相互作用に関する研究は，主にゲストがホストに与える経済的，社会・文化的な影響に関する多くの研究成果を得てきた。[10]

（1）ホスト／ゲスト枠組の限界

これらの研究は，ホストとゲストをそれぞれ1つの単位として見て議論を展開し，主に地域社会に対して旅行者や観光開発がどのようなインパクトを与えるかを明らかにしている。この二項対立的枠組みは，現在も有効な場合もある。それは，ホストとゲストの特徴が一定である場合だ。たとえば，ホスト社会側では，コミュニティの頑健性が保たれていて，ゲスト側は団体旅行客が主という場合だ。そうした状態では，現在でもホスト対ゲストの分析枠組は有効に機能する。ホストコミュニティを訪れるツーリスト（ゲスト）を想定し，その影響を分析することができる。しかし，そうではない場合，この二項対立的な図式には限界がある。

この限界性は，観光人類学の観点からも指摘されている。中村純子は，これまでの観光人類学研究の成果を次のように整理してみせた。[11]すなわち「観光文化の研究において近年，国際観光にみられる『南北問題』をめぐる『文化の商品化』，『文化の流用』『文化の客体化』といった議論がなされ，とりわけ先進諸国側による『新植民地主義』とこれに対する先住民など地元住民側の『文化の客体化』が中心的課題となった」（中村 2005：182）。ホストとゲストの二項対立に南と北という二項対立を重ね合わせた議論がなされてきたのである。続け

---

10) Ap（1992），Brunt and Courtney（1999），Mason and Cheyne（2000），Andereck et al.（2005）などが挙げられる。
11) 具体的には以下の研究成果。Smith（1989＝1991），山下（1996, 1999），石森編（1996），江口（1998），太田（1998），橋本（1999）。

て中村は，「こうした理論の流れは，観光を文化人類学の『正当な』研究対象
として位置付ける機会を付与したといえるが，同時にこれら概念に関わる現実
の複雑性が『南北』の相互作用という単純モデル化によって捨象され，観光活
動に付帯する文化構築を矮小化する恐れがある」と指摘した（中村 2005）。つ
まり，「南（ホスト）」と「北（ゲスト）」という二項対立の相互作用図式が前提
とされることで，実際に観光の現場で起こっている複雑な現象を単純化してし
まう可能性を指摘している。中村の指摘は，本書で扱う旅行者と他者との相互
作用よりもマクロな文脈における指摘であり，人類学的な問題意識にもとづい
てなされたものであるが，同様の構造は日本国内における旅行者と地域住民の
かかわりにも見いだすことができる。

　特に，本書で研究対象とする情報社会を迎えた日本の現状を考えると，二項
対立的な図式を前提として現象を分析するのは適当ではないだろう。場所に
よっては，地域コミュニティの頑健性が低下しており，旅行者も多様化してい
るからである。また，地域住民と旅行者の力関係も先進国と新興国との場合ほ
ど明確ではないからだ。

　かかわるアクターが多様化し，関係が複雑化している場合にはホストとゲス
トという二項対立的なとらえ方には，次のような限界がある。1つはホスト同
士，ゲスト同士の相互作用を考察することができない点だ。そして，もう1つ
はホスト側，ゲスト側という区分それ自体が難しくなることである。

（2）情報社会のコミュニティとコミュニケーション

　さらに，情報通信技術の発展も考慮に入れる必要がある。こうしたホストと
ゲストを巡る関係性の変化については，情報通信技術の発展，普及が大きな影
響を与えていると考えられるからだ。安福恵美子は，観光を，ツーリストを含
めたコミュニケーションシステムと見なしたうえで，「近年におけるインター
ネットの普及は，観光関連産業による仲介という役割を小さくし，サービスを
提供する側とされる側との関係性を大きく変化させる現象を引き起こしてい
る」と指摘した（安福 2006：159-170）。ホストとゲストは，観光関連産業の仲
介なしに出会うことも多くなり，その関係性は複雑化している。

　また，地域コミュニティにかかわる文脈でも，情報通信技術による影響が論

じられている。米田公則は，地域のコミュニティと情報通信技術の発展について，ロバート・マッキーバーのコミュニティ論[12)]をふまえ，情報ネットワークが関係するコミュニティについて，以下のような問題を提起した。

> 情報ネットワークが地域住民にその意識を覚醒する方向で向かうような情報環境を提供するのか，そしてそれによってマッキーバーが述べたように狭い範域から世界的範域まで広がりを持った多層的なコミュニティを意識することのできる人間関係が成立するのか，それとも全く個人の世界に入り込むようなバーチャルな世界に浸ったり，あるいは観念的には世界的な意識の広がりを持つが，基盤のない環境を提供するにとどまるのか。そして，一方通行的なマスメディアと基本的にはかわらないものになるのか。問題は，実は情報ネットワークを受け入れる我々の側にある。（米田 2003）

情報通信技術が発展，普及した情報社会における地域コミュニティのあり方について，議論が必要であることがわかる。旅行者（ゲスト）側が情報通信技術を使うと同時に，地域住民（ホスト）側も同様に情報通信技術を使う状況になっており，情報社会における旅行者の特徴を分析する際には，こうした側面にも注意を払う必要があるのだ。

このような状況に際しては，場所に関する議論も見ておく必要があろう。まず，ジョシュア・メイロウィッツは，書籍『場所感の喪失 上』のなかで，電話やラジオやテレビやコンピュータ等の電子メディアによって物理的場所と社会的「場所」が分離されたことを指摘した（Meyrowitz 1985＝2003）。メイロウィッツによると，「状況から状況への移動や社会的地位から社会的地位への移動はかつて，場所から場所への移動を伴っていた」のだが，「電子メディアを介した他者との『関係』は，物理的位置取りや社会的『位置』に関わりなく事実上だれにでもアクセス可能」な状況に近づいている（Meyrowitz 1985＝2003）。さらに，吉見俊哉はメイロウィッツの議論を批判的に取り上げたうえで，「電子メディアは，たんに個人の内面を彼の身体が置かれている時間・空間から遊離させるというよりも，社会的相互作用そのものを非場所的な次元へと移行させ，そのことによって社会的な時間と空間のあり方を根底から変容させていく」と述べた（吉見 1994）。

---

12)　以下の論考におけるコミュニティ論。MacIver（1917＝1975）。

そうすると，ホストとゲストは，セッティングされた現実空間上の場，たとえば観光地におけるガイドやインタープリテーションの場以外でもコミュニケーションを行うようになっていると言えるだろう。ツーリストは自由に地域を訪れ，そこで出会う人や物と自由にコミュニケーションをし，観光経験を構築していくのである。そして，ホストとゲスト，あるいは，ゲストとゲスト，ホストとホストは，観光地という固定された地域のみで出会うだけでなく，情報空間上でもコミュニケーションが可能な環境に置かれており，このコミュニケーションを考慮に入れないわけにはいかなくなっている。

　こうした電子的なコミュニケーションにおいては，親密性の構築のされ方も変わってくる。富田英典によると，匿名性と親密性は，電子的なコミュニケーション以前は同時に達成することができないものであった（富田 2009）。それが，電子的なコミュニケーションによって，匿名性と親密性は必ずしも相反する概念ではなくなり，匿名であり，かつ，場所も離れた他者との間に親密な関係を築き上げることがあることを示したのである。このことから考えると，ホスト同士やゲスト同士が親密である必然性は，もはやない。とある地域に住む人が，地理的に近接している隣人や町内の人々よりも，情報空間上で遠方の人々との間に親密な関係性を築くことに不自然はない。逆に，地域住民と旅行者の間に匿名かつ親密な「インティメイト・ストレンジャー」のような関係が築かれることもまた，あり得ない話ではないだろう。

　ホストとゲストの二項対立図式を乗り越えて，情報空間と現実空間の双方で行われる旅行に関するコミュニケーションを実際の事例から検討することが必要とされている。本書では，旅行者の行動だけでなく，そのコミュニケーションのあり方について，情報空間と現実空間双方を視野に入れて分析を行う。

第4章 現代的な観光現象を分析する複合的手法

1 3つの研究領域を横断した研究

　第3章では，先行研究である3つの研究領域「観光とメディアに関する研究」「旅行者の特徴に関する研究」「旅行者と地域住民の相互作用に関する研究」を整理し，残されている課題を指摘してきた。

　これらの先行研究の課題は以下の3点である。1点目は，同一の旅行行動について連続的，質的な調査，分析が行われていない点，2点目は，旅行者とそれにかかわる他者についての二項対立を乗り越えた動的かつ質的な研究が不足している点，3点目は，デジタル化，ネットワーク化を背景とした情報社会を前提とした研究の不足である。本書の独自性は，これら先行研究の課題を次のような方法で解決し，新たな知見を得ることを試みる点にある。

　「旅行者の性質」については，分析対象としてオタクの旅行行動である「聖地巡礼」を取り上げる。詳細については次節で述べるが，オタクは消費行動やコミュニケーション，情報行動，公共性の観点からこれまでさまざまな論者によって分析がなされてきた。特に，情報社会における行動的特徴やコミュニケーション的特徴について論じる際に対象とされており，その旅行行動について分析を行うのは，本書の目的に合致している。

　「旅行者のコミュニケーション」については，ホスト（地域住民）とゲスト（旅行者）の二項対立を前提とせずに，旅行者の視点から，かかわる他者とのコミュニケーションのあり方を分析する。その際の特徴は次の2点だ。1点目は，時間的な連続性を加味した分析である。旅行行動における連続性，つまり同一の旅行において，旅行前，旅行中，そして旅行後について連続的に分析を行う。これによって，旅行者の変化をとらえることが可能になる。2点目は，

図 4-1　3 つの先行研究と本書の関係性

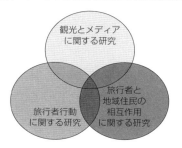

出所：筆者作成。

情報空間と現実空間の双方に関する分析である。つまり，インターネット上のコミュニケーションと，現実空間上のコミュニケーションの双方を対象として分析を行う。こうすることにより，デジタル化，ネットワーク化が進んだ情報社会における旅行者の特徴を，より詳細に明らかにできる。

　そして，「観光とメディア」に関しては，次の2点の独自性がある。1点目は，観光にかかわるメディアとして，インターネットに着目することである。特にインターネットが行動的特徴に及ぼす影響だけでなく，コミュニケーション的特徴に及ぼす影響について，その心理的な側面も加えて分析する点だ。2点目は，メディアとコンテンツのそれぞれを分析することである。本書では，主にアニメのオタクの旅行行動について分析を行うため，それらが流通する環境（メディア）のみならず，該当するアニメ（コンテンツ）に関する分析も行う。

　本書は，3つの先行研究群が重なった領域を分析するものだ（図4-1）。これらの3つの先行研究群の限界を，適切な事例を分析することによって克服し，新たな知見を得ようとするものである。こうした要件をすべて満たした研究は，管見の限り見当たらない。

2　方法としてのアニメ聖地巡礼

　本書で分析する事例の妥当性を述べる。分析の対象とする事例は，アニメ聖地巡礼と呼ばれるものだ。アニメ聖地巡礼とは，アニメファンがアニメの背景

第 4 章　現代的な観光現象を分析する複合的手法

に描かれた場所を聖地とし，聖地を訪れる行為である。

　ここでは，聖地巡礼を行うアニメファンであるオタクについて論じること
が，アニメファンの行動分析にとどまらないということを示す。そうすること
で，アニメ聖地巡礼の分析は，一部のアニメファンの局所的な消費行動の分析
や，特殊な旅行行動の分析などではなく，一般化可能性の高い事例であり，分
析する価値のある現象であることを説明する。

　具体的には，オタクの出自を歴史的に整理した難波功士による『族の系譜学』
（難波 2007）を中心に，オタクという言葉の登場経緯や，その展開，メディア
との関係性等について概観する。そのうえで，オタクの消費行動やコミュニ
ケーション行動を分析した東浩紀の『動物化するポストモダン』（東 2001）と，
その分析を整理し，より一般的なリアリティと公共性の議論とを接続した稲葉
振一郎の『モダンのクールダウン』（稲葉 2006）を中心に，これまでの議論を
整理する。

　アニメ聖地巡礼を行う主体はアニメファンであり，いわゆる「オタク」[1]と呼
ばれてきた人々である。「オタク」は，現代的なコミュニケーションの特徴が
先鋭的にあらわれている人々であるとして，これまで作家や評論家，研究者を
はじめ，さまざまな論者によって言及されてきた。[2]田川（2009）も指摘するよ
うに，「オタク作品論，オタク文化論，オタク行動論，オタク市場論など」の
さまざまな観点から論じられている。[3]ここでは，本書で分析する対象であるア
ニメ聖地巡礼を行うオタクについて，どのような出自で登場したものであるの
かを整理したうえで，オタクの行動的特徴やコミュニケーション的特徴につい

---

1 ）　類似の言葉にマニアがあるが，マニアとオタクの差異について，田川（2009）は，「その間を明
　　確に区分することは難しいだろう」としながら，次のようにまとめている。「オタクの方が用語と
　　して新しいこと，マニアにはオタクほどのネガティブイメージが付与されてこなかったこと，近
　　年はオタクの語でマニアをも含むような使われ方をすること」である（田川 2009）。本書でもこ
　　の認識を採用する。

2 ）　オタクは同様の特徴を持つ単一の集団のことを指す言葉，と単純には言い切れない。時代の変
　　遷とともにその性質は変化しており，さまざまな論者が，さまざまな文脈で論じてきた。そのた
　　め，「おたく（族）」（中森 1983；中森 1985），「おタク」（中島 1991），「オタク」（岡田 1996；東
　　2001）など，記述の仕方も論者や定義，時代によって異なる。

3 ）　たとえば，別冊宝島編集部編（1989），岡田（1996），岡田編（1998），東（2001），大塚（2004），
　　吉田（2004），稲葉（2005），堀田（2005），野村総合研究所オタク市場予測チーム（2005），河合
　　編（2006），ヒロヤス・カイ（2008）などがある。

て整理するとともに，情報社会における旅行に関するコミュニケーションを論
じる際に最適な事例であることを示す。

3　オタクの登場とメディア

　オタクの誕生やその展開経緯に関しては，さまざまな文献で繰り返し述べら
れてきたが，書籍『族の系譜学』のなかの「おたく族からオタクへ」という章
に，よくまとめられている（難波 2007：247-269）。オタクの誕生は，多くの論
考で1983年であるとされている（難波 2007；吉本 2009）。最初期の記述とされる
のが，『漫画ブリッコ』の1983年6月号に掲載された中森明夫による「『おたく』
の研究① 街には『おたく』がいっぱい」だ。この記述と『漫画ブリッコ』の
1983年7月号に掲載された，同じく中森明夫による「『おたく』の研究②『お
たく』も人並みに恋をする？」の記述が，吉本たいまつの『おたくの起源』で
は次のように要約されている（吉本 2009）。

> 　コミケにいる，普段は運動ができず，クラスの中でも日陰者で，ファッションに気
> を配らない人々。アニメ映画の初日に並ぶ人々。ブルートレインを撮ろうとして轢か
> れそうになる人々。SFを集めて悦に入る人々。こういう人々は以前はネクラやマニ
> アと呼ばれていたが，「おたく」と呼ぶことにする。彼らは互いを「おたく」と呼び合っ
> ていて，コミュニケーション能力が低い。また男性的能力が欠如していて，女性に積
> 極的にアプローチすることができず，当然彼女もできない。そこで二次元の世界に逃
> 避している。（吉本 2009：173）

　このように説明された「おたく」であるが，ここで注目しておくべきなのは，
コミュニケーション的側面にその焦点があたっていることであろう。
　次に，難波は，「おたく（族）」が思い入れるメディアとして，1960年代から
1980年代のメディア史をたどってみせる。1960年代のSF小説から始まり，ビ
デオゲームやアニメ，テレビ番組やコミックマーケット，雑誌，パソコン，ビ
デオデッキの発達などが挙げられていく。また，1989年の連続幼女殺人事件に
よって，おたく族が社会問題化していったことに触れている。そして，1990年

4）　全文は別冊宝島編集部編（1989）に収録されている。

代以降は，デジタル化が進展した結果として，「族としての，ユース・サブカルチャーズとしての『おたく』は，90年代以降，それ以前にみられた強度を失った」ことを指摘した（難波 2007：259）。

　ここまでで，おたくの出自から，1990年代以前までの展開を簡単に整理した。本書で扱うアニメ聖地巡礼は，後ほど位置づけを実証的に検討するが，1990年代以降に展開した行動である。

4　オタクの定義と消費行動，コミュニケーション

　1990年代以降のオタクの消費行動やオタクが消費する作品を分析することでポストモダン的特徴を見いだした批評家に，東浩紀がいる。

　東は『動物化するポストモダン』において，オタクを「コミック，アニメ，ゲーム，パーソナル・コンピュータ，SF，特撮，フィギュアそのほか，たがいに深く結びついた一群のサブカルチャーに耽溺する人々の総称」とした（東 2001）。つまり，趣味の対象物を挙げることによって，オタクを定義したのである。「オタク」の定義はさまざまだ。東の定義のように，好む対象物に依拠した定義もあれば，行動様式や容姿を含むものなどもある。

　しかし，難波が指摘したように，1990年代を過ぎると，「族」としての一体感は消失していく。また，「今や，オタクは若者たちの間では，まったく一般的な現象である」（大澤 2008：86）という指摘も見られる。つまり，以前に比べると，そのあり方が，一般化しつつ多様化しているようなのだ。そういう場合には，対象を極端に限定した定義を設定して分析するよりも，好む対象物を設定する程度の定義から始めるほうが妥当であろう。こうした理由から，本書においても，東による定義を採用する。そのうえで，観察された行動的特徴やコミュニケーション的特徴を付加していきたい。

　オタクは，その誕生から時代を経るとともに，性質や規模が変化してきた。東はそれを前提とし，オタクの世代分類を行っている（東 2001）。まず，第1世代は「60年前後生まれを中心とし，『宇宙戦艦ヤマト』や『機動戦士ガンダム』を10代で見た」世代である。次に，第2世代は「70年前後生まれを中心とし，先行世代が作り上げた爛熟し細分化したオタク系文化を10代で享受した」世代

を指す。そして，第3世代は「80年前後生まれを中心とし，『エヴァンゲリオン』ブームのときに中高生だった」世代だ（東 2001：13）。この分類にしたがうと，本書では主に第3世代以降のオタクに焦点をあてることになる。それには，以下の2点の理由がある。

1点目は，情報通信機器の利用との親和性である。東も指摘するように，第3世代はインターネットが普及するころに10代を過ごしている。そのため，趣味に関する情報発信や情報編集をウェブサイトやCG制作で行っており，それより前の世代とは流通経路や表現形式，および消費やコミュニケーションの様態が大きく変化している（東 2001：14）。本書では，情報社会，特にインターネットの利用が盛んな社会における旅行コミュニケーションについて分析を行うため，主にこの世代以降に着目するのが妥当であろう。

2点目は，この第3世代の行動がポストモダン的特徴を如実にあらわしているとされていることだ。東は『動物化するポストモダン』で，このポストモダン的特徴を示す消費行動として「データベース消費」を提示し，それを行うオタクのコミュニケーション形態に「動物化」の特徴が見られることを示した。

それによると，「データベース消費」とは，「単純に作品を消費することでも，その背後にある世界観を消費することでも，さらには設定やキャラクターを消費することでもなく，そのさらに奥にある，より広大なオタク系文化全体のデータベースを消費する」ことだ（東 2001：77）。これはオタクの「キャラ萌え」から見いだされた。この「キャラ萌え」とは，萌え要素の集積であるデータベースから抽出された「要素の組み合わせ」によって「萌え」ることを指す。そして，他者とのコミュニケーションに関しては情報交換的であり，特定の情報への関心のみが社交性を支えている状態で，加えて，そのコミュニケーションからはいつでも離脱可能な状態であることを示した。こうした消費形態から，「動物化」が指摘される。動物化とは，「各人それぞれ欠乏－満足の回路を閉じてしまう状態の到来」だ（東 2001）。つまり，何らかの欠乏を感じたとき，他者の存在や他者との交流なしに個人的に満足に向けて行動し，それを手に入れるような行動様式が広がっているという主張である。

5 マルチメディアな二次創作文化

オタクは熱心に情報収集を行うだけでなく，活発に情報発信を行うと言われてきた。二次創作やN次創作と呼ばれる活動に顕著にあらわれている特徴だ。

たとえば，同人誌制作である。中島梓が『コミュニケーション不全症候群』（中島 1991）で指摘したように，同人誌制作については，男性と女性によってそのあり方が異なる部分も多い。本書では，オタクという呼称を用いる際には，主に男性のオタクを指し，その旅行行動である聖地巡礼を分析するが，ところどころで必要に応じて女性が中心の聖地巡礼についても触れる。女性の聖地巡礼におけるコミュニケーション的特徴に関する詳細な分析も今後必要であろう。[5]

ここでいう同人誌とは，アニメやマンガ，ゲームのファンが，作品の世界観やキャラクターを流用してつくりだす二次創作だ（出口・田中・小山 2009）。それらの同人誌は，「生産物の形態の点からだけでも，ファンジン（fanzine）あるいは同人誌といわれる雑誌や書籍の形態，音楽テープやCD，フロッピー・ディスクやCD-ROM，ビデオテープ，フィギュア，キャラクター・グッズなど多様」であり（小林 1999），コミックマーケット（同人誌即売会）などで頒布されたり，ファン同士で交換されたりする。また，「『同人誌』を通して，既存のメディア・テクストは，ファンによる読解を経て，再創造され」，「既存のテクストの空白がうめられたり，テクストの欠落やメタファーが解釈されたり，異種テクストが結合されたり」する（村瀬 2003）。この主体は，メディア側から発信されたアニメに込められた意図とは異なる解釈を行い，その解釈を発信する「能動的オーディエンス」と言える（村瀬 2003）。

そして，そうした情報の編集，発信活動は情報通信技術の発展にともなって，インターネット上でも盛んに見られるようになっていった。その代表的なものとして，映像を加工した二次創作コンテンツである「MAD」や「ファンサブ」がある。MADとは，既存の動画や，音声，ゲームやアニメなどを編集

5） ちなみに，女性の同人活動やその規模については，金田（2007）で言及されている。

し，再構成したものだ。ファンサブとは，「fan subtitled」の略称で，海外で放映されていない日本のコンテンツに，現地の言葉で字幕が入れてある動画のことである（小山 2009）。これらは消費者が YouTube やニコニコ動画を通じて発信する（出口・田中・小山 2009）。筆者が確認したファンサブのなかには，セリフにあわせてただ字幕が入れてあるだけではなく，作品中で説明なく描写される日本文化，たとえば畳や剣道などについて外国語で懇切丁寧な解説が付されているものもあった。MAD やファンサブ，あるいは同人誌などの二次創作は，著作権の問題をはらんではいるが，面白い MAD はネット上を含めた口コミで広まっていくため，ある種の広告効果を持っている。また，そうした二次創作現場では，クリエイターのスカウトなども行われており（板倉 2009），単純に二次創作とコンテンツ産業が対立構造にあるとは言えない。さらに，ファンサブに関しては，海外にまでコンテンツを波及させるという点においては効果的であろう。いずれにせよ，アニメ聖地巡礼を引き起こすアニメに関して，インターネット上でさまざまな形の流通がなされていることが確認できる。

6　ネットを通じて広がる N 次創作

「N 次創作」と呼ばれる活動が見られることにも触れておく必要がある。N次創作とは，濱野智史によって提唱された概念だ（濱野 2008a；濱野 2008b）。濱野は，「初音ミク」現象を取り上げ，二次創作とは異なった構造を見いだしており，それを N 次創作と名づけている（濱野 2008a）。

「初音ミク」とは，2007年に発売された「あたかも人が歌っているかのような楽曲用の歌声を，ユーザーが自由に制作することができるソフトウェア」である（濱野 2008a：242）。「初音ミク」は，DTM ソフトと呼ばれるものの一種だ。このソフトのパッケージには「歌の好きな十六歳」という設定のキャラクターのイラストが描かれており，これをきっかけにして大きなムーブメントが起こる。

6）　DTM とはデスク・トップ・ミュージックの略称で，机上のモニター上で音楽がつくられることから名づけられた（永井 2011）。

第4章　現代的な観光現象を分析する複合的手法

「初音ミク」は従来のDTMユーザー層だけでなく，多くのファンに支持され，発売年である2007年末までに4万本が出荷された。これまでこうしたツールの年間売り上げで1万本を超えるタイトルはほとんどなかったため，「大ヒット」と評されている（高橋 2011：12-13）。初音ミク現象が興味深い点は，ソフトのユーザーが楽曲をつくって発表するだけでなく，イラストの二次創作や，楽曲とイラスト，映像などをあわせてさらに創作を行うことだ。つまり，二次創作の二次創作である。具体的には，次のように紹介されている（濱野 2008b）。

まず，「【初音ミク】みくみくにしてあげる♪【してやんよ】」（以下，「みくみく」と表記）という作品が初音ミクユーザーによってつくられ，2007年9月にニコニコ動画を用いて配信される。この作品は，2008年10月時点で再生回数が500万を超え，ニコニコ動画の歴代作品で最多だった。[8]　そして，この楽曲をもとにした二次創作作品が大量に制作される。その例としては，「みくみく」のボーカルを人間が歌う「歌ってみた」と呼ばれるものや，「みくみく」のプロモーションビデオを手描きのアニメーションや3DCGなどの映像作品をつけてつくった「描いてみた」，その映像中のキャラクターが躍る振り付けを人間が実際に踊った動画「踊ってみた」，楽曲をギターやピアノなどで演奏する「演奏してみた」などである。

ここまでは，オリジナルの「みくみく」から創作された二次創作と言えるが，二次創作がさらに次の創作の素材となり，作品が生み出されていった。たとえば，初音ミクと人間が歌ったものをステレオ音声の左右チャンネルで比較する「比較してみた」，複数の「歌ってみた」作品を合成することで「合唱」を作るもの，「歌ってみた」と「演奏してみた」の映像・音声を合成し，仮想の「バンド演奏」をつくるものなどが出てきた（濱野 2008b：322）。さらに，初音ミク関連の映像作品を評価してつくられた「ランキング番組」，初音ミクだけでは

7）　本書は「初音ミク」を中心に扱ったものではないため，本ソフトウェアおよびキャラクターのヒットの経緯や展開については詳述しないが，消費者がコンテンツを創造し，それがコンテンツ源となって，さらにコンテンツが創造されるという構造を持っており，こうした消費のあり方は，観光の文脈でも詳細な議論が必要である。「初音ミク」を含めたボーカロイドのヒットについては，『ボーカロイド現象』（スタジオ・ハードデラックス編 2011）などに詳しいので，興味がある向きはそちらを参照していただきたい。

51

なく，ニコニコ動画で好評だった音楽を集めてアレンジした「組曲」，さまざまなキャラクターが登場するMADムービーなどがつくられていく（濱野2008b：322）。

濱野はこの現象を取り上げ，N次創作と名づけた。二次創作までは「『元ネタ→大量の模倣作品』というように一次ホップ（1つの元ネタに，大量の派生作品がぶら下がっている状態）の派生に留まって」いたとして，N次創作の場合は「『元ネタ→派生作品（元ネタ）→派生作品→……』というように，ある派生作品が，また別の派生作品にとっての元ネタとなっていくという，N次ホップの連鎖を生んでいる」と，二次創作とN次創作の違いを説明している（濱野2008a[9]）。

このように，2000年代後半のオタクのなかには，情報通信技術を活用し，情

8） 2018年1月20日にニコニコ動画のランキング機能を用いて調べたところ，『【初音ミク】みくみくにしてあげる♪【してやんよ】』は，再生回数13,196,407回で，歴代第6位にランクインしている。ちなみに，1位から10位は以下のとおり（「カテゴリ合算 合計 再生動画ランキング−ニコニコ動画」http://www.nicovideo.jp/ranking/view/total/all【2018年1月20日アクセス】）。

順位	タイトル	登録年月日	投稿された時間	動画の長さ	再生回数	コメント数
第1位	【東方】Bad Apple!! PV【影絵】	2009年10月27日	03：13	3：39	24,912,614	4,995,635
第2位	新・豪血寺一族 -煩悩解放- レッツゴー！陰陽師	2007年3月6日	00：33	5：19	16,970,332	4,613,510
第3位	幕末志士達のスマブラ64実況プレイ	2014年2月23日	21：35	15：10	14,618,364	246,216
第4位	M.C.ドナルドはダンスに夢中なのか？最終鬼畜道化師ドナルド・M	2008年1月17日	02：37	5：18	14,436,657	7,205,234
第5位	おちゃめ機能 歌った	2010年5月20日	15：00	1：30	13,260,134	386,899
第6位	【初音ミク】みくみくにしてあげる♪【してやんよ】	2007年9月20日	01：22	1：38	13,196,407	2,824,275
第7位	けものフレンズ 1話「さばんなちほー」	2017年1月13日	12：00	23：55	12,289,575	2,204,407
第8位	『初音ミク』千本桜『オリジナル曲PV』	2011年9月17日	19：00	4：04	12,225,935	1,317,831
第9位	初音ミク が オリジナル曲を歌ってくれたよ「メルト」	2007年12月7日	20：46	4：16	11,921,200	953,362
第10位	【マリオ64実況】 奴が来る 伍【幕末志士】	2009年2月18日	08：42	20：54	10,784,434	691,896

＊ランキングは毎日午前6時に更新される。

報の編集，発信行動などを盛んに行っている主体がいることがわかる。

7　共同体と公共性

　前述したとおり，オタクに関してはさまざまな観点から論じられているが，本書の議論と特に深く関連するのは「公共性」にかかわる論点である。公共性に関連してオタクを分析している研究として，稲葉振一郎の『モダンのクールダウン』（稲葉 2006）を挙げることができる。稲葉は，『動物化するポストモダン』で論じられたポストモダン論については，「虚構，フィクションの水準に集中」しており，現実とどのような関係にあるのかが論じられていないと指摘した（稲葉 2006）。稲葉は，東が論じた消費形態について，本田透が著書『萌える男』のなかで極論的に提示した「脳内恋愛」（本田 2005）に着目する。すなわち，「究極的に個別化され，他者から，世界から切り離された『個室』」が登場するように見えることを指摘しつつも，動物化された人々が消費する作品は「誰かが作り手となって送り出さなければ存在しえない」と述べ，ここに可能性を見いだす。

> 　少なくとも，オタク的サブカルチャーが，単にマーケットからのサービスを消費するだけの「個室」の集積ではなく，いじましい承認欲求に駆り立てられて，生産と流通の主体たちが立ちあがり，ネットワークを織り成していく「共同性」の場となっていることは，否定できない事実です。しかしそこから単なる「共同性」を超えた「公共性」までが立ち上がる可能性を，われわれは展望することができるでしょうか？（稲葉 2006：232-233）

　稲葉は，このように述べたうえで，「公共性」が立ち上がってくる可能性を示す。それは，1 つの同じキャラクターをめぐり，さまざまな鑑賞者の思いや妄想が交錯するなかで，キャラクターが特定の個人の思惑や欲望に左右されない，自律性を獲得する可能性だ。そうしたときには，「思いがけない出会いの幸福やストレスに開かれた『公共性』のようなものが育ちはじめる」と指摘す

9）　ここでは初音ミクを例として取り上げたが，同人ゲームシリーズである『東方 Project』（七邊 2009）やアイドルグループ「Perfume」（永井 2011）などでも似た現象が見られる。

る（稲葉 2006）。

この「キャラクターの自律性」の説自体が正しいかどうかについては，検証を待たねばならないが，ここまで整理した結果，以下のことは確認できただろう。オタクは，島宇宙化し，排他性を帯びる傾向が確認されている。ただ，それは他者と一切の交流をしないということや，引きこもって情報を発信しないということを意味しているわけではない。コミックマーケットでは同じ趣味を持つ者同士で集まるし，情報発信もきわめて盛んだ。ただし，これらは，基本的に同じ価値観を持った島宇宙内での盛んなコミュニケーションである。同じ趣味を持っている，ということが確認できたうえでの共同体なのだ。この，島宇宙的共同性を超えた，他者性を持った他者との交流の可能性が議論されている。たとえば，趣味縁と公共性との関係を議論している浅野智彦は『趣味縁からはじまる社会参加』において，こうしたオタクに関する議論のなかに「仲間内で閉じた同質の関係なのか，それとも異質な他人への通路なのかという対立軸」があることを認めている（浅野 2011）。

そうすると，このような特徴を持つとされる「オタク」の旅行行動は，本書で問題としている情報社会における旅行者の特徴を先鋭的に反映している可能性が高く，本書において事例とするのは妥当であると言える。

また，旅行者の行動とメディア・コミュニケーションの分析ができると同時に，これまでのオタクについての論考やそれに関連する社会論の検証にも資する成果が得られる。オタク論のなかには，実際の当事者の意見や行動に関するデータは用いず，コンテンツ作品を分析することを中心とした文化論的，作品論的なものもある。そうした論考も興味深い分析を行ってはいるが，行動や価値観についての学術的な検証を行うためには，実証的なデータの収集，分析も必要だ。本書では，オタクの実際の旅行行動を対象とし，フィールドワークや質問紙を用いて得たデータをもとに議論を展開する。そのため，これまで語られてきた「オタク論」の検証や批判的検討を行うことも同時に期待できる。

8　どのように研究を進めていくのか

それでは，具体的に，どのように研究を進めていけばよいだろうか。本書で

は，次の手順で，研究目的を達成していく。

第 5 章「観光の社会的潮流と旅行者の情報化」では，戦後から1990年代後半ごろまでの，日本における社会および観光の全体的な潮流を整理し，そのなかで情報社会がどのように進展し，個人化，多様化，能動化がどのようになされてきたかを整理する。これは，文献研究の成果だ。次に，1990年代中盤から2000年代後半の旅行者の情報通信機器利用に関して，情報化が進んでいる旅行者の属性について，既往のデータを分析することによって明らかにする。

そして，情報通信技術の活用が盛んであり，現代的なコミュニケーション様態を持つとされるオタクの旅行行動の１つであるアニメ聖地巡礼行動について分析を行っていく。**第 6 章「アニメ聖地巡礼の誕生とその展開」**では，アニメ聖地巡礼行動がいつごろ誕生し，どのように展開したのかについて，書籍や新聞，雑誌記事を分析することによって明らかにする。そこで明らかになった誕生時期や展開経緯をふまえ，すでに整理した観光の潮流のなかにどのように位置づけられるかを考察する。

第 7 章「アニメ聖地巡礼の特徴」では，実際のアニメ聖地巡礼行動を，フィールドワークを主たる手法として質的に調査を行い，その特徴を明らかにする。2008年から2009年の間に，合計 8 か所において行った聖地巡礼行動の調査結果を用いる。具体的なアニメ作品と場所は次のとおりだ。『おねがい☆ティーチャー』の長野県大町市，『朝霧の巫女』の広島県三次市三次町，『涼宮ハルヒの憂鬱』の兵庫県西宮市，『らき☆すた』の埼玉県北葛飾郡鷲宮町，『戦国BASARA』の長野県上田市，宮城県仙台市，『かんなぎ』の宮城県仙台市七ヶ浜町，『咲 −Saki−』の長野県諏訪市，『けいおん！』の滋賀県犬上郡豊郷町，である。また，その特徴を明確にするために，同様にメディアコンテンツを動機とした旅行行動である大河ドラマ観光との比較を行う。

第 8 章「舞台を「発見」する開拓者」では，アニメ聖地巡礼の情報源をつくりだす「開拓的アニメ聖地巡礼者」について，その情報行動およびコミュニケーション行動を分析する。「開拓的アニメ聖地巡礼者」は，アニメの舞台となった場所を探し出して，インターネットや同人誌などでその情報を発信する聖地巡礼者だ。「開拓的アニメ聖地巡礼者」への質問紙調査を行い，聖地巡礼を始めた時期や，その方法，情報発信行動，などを明らかにする。

さらに，**第9章「聖地巡礼者の全体像」**では，開拓的アニメ聖地巡礼者等が発信した情報によってアニメ聖地を訪れている聖地巡礼者の特徴を分析する。以下の4か所で，質問紙調査を行ったデータを用いる。『おねがい☆ティーチャー』の長野県大町市，『朝霧の巫女』の広島県三次市三次町，『らき☆すた』の埼玉県北葛飾郡鷲宮町，『けいおん！』の滋賀県犬上郡豊郷町である。この4か所は，アニメ聖地巡礼が行われるだけでなく，地域側が呼応し，グッズの販売やイベント開催などを実施した場所だ。この調査結果の分析により，実際に地域を訪れる聖地巡礼者の行動的特徴を明らかにする。それとともに，調査時点で巡礼者が数多く訪れ，活発なコミュニケーションが行われている場所が『らき☆すた』の埼玉県北葛飾郡鷲宮町，および『けいおん！』の滋賀県犬上郡豊郷町であることがわかる。

そして，**第10章「『らき☆すた』と『けいおん！』」**では，『らき☆すた』および『けいおん！』のコンテンツ的特徴を明らかにする。アニメ史的な特徴や，ファンのメディア・コミュニケーション的特徴などを整理しておく。

第11章「『らき☆すた』聖地「鷲宮」における土師祭」，**第12章「『けいおん！』聖地「豊郷」における豊郷小学校旧校舎群」**，**第13章「地域側から発信される観光情報の流通プロセス」**では，巡礼者とかかわる他者とのコミュニケーションの特徴を明らかにするために，上述の2か所において，現場でフィールドワークを行うとともに，地域側からの情報発信のあり方とその流通についての調査を行ったデータをもとに，そのあり方を明らかにする。

第14章「発信・創造・表現する旅行者」，**第15章「他者との回路としての観光の可能性」**では，総合考察として，情報社会における旅行者の特徴や，社会における観光の機能について論じる。

第 **5** 章　観光の社会的潮流と旅行者の情報化

　本章では，戦後の観光の潮流を整理し，現代観光における本書で扱う問題の
位置づけを明らかにするとともに，分析する現象の社会背景を整理する。ま
た，旅行者の情報化の実態を整理し，情報化が進んでいる世代や性別を明らか
にする。方法は，前者は文献研究を，後者は既存のデータの分析を用いる。

1　観光の潮流

　日本における戦後の観光の潮流を整理したものに，安村克己の『社会学で読
み解く観光』がある（安村 2001）。安村は，前田勇の『観光とサービスの心理学』
（前田 1995）で示された1950年代後半ごろからの時代区分を検証しつつ踏襲し，
さらに時代区分を加えている。本章では，これらの先行研究で提案された時代
区分をもとに，適宜情報を補って観光の潮流を概観しながら，現代の観光にお
いて，他者とのコミュニケーションにかかわる問題が見られることを確認して
いく。

（1）（まれに）気晴らしを求めた時代──1950年代後半～1960年代後半

　1950年代後半ごろから1960年代後半までは「（まれに）気晴らしを求めた時代」
と名づけられている（前田 1995）。この時代は「レジャーは"豊かさの象徴"と
いったイメージが先行」し，「ムード的」であったとされ，企業や地域，学校
などを単位とした団体旅行が中心であり，行先は近郊，そして，観光行動その
ものが非日常経験である場合が多かったと指摘されている（前田 1995）。

　1960年代の観光の社会的動向を見てみると，石森秀三によって「第三次観光
革命」と表現されているように（石森編 1996：19-21），観光行動に大きな影響

57

を与えた出来事が数多く起こっている。1961年の高度経済成長の開始，1963年の「観光基本法」制定，1964年の海外渡航の自由化，名神高速道路開通，東海道新幹線の東京－新大阪間開通，国鉄の高速バス名神高速線の運行開始，東京オリンピックの開催，などだ（井口編2008）。

　こうした状況を集約すると，観光を行うためのハード（高速道路，新幹線，高速バス）が整えられ，高度経済成長によって豊かになったことによって，余暇を楽しむ土壌が整備された時期であると言えよう。このときの旅行者は，基本的に旅行会社を利用することが多く，旅行自体に非日常性や豊かさを感じ取っていた。

（2）皆が出かける（参加する）ようになった時代──1960年代後半〜1970年代後半

　続く1960年代後半以降1970年代後半までは「皆が出かける（参加する）ようになった時代」とされた（前田1995：21-22）。この時代は，"観光・レジャー関連産業"が新規事業を展開し，新たな観光地づくりや旅行業の開業が増加，交通網の整備もなされた。そして，"皆が行くなら私も"と考える人が増え，観光の大衆化であるマス・ツーリズムが盛んになったという（前田1995）。安村克己は，日本のモータリゼーションの急速な進展，国内航空線の整備をマス・ツーリズムが盛んになった条件として付け加え，「国内観光の高速・大量輸送を可能にする体制が確立された」と指摘した。

　まとめると，この時代は，整えられた交通網を実際に用いて，観光旅行が身近になった結果，多くの人々が観光旅行に出るようになった時代と言えよう。観光の形態は団体旅行が多かった。

　ここで注目しておきたいのは山村高淑の研究成果だ。山村は，実際に隆盛を極めていたのは団体旅行だが，潜在需要としては，1964年時点で，次の段階に進んでいたことを指摘している（山村2011b）。自動車保有台数の急増にともない，「団体」から「家族」旅行への変化が起こってきていたのだ。

（3）社会全体の動向との対比

　ここで，より大きな社会の動向を確認し，観光の傾向をその流れのなかに位置づけてみたい。見田宗介は『社会学入門』のなかで，1960年から1970年代前

半を「夢の時代」と名づけた（見田 2006）。見田は，この時代は「泰平ムード」に包まれていたとし，この「幸福感」の背景として，次の6つの要因を挙げている（見田 2006：83-84）。

第1には「『衣，食，住』という，動物としての人間の基本的な要求が一応の充足を見た」ことである。第2には「戦中から戦後という，貧しさと悲惨の時代の記憶が未だ新しかったこと」だ。そして，第3には「人口構成的に，戦後期のベビーブーマーが思春期，ハイティーンという，幸福感受性の高い年齢にあったこと」を挙げる（見田 2006）。つまり，現在の幸福を過去の悲惨さと比較し，「今が幸福である」と認識できる人が多かったということであろう。

続けて，第4には「古い共同体が解体し『近代核家族』という，新しい自由な愛の共同体が成立したこと」，そして「この新しい〈細分化された共同体〉の矛盾や問題点が露呈するまえに，とりあえずその自由と愛とを味覚する局面にあったこと（近代家族のハネムーン時代）」を挙げる（見田 2006）。これは，先ほど参照した山村の研究成果で指摘されたデータにもその傾向があらわれていると言えるだろう。

そして，第5には「この局面の日本の経済成長が，（主として「貧農の二男，三男」という，それ以前の日本社会の最底辺を構成していた人口から成る農村出身の「中学卒」労働者たちが「金の卵」として需要され歓迎されていたように，）ボトムアップと階層の平準化に向かう方向で機能したこと」が挙げられている。さらに，第6に「1950年代にアメリカで成立した『消費資本主義』，大衆の幸福と経済繁栄が好循環するという形式がちょうどこの時期の日本で成立したこと。テレビジョン，洗濯機，冷蔵庫というこの時期はじめて普及する電化製品＝『家族の幸福』というイメージ（幸福資本主義！）」が挙げられている（見田 2006）。

観光の動向も，この社会全体の流れを如実に反映して，マス・ツーリズムが隆盛していたことがうかがえる。この社会全体の流れは次に，1970年ごろを境にして，大澤真幸によって「虚構の時代」と名づけられた時代に入る[1]（大澤 2008）。その大きな転機となったのは1973年のオイルショックだ。それを受けて，マス・ツーリズムの隆盛が終わると考えられがちだが，山村の研究成果からわかるように，それ以前から，それまでの団体旅行よりも家族という小さな単位での旅行に潜在需要は移りつつあったのである（山村 2011b）。観光のあり

方の変化について考える際，景気の大きな変動のみでなく，家族のあり方というような社会的事象についても検討する必要があることがわかる。

（4）生活のなかの観光の時代——1970年代後半〜1980年代前半

　1970年代後半から「生活の中の観光の時代」が始まる（前田 1995：22-23）。ここでは，産業主導で活発になった観光が，1973年のオイルショックによって消費生活が大きく変化したことで，そのあり方が多様化したと説明される。観光やレジャーを「生活の中で最も適した形で有効に利用する」傾向が強まったとしている（前田 1995）。また，1970年代後半から1980年代前半では，国内観光の層が若年層と中高年層，男性と女性，のさまざまな層に拡大し，それぞれが選択する観光形態や観光の目的が多様化し始めた（安村 2001）。

　これまでの，非日常性を重視し右肩上がりの成長を志向したような観光のあり方ではなく，生活のなかでの息抜きやリラクゼーションとして，生活主体である個人が，それぞれのライフスタイルにあわせて観光を選択するようになってきたと言えよう。つまり，潜在需要が実際の行動となってあらわれてきた時代である。前田は，この「生活の中の観光の時代」について，「観光行動をすることそのものの選択が重要であった時代を過ぎ，どこに，何をしに出かけるかを，多くの人が自由に選択することができる時代」とまとめている（前田 1995）。

　ただし，ここで注意しなければならないのは，多様化の程度だ。この時代の国内観光の１つの例として「アンノン族」を挙げることができる（白幡 1996；安村 2001）。アンノン族とは，『an・an』『non・no』という女性誌を持ち，雑誌で紹介されているファッションで観光を行う若い女性を指す言葉だ。両誌はいずれも1970年ごろに創刊されたが，そこにはファッション情報に加えて旅行情報も掲載され，この情報をもとに読者が旅行をしたのである。

1）　見田宗介は，1945年から1960年ごろまでを「理想の時代」，1960年から1970年代前半までを「夢の時代」，1970年代後半からを「虚構の時代」としたが（見田 2006），大澤真幸は，この「夢の時代」は，1970年を境にして「理想の時代」と「虚構の時代」に分けて考えられるとして，1945年から1970年を「理想の時代」，1970年から1995年を「虚構の時代」，そして1995年以降を「不可能性の時代」としている（大澤 2008）。

ファッション，旅行などについて何を選択するのか，という消費の形態によってライフスタイルを確立し，自分のアイデンティティとするようなあり方が，すでに見え始めている。ただし，この時点では「雑誌の読者」程度のまとまりのある多様化だ。

（5）国際観光隆盛の時代──1980年代後半〜1990年代初め

安村克己は，さらに時代区分を付け加え，1980年代後半から1990年代初めを「国際観光隆盛の時代」とした（安村 2001）。この時期の日本はバブル経済期であった。こうしたなか，「レジャー・ブームはいっそう煽られ，労働志向からレジャー志向へという個人の社会生活における意識の転換はますます顕著になりはじめた」（安村 2001：131）。ここで，エリック・コーエンの旅行者類型との関連を指摘しておきたい。この類型のなかに，「レクリエーションモード」というものがある。これは，労働に精神的中心を置いて，そこに戻っていくための余暇として観光を位置づけるものだ（Cohen 1979＝1998）。安村によって「個人の社会生活における意識」が「労働志向からレジャー志向」に転換したと指摘されているように，この時期にはすでに，全体的な傾向として，精神的中心を労働に求めなくなっている様子がうかがえる。

また，この時代は，経済的な豊かさを背景にして，「ショッピングや保養を求めて」海外旅行に出かける人が多くなった（安村 2001：131）。国内でも，1987年には「総合保養地整備法」が施行され，日本全国に観光開発による地域振興ブームを起こした（佐藤 1990）。経済的な活況を背景にして，海外旅行や観光開発などが盛んに行われた時代であるとまとめることができる。

（6）「新たな観光」への期待と「観光の動物化」──1990年代後半以降

経済的な豊かさを背景にしたレジャー開発は，1990年初頭のバブル経済の崩壊によって開発が頓挫し，地価高騰や自然破壊といったさまざまな問題を残す。それにともないレジャー・ブームは失速した（安村 2001：132）。国際観光についても，1990年代のバブル経済の終焉とともに停滞し始めるが，個人のレジャー志向や観光志向の傾向は続き，この時代には観光がライフスタイルを基礎とし，そのあり方の多様化傾向がさらに鮮明になった（安村 2001：132）。

これらを背景として，「新たな観光」が存在感を増してくる。1980年代後半ごろからの旅行会社の団体旅行であるパッケージ旅行への参加だけではなく，個人による個別的，主体的，能動的な旅行の増大傾向が，1990年代になってますます顕著になる（安村 2001：143）。

　このような傾向にあわせて，旅行会社も新しいツアー商品を提供しようとする。白幡洋三郎の『旅行ノススメ』によると，海外旅行経験が豊富な旅行者を惹きつける，「こだわりの旅行メニューが旅行社によって用意され，新たな需要発掘が試みられ」た（白幡 1996）。安村は，このことから「日本人観光者の間に，個人の関心や趣味に基づいて主体的に観光を享受する"スペシャル・インタレスト・ツーリズム"の形態が受容されつつある」と指摘する（安村 2001）。そして，「個別的，能動的，主体的な旅行形態のなかから，マス・ツーリズムがもたらすホストとゲストの不均等関係の問題や環境破壊の問題に配慮し，"新たな観光"を思考する日本人観光者も一部に現れている」とし，これらの観光形態の代表例として「ホスト－ゲスト関係を尊重しあう"エスニック・ツーリズム"」や，「観光を通じて自然保護をめざす"エコツーリズム"」を挙げる（安村 2001）。

　このエコツーリズムについては，海津ゆりえも同様の指摘をしている（海津 2011）。すなわち，「エコツアーは個の志向にもとづく『スペシャル・インタレスト・ツアー（SIT）』に分類される。そして環境保全に責任をもち（リスポンシブル・ツーリズム），箱物や整備されたレジャー施設に依存しないソフトツーリズムである」（海津 2011：27）。「ホスト－ゲスト関係を尊重しあう」や「観光を通じて自然保護をめざす」「環境保全に責任をもち」などの言葉からわかるように，マス・ツーリズムの悪影響を反省する形で説明されるのが特徴的だ。

　また，こうした動きの背景として，社会の情報化が挙げられている。高度情報化によって，個人による情報の送受信が可能になり，「個人の主張やニーズが社会状況の動向を変容」させるほどになった（安村 2001：171）。たしかに，現在の観光では，それまでの特定の情報提供者（メディア産業等）からの一方向的な情報発信に加えて，これまでオーディエンス側とされてきた個人からも情報発信が容易になった結果，多様な価値観を表出することが可能になったと言えるだろう。

第5章　観光の社会的潮流と旅行者の情報化

（7）「再帰的」な個人主義と旅行の多様性

　しかし，ここで疑問が生じる。たしかに，個人の価値観の表出は比較的可能になっただろうし，交通網の整備によって比較的簡単に個人の意思で現地に赴くこともできるようになったと考えられる。それは認められるとして，ただ，それが「ホスト－ゲスト関係を尊重しあう"エスニック・ツーリズム"」や，「観光を通じて自然保護をめざす"エコツーリズム"」という「新たな観光」の考え方や行動に直結するだろうか。

　この点について，須藤廣は『観光社会学』のなかで，ハワイ観光の推移を例に，次のように整理する。「大量生産－大量消費型のツーリズムから多品種少量生産型のツーリズムへの変化，すなわち需要サイドの欲求が単一でわかりやすく供給サイドがイニシアティブをもちやすいツーリズムから，欲求が多様化し，あるいは不明確でわかりにくく供給サイドのイニシアティブがダイレクトにはとりにくいツーリズムへの変動」（須藤 2005b：142）。あるいは，より一般化した表現として，「現代では欲望の生産，操作が記号を中心に行われるために，個人の『主体的』意味生産／消費がより重要になり，文化の発信と受容の過程は従来のような固定的なものではなく，より複雑で不安定なもの」とまとめている（須藤 2005a）。

　そして，そうした観光の背景として，社会学理論である「『個人化』の進展」が挙げられる（須藤 2005a）。この際の「個人化」とは，「単純な」個人主義から「再帰的な」個人主義への転回だ。「再帰的な」個人主義とは，自らの行為や，その行為を規制する制度を省察しながら生きていくことである。「単純な」個人主義の下では，国民国家形成とその発展，という発展的全体的未来像である「大きな物語」（Lyotard 1979＝1986）に依ることで，伝統から解放された個人同士の競争によって社会が発展した。しかし，この「大きな物語」は，経済的な成熟を迎えるなか，消費社会，情報社会の進展によって，発展のイメージが単一には定まらなくなることで，終焉を迎える。そのような「再帰的」な個人主義の社会では，規則や制度，国民的流行といった「大きな物語」を前提とした大量生産・大量消費から，「個人化」を前提として，「融通の利く専門分化された生産」と，特化する消費の組み合わせに移行しており，観光も同様であるとした（須藤 2005a）。言い換えると，個人化が進み，「大きな物語」という参照す

63

べき対象を失った旅行者は，多様化したさまざまな選択肢のなかから何かを選びとったり，自己の価値観を表出したりする「能動的」な旅行者にならざるを得なくなっているのである。すなわち，前述した，エスニックツーリズムやエコツーリズムは，その選択肢のうちの１つとして位置づけられることがわかる。エスニックツーリズムやエコツーリズムも，旅行者や旅行会社などのさまざまなアクター同士による相互作用のなかから構築されたツーリズムの一形態なのだ。

（8）「動物化」と不可能性の時代

　ここまで，戦後から1990年代後半までの観光の潮流を整理してきた。ここで，1990年代後半の日本社会における消費やコミュニケーションの特徴について述べた研究を概観しておきたい。

　まず，東浩紀は，1995年以降を「動物の時代」と表現した。東は，社会における「大きな物語」の機能不全を指摘し，大塚英志が『物語消費論』で提唱した「物語消費」を土台として「データベース消費」を見いだした（大塚 1989）。ポストモダンな社会において人々は動物化していると述べ，1995年以降を「動物の時代」と名づける（東 2001）。「動物化」とは，「各人それぞれ欠乏－満足の回路を閉じてしまう状態の到来」のことだ（東 2001）。つまり，何らかの欠乏を感じたとき，他者の存在や他者との交流なしに個人的に満足に向けて行動し，それを手に入れるという行動様式が広がっているという主張である。

　東浩紀は『動物化するポストモダン』において，こうした消費やコミュニケーションのあり方を特徴的に表出している対象としてオタク系文化を分析した（東 2001）。その際，10代半ばにインターネットの普及を迎えた1980年前後生まれの「オタク第3世代」の消費の特徴，特に「キャラ萌え」に注目した。「キャラ萌え」とは，オタクの美少女キャラクターに対する愛で方のことである。オタクは，「萌え要素」の集積であるデータベースから抽出された「要素の組み合わせ」によって「萌え」ており，他者とのコミュニケーションに関しては情報交換的で，特定の情報への関心のみが社交性を支えており，また，そのコミュニケーションからはいつでも離脱可能であることを指摘した（東 2001）。この時代については，東浩紀の他にも，さまざまな論者によってその特徴が表

現されている。

　大澤真幸は，1995年以降を「不可能性の時代」とした（大澤 2008：165-168）。この不可能性とは何か。大澤は，現代社会に矛盾する2つの欲望が観察でき，それら2つは，ともにXに対する対処法なのではないかと推測する（大澤 2008）。この2つの欲望とは，一方は「危険性や暴力性を除去し，現実を，コーティングされた虚構のようなものに転換しようとする執拗な挑戦」であり，もう一方は「激しく暴力的で，地獄のような『現実』への欲望」である。

　大澤は，この相反するように見える欲望が，ともにXという「不可能なもの」への対処法であると述べる。それではこの「不可能なもの」（X）とは何か，ということになるが，大澤によると「〈他者〉こそ，〈不可能性〉の本態」である。この〈他者〉とは，「他者がその他者性において現れているような状態」のことを指す（大澤 2008）。つまり，この〈他者〉は，「求められると同時に，忌避もされている」（大澤 2008：192）という性質を持っており，それが上記の2つの欲望にあらわれているというのだ。ここで持ち出されるのはやはり「オタク」である。「オタク」に関しては，「彼らが他者との関係を拒否して，個室に閉じこもっている，ということが問題にされる」（大澤 2008：193-194）のだが，実は「オタクたちは関係を求めている」（大澤 2008：194）と指摘する。大澤はそれをコミックマーケットなどの「オタクたちの趣味の共同体」に見る（大澤 2008：194）。そして，次のように分析してみせる。

　　自分が大切にしている同じ趣味を相手も共有しているという事実，このことが，〈他者〉の他者性を緩和する安全弁としての意味をもつ。逆に言えば，趣味についてのわずかな相違でも，その仲間がやはり〈他者〉であったことを露呈させるものであり，自分に対する侵襲として――自分が大切にしていたことへの攻撃として――感じられることにもなるのだ。（大澤 2008：194）

　観光が他者との出会いの契機となり得るか，という問題意識を考察するうえで，上のような特徴を持つとされるオタクの旅行行動を分析することは妥当性を持つと言えよう。

（9）観光の動物化とメディア

　ここまで，「新しい観光」という理念が語られ始め，その一方で，人々の動

物化や他者性を持った他者といかに関係するかが論点になっていることを確認した。

それでは，観光の実践のなかではどのようになっているだろうか。『動物化するポストモダン』の議論を土台にして，観光にかかわるウェブサイトを分析した論文がある。井上努による「旅行経験に基づく〈観光オタク〉の創作活動と実践」では，観光におけるデータベース消費を「その土地が観光地である無しにかかわらず自身が興味を抱いている対象のみを訪問し他の観光対象等には関心をよせない旅行」と仮定し，「観光オタク」がつくるウェブサイトを分析し，観光において東の言うデータベース消費がどのようにあらわれているかを示そうと試みている（井上 2007）。それによると，「観光オタク」は，廃墟や，疑似天守閣，工業地帯のコンビナートなど，通常は一般の観光客が訪れることがない施設等を好んで訪れ，その訪問記録を自らが開設するウェブサイトで公開することを趣味としている人々である。井上は，「観光オタク」のウェブサイトを分析した結果，一般的な観光の興味とは異なり，自身が関心を持つ対象の紹介に終始している点，および，旅行経験をウェブサイト上で創作された物語として表象する行為や地域別形状別などの分類を行ってデータベース化する行為を挙げ，東の言うデータベース消費が行われていると結論づけている（井上 2007）。

この論文は，観光研究においてウェブサイト上の表象物の研究の必要性を示したこと，そして，消費のイニシアティブが消費者側にあり観光産業のプロモーションがほとんど効かない観光の存在を示した点で評価できる。しかし，ウェブサイトの内容の分析に終始しているため，実際の旅行経験のなかでの消費やコミュニケーションのあり方，ウェブサイトをつくる主体の属性などについては調査がなされておらず，このデータのみで東浩紀の言うような消費が旅行行動全般で行われているか否かを判断することはできず，部分的な分析にとどまっていると言えよう。

一方で，山口誠は著書『ニッポンの海外旅行』において，「個人旅行」ならぬ「孤人旅行」という観光のあり方を指摘した（山口 2010）。歴史や文化の記述が少なく，主に商品情報が掲載されたカタログ型ガイドブックを持って，スケルトンツアー[2]で短期の海外旅行に出た場合，「買い・食い」を充足させるこ

とが中心になり，極端な場合，そうした消費の場面以外に現地の人と接触がないような場合があるとして，それを「孤人旅行」と名づけた。『ニッポンの海外旅行』では，東浩紀の論とのつながりは直接指摘されていないが，ここには共通の特徴を見てとることができる。孤人旅行は，カタログ型ガイドブックという「データベース」から，欲求充足のための店舗情報を得て，不確実性の高い「他者性を持った他者」との交流をできるだけ避け，効率よく欲求－充足の回路を閉じた旅行形態だと言えよう。つまり，ここに観光の「動物化」を見てとることができる。加えて，山口は，インターネットの情報源について，旅慣れた個人による情報発信であるブログについては街歩きを促進する先鋭的な動きとしているものの，基本的にはこの「買い・食い」主体の孤人旅行を促進するものと指摘する（山口 2010）。本書で問題にする主要な論点の1つはこの点だ。情報社会は，山口の言う孤人旅行を促進するのか，それとも，それ以外の道を切り拓くのかという点である。

2　旅行者の情報化

　前節では，観光の全体的な動向を整理した。その結果，情報通信技術の発展・普及，交通網の整備などとともに，旅行者の個人化，多様化，能動化が進展し，旅行者と他者とのコミュニケーションの問題が前景化していることが確認できた。本書では，それらを背景とし，実際の旅行行動を実証的に分析していくが，その際には，まず，情報化が進んでいる旅行者の年齢層や性別，そして，利用形態などを明確にしておく必要がある。

　日本の旅行者の情報探索方法としてインターネット利用に着目し，データを分析した先行研究がある。佐々木土師二は，日本観光協会が発行した『平成16年度版 観光の実態と志向』（公益社団法人日本観光協会 2005）および内閣府政府広報室が発行した『月刊世論調査』に収録された「自由時間と観光」を用いて，1990年前後から2004年までのデータを分析した結果，「国内旅行のための情報の入手方法として，家族・友人・知人などの口コミ情報への依存度が減り，イ

2）　添乗員がつかず，移動手段と宿泊施設のセット販売のみを行うツアーのこと。

ンターネット利用が急増している」ことを指摘した（佐々木 2007：117-119）。

　この分析結果では，観光情報源としてインターネットを利用する人が増加している，ということは明らかになっているものの，その利用の仕方，世代や性別による利用率の差などに関する詳細は明らかになっていない。また，2004年までのデータを利用しているため，2000年代後半以降の動向が不明だ。

　そこで，本節では，旅行者の情報通信技術利用の全体的な動向を2000年代後半以降のデータを用いて明らかにし，さらに，利用方法や世代，性別による利用率の差についても検討し，情報化した旅行者の世代や性別を特定する。

（1）1990年代における旅行の情報源

　1990年代に入って，パーソナル・コンピュータが普及するとともに，携帯電話やポケベルなどが登場し，個人の情報ネットワーク拡大のために用いられ始めた（水野 2000）。1993年には，日本語版ウィンドウズ3.1が発売される（柏倉2005）。これによって，GUI（グラフィカルユーザーインターフェイス）が装備された日本語で使用可能なパーソナル・コンピュータが登場したことになる。さらに，1995年にはウィンドウズ95が発売され，インターネットブームが起こる（田畑 2004）。このように，1990年代は個人同士の電子的なコミュニケーションの基盤が急速に整備されていった時代であると言えよう。

　こうした時代に，旅行の情報源の利用率はどのようになっているだろうか。1990年代における観光の情報化に関して，旅行に出かける際に何を参考にするかについて尋ねた質問紙調査の結果から，上位4位の推移を見てみよう（表5-1）。

　順位の入れ替えはあるものの，第1位から第3位は，常に「家族・友人の話」「ガイドブック」「パンフレット」の3つである。それぞれのメディアの経年変化を見てみよう。

　「家族・友人の話」は，割合の変動はあるが，1990年から1998年まで第1位であり続けている。「ガイドブック」は1990年には28.9％にとどまっていた利用率が，1992年に38.8％を占めるようになり，第3位から第2位になる。その後，1994年に40.6％を占めるようになるが，1996年には再び利用率が減り，35.8％となる。1998年は再び増加し，36.9％である。「パンフレット」に関し

第5章　観光の社会的潮流と旅行者の情報化

表5-1　1990年代における旅行に出かける際に参考にする情報源

(%)

	1990年	1992年	1994年	1996年	1998年
家族・友人の話	59.7	45.7	47.8	48.1	43.3
ガイドブック	28.9	38.8	40.6	35.8	36.9
パンフレット	36.2	33.4	36.0	35.0	34.7
旅行専門雑誌	14.1	20.4	24.0	25.4	28.5

出所:「平成19年度版 観光の実態と志向」72頁をもとに筆者作成。

ては，利用率は35％前後で推移しており，大きな変動はないが，1990年には第
2位であった利用率が，1992年に第3位となり，以降1998年まで第3位であ
る。このように，1990年代の旅行情報の入手方法は，順位の交代やそれぞれの
増減は見られるが，「家族・友人の話」「ガイドブック」「パンフレット」の3
つが主流であったことがわかった。

　ちなみに，1999年から「インターネット」が初めて選択項目として取り入れ
られたが，利用率は全体の7.3％であった。

（2）2000年代における旅行の情報源

　前項では，1990年代における旅行の情報源について整理をし，「家族・友人
の話」「ガイドブック」「パンフレット」が主な情報源であることを確認した。
本項では，2000年代における旅行情報源について整理を行う。

　旅行に行く際に参考にする情報源の利用率について，1999年から2009年まで
の推移を表5-2に示した。

　次に，表5-2をもとに，縦軸に利用率（％）をとり，横軸に年度（年）をとっ
て，グラフ化したものを図5-1に示した。

　これを見ると，他の情報源に比べて「インターネット」の利用率の伸び率が
大きいことがわかる。選択肢に「インターネット」が入った1999年当初は，
7.3％であった利用率は，2007年に前年比0.9ポイントで減少する以外は，2009
年に至るまで割合を上げ続けている。

　「インターネット」が登場した後も2005年までは，1990年代と同様に「家族・
友人の話」「ガイドブック」「パンフレット」が，全体的な割合としては減少傾

表5-2　旅行に行く際に参考にするものの利用率

(%)

	1999	2000	2001	2002	2003	2004	2005	2006	2007	2008	2009
家族・友人の話	43.3	42.2	41.6	41.9	37.1	39.4	35.1	38.0	37.9	36.5	36.4
ガイドブック	35.2	39.5	35.1	37.8	35.8	35.9	34.5	32.8	32.1	33.4	33.1
パンフレット	35.5	35.7	35.0	35.6	35.1	35.5	33.2	34.0	33.6	34.3	30.5
インターネット	7.3	11.2	15.4	18.0	24.0	26.0	30.3	35.8	34.9	40.8	43.3
旅行専門雑誌	27.7	30.7	29.1	29.2	29.7	29.2	29.1	31.9	30.1	27.6	27.5
新聞・雑誌の広告・チラシ	23.4	23.5	24.4	23.6	19.8	20.7	19.8	20.3	21.2	21.2	19.7
旅行業者	21.2	20.4	18.1	19.1	18.3	18.2	18.1	19.7	20.9	19.0	19.6
新聞・雑誌の記事	16.4	16.8	16.9	17.0	13.5	13.2	12.4	13.4	12.8	15.8	13.5
テレビ・ラジオの番組	13.3	11.5	12.1	12.2	10.1	10.6	10.7	11.5	10.3	11.9	12.7
観光案内所・情報センター	10.9	12.6	12.8	12.4	10.5	11.0	8.8	10.6	9.8	9.5	9.7
旅行・歴史等に関する本，小説	6.8	8.1	7.1	7.3	6.2	6.2	6.3	7.0	6.0	7.2	5.4
駅・車内のポスター	6.5	6.7	7.1	7.1	5.4	5.4	4.3	4.8	5.8	6.3	5.3
テレビ・ラジオのCM	4.2	4.4	4.5	4.5	3.8	3.7	3.4	3.8	4.3	2.8	3.1
観光物産展	1.8	2.3	2.8	2.4	1.7	1.7	1.8	2.0	1.8	2.6	2.2
携帯電話	—	0.8	0.7	1.4	0.9	1.3	1.5	1.8	2.8	3.0	4.6
コンビニエンスストアの端末	—	0.5	0.2	0.4	0.2	0.1	0.2	0.3	0.4	0.2	0.3
FAX	—	0.5	0.2	0.1	0.1	0.1	0.2	0.1	0.1	—	—

出所：「平成22年度版 観光の実態と志向」88頁をもとに筆者作成。

向にあるものの，上位3位であった。ところが，2006年には「インターネット」が「ガイドブック」「パンフレット」を抜き第2位となる。さらに，2008年には「家族・友人の話」を抜き，第1位になる。また，この際，割合が4割を超える。2009年には同様に第1位であり，また，割合も43.3％と前年比で2.5ポイント増加している。

　その他のメディアについては，減少傾向にあるか，増減を繰り返しているものが主であるが，「インターネット」と同様，ほぼ右肩上がりに上昇を続けているメディアがもう1点ある。「携帯電話」である。割合の上昇率は小さいが，2003年から継続的に上昇を続けている。また，前年度比でも2008年から2009年では，3.0％から4.6％と1.6ポイント上昇している。

第 5 章　観光の社会的潮流と旅行者の情報化

図 5-1　旅行に行く際に参考にする情報源の利用率の推移（2000年代）

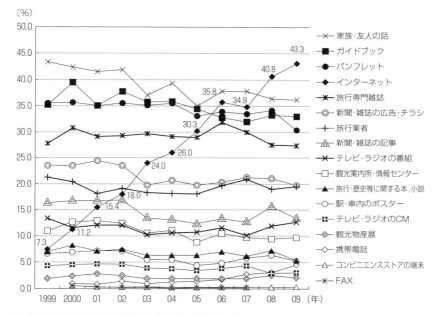

出所：「平成22年度版 観光の実態と志向」88頁をもとに筆者作成。

（3）旅行に関する情報行動の世代，性別による差

　こうした傾向に関して，性別や世代別で違いはあるだろうか。特に，インターネットを活用している人々のなかでも，マスメディア的な利用方法ではなく，能動的な情報検索を行っている世代，性別はあるだろうか。本項では，旅行の計画を立てる際の情報収集源について，インターネットのなかでも，さらに使い方についても詳細に問うた既存の質問紙調査結果を見ていく。

　公益財団法人日本交通公社の『旅行者動向』（2008，2009，2010）は，旅行の情報収集源として次の選択肢からの選択式で問うた質問紙調査を行っている。選択肢は「旅行ガイドブック」「旅行会社のパンフレット」「旅行雑誌」「ネットの検索サイト」「宿泊施設のホームページ」「家族や友人・知人に尋ねる」「ネットの旅行専門サイト」「観光施設のホームページ」「旅行会社の店員に尋ねる」「観光協会や自治体のホームページ」「旅行会社のホームページ」「ブログや口コミ

表5-3 「ネットの検索サイト」の回答割合

(%)

		20代	30代	40代	50代	60代	70歳以上
2007年	男性	63.8	64.9	67.3	49.1	30.2	16.5
	女性	66.2	59.7	50.6	37.9	23.1	8.7
2008年	男性	61.4	67.8	63.2	53.8	39.3	15.3
	女性	70.9	64.6	62.4	46.7	23.7	9.1
2009年	男性	63.1	71.5	67.6	59.6	40.2	21.2
	女性	72.1	72.4	55.6	49.0	20.8	13.1

出所：筆者作成。

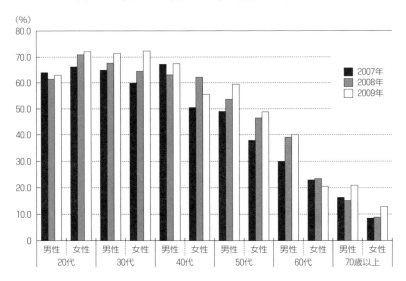

図5-2 「ネットの検索サイト」の回答割合（グラフ）

出所：筆者作成。

サイト」の12個である。このうち，インターネットに関連しているのは，「ネットの検索サイト」「宿泊施設のホームページ」「ネットの旅行専門サイト」「観光施設のホームページ」「ブログや口コミサイト」だ。このなかで，最も積極的に情報検索を行っていると思われるのは，「ネットの検索サイト」の利用率が高い世代，性別であると推測できる。インターネットを用いていると言って

第 5 章　観光の社会的潮流と旅行者の情報化

図 5-3　「ネットの検索サイト」の回答割合（平均）

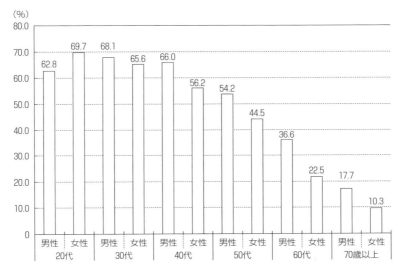

出所：筆者作成。

も，ある一定のページしか参考にしないのであれば，それはマスメディア的な情報収集の仕方に近い。

　2007年から2009年の3年間の調査結果のなかで，「ネットの検索サイト」を回答した割合を世代，性別ごとに，整理したのが表5-3である。

　また，これをもとに，縦軸に回答割合をとり，横軸に世代・性別をとってグラフ化したものが図5-2である。

　2007年，2008年，2009年のいずれの年度においても利用率が60％以上である世代，性別は，以下のとおりである。「20代男性」「20代女性」「30代男性」「40代男性」だ。ただし，30代女性については，2007年は59.7％と6割に満たないが，2008年には64.6％，2009年には72.4％と急激に割合を上昇させている。30代女性の2009年の値は，全年代，性別のなかで最も高い値である。そこで，2007年から2009年の値の平均値を算出してグラフ化した（図5-3）。

　これを見ると，「20代男性」「20代女性」「30代男性」「30代女性」「40代男性」の利用率が60％を超えていることがわかる。

73

（4）旅行情報化世代

　本節では，大きく３つのことが明らかになった。

　１点目は，1990年代における，旅行に出かける際に参考にする情報源として用いるものについて整理したところ，「家族・友人の話」「ガイドブック」「パンフレット」の３つが主流だったことである。２点目は，旅行情報源としてのインターネットの存在感が2000年代に高まったことだ。旅行の情報源としてインターネットを用いている人の割合は1999年に7.3％であったが，2009年には43.3％まで増加していた。そして，３点目は，インターネットを旅行情報源とする人々の世代や性別による差だ。インターネットの検索サイトを旅行情報として用いている割合がどのように異なるのかについて検討を行ったところ，「20代男性」「20代女性」「30代男性」「30代女性」「40代男性」の利用率が高いことが明らかになった。

　本書では，2009年時点において，これらの世代・性別を「旅行情報化世代」と定義しておく。ただし，同調査の値を2008年から2010年で平均すると，20代から50代で男女とも60％を超える。つまり，旅行情報源としてのインターネットは，若者の利用が特に盛んな時期があったが，その後急速に広がりを見せたと言えよう。

第**6**章　アニメ聖地巡礼の誕生とその展開

文献，新聞・雑誌記事分析

　本章では，オタクの旅行行動であるアニメ聖地巡礼が，いつごろから始まり，どのような特徴を持つものなのかを文献研究と新聞・雑誌記事分析を行うことで明らかにする。そして，明らかになった開始時期および特徴は，**第5章**で整理した観光の潮流および旅行者の情報化と対照し，アニメ聖地巡礼行動の位置づけを明確化する。また，アニメ聖地巡礼の全体的な特徴を把握することで，その後の実証研究の方向性を決定する資料とする。

1　「アニメ聖地巡礼」とは何か

　アニメ聖地巡礼については，2000年後半ごろから，活発に書籍やガイドブックで取り上げられ，アニメ聖地巡礼を特集する書籍や雑誌なども出てきた。[1]本書では，アニメ聖地巡礼を，アニメやゲーム，マンガ等，オタク系文化のコンテンツ作品の背景として描かれた場所を訪ねる行為とする。

　この行為には，「聖地巡礼」という宗教的な用語があてられているものの，特定の宗教とは関係がない。アニメファンにとって思い入れの強い場所を聖地とし，そこを訪ねるという行動様式からファンの間で聖地巡礼と呼ばれている。宗教的な聖地巡礼との類似点や相違点等について直接比較することは，本書の主題と外れるため，直接は論じない。[2]しかし，最終的には，旅行者にとっ

1）　たとえば，柿崎（2005），萌え用語選定委員会編（2005：71），ヒロヤス・カイ（2008：98-
　　100），JTBパブリッシング（2008：84-90），ドリルプロジェクト編（2010），三才ムック（2010），
　　サンエイムック（2011）などが挙げられる。
2）　今井（2009, 2010），佐藤（2010）などでは，アニメ聖地巡礼について，宗教社会学的な検討が
　　なされている。

てアニメ聖地巡礼がどのような意味を持つのかに迫っていく。また，宗教的な聖地巡礼との混同を避けるため，本書では「アニメ聖地巡礼」と表記する。

2　文献研究と新聞・雑誌記事分析

（1）文献研究

アニメ聖地巡礼の誕生時期を明らかにするために，次の3点の文献にある記述を分析した。

文献①：聖地巡礼——アニメ・マンガ12ヶ所めぐり（柿崎 2005）
文献②：萌える聖地アキバリターンズ（藤山 2006）
文献③：観光の社会心理学（橋本 2006）

以上3点の文献を選択したのは，アニメ聖地巡礼の誕生時期を推測することができる記述が含まれているからである。もちろん，今回選択した文献の他にも，アニメ聖地巡礼の誕生に関連する記述のある文献が存在する可能性はあるが，本書では，現時点で筆者が発見し得た文献での分析を試みる。

（2）新聞・雑誌記事分析

アニメ聖地巡礼の誕生についての言説を整理するとともに，アニメ聖地巡礼が行われ，その後，何らかの展開が見られる事例を抽出するために，「So-net DATABASE」の「新聞・雑誌記事横断検索」[3]を用いた。

新聞・雑誌記事分析を用いた理由は2点ある。1点目は，新聞や雑誌の記事になるということは，新聞や雑誌に取り上げられる程度の大きな動きになっていることを示していることがわかる点である。

少数の個人がアニメ聖地巡礼をしている状態では，新聞や雑誌に取り上げられることは少ないと考えられる。しかし，アニメ聖地巡礼をする人数が増える，地域社会に影響を及ぼす，アニメ聖地巡礼に関した地域のイベントが行わ

3）「So-net DATABASE 新聞・雑誌記事横断検索」（http://www.so-net.ne.jp/database/G-search/general/general_ohdan.html）。検索対象媒体は，「通信社・テレビ［2］」「全国紙［4］」「全国ニュース網（JWN）［8］」「地方紙［26］」「政党機関紙［2］」「スポーツ紙［5］」「専門誌［29］」「海外ニュース［3］」「一般紙［2］」「ビジネス関連［16］」（［　］内は媒体数）。

第6章　アニメ聖地巡礼の誕生とその展開

れるなどすれば，新聞や雑誌に取り上げられることも多くなるだろう。

　2点目は，新聞や雑誌に取り上げられるということは，ある程度新奇性のある事象であると考えられるためである。新聞や雑誌は，まったく当たり前になった旅行行動はあらためて取り上げない。もちろん，初詣や，お盆の旅行の混雑などは毎年のことだが新聞や雑誌に大きく取り上げられる。毎年のことであってもその情報を知りたい読者が多いからだ。しかし，たとえば，旅行会社が仕立てて普段から販売しているハワイへの団体旅行のツアーが出発しても，現在では取り上げられない。[4] それほど当たり前になっているからである。そういった意味では，アニメ聖地巡礼やそれが発端になった地域振興について，新聞や雑誌が記事として取り上げるということは，それが新奇性を持ち，読者の興味を惹く事象であると判断されたということである。[5]

　こうした理由から，アニメ聖地巡礼が社会に認知され始め，それがどのように展開してきたかを考察するために，新聞や雑誌に，どの程度の頻度でどのように取り上げられているかを分析することは有効な手段であると考えられる。

　検索語は「アニメ　聖地巡礼」とし，[6] 検索する範囲を「全期間」[7]に設定した。検索を行った年月日は2009年3月2日である。検索の結果，21の新聞・雑誌記事が抽出された。記事に掲載年月日の早い順にIDを付し，**表6-1**に示した。また，記事が掲載された新聞・雑誌名，年月日，見出し，記事分量を併記した。抽出された21件の記事のうち，本書で扱うアニメ聖地巡礼とは直接関係のない記事が3件あったため，分析からは除外した。それぞれ，記事ID-2，記事ID-4，記事ID-8である。

　抽出された18件の記事内容を要約したものに記事内容IDを付して，表にま

4）　もちろん，広告としては掲載されている。

5）　当然，この判断はさまざまな水準で属人的であることには注意が必要である。

6）　ここで「アニメ　聖地巡礼」とキーワードを絞ったのは，聖地巡礼という言葉が，アニメの舞台を訪ねる行動に対していつごろから使用されているのかを確認するためである。コンテンツ作品の舞台を目指して旅をする行動は，聖地巡礼という名称が用いられずとも古くからあったはずだ。そうした行動との関連性については，今後，より詳細な分析が必要である。

7）　データベースへの収録期間は，媒体によって異なっている。すべての媒体に関して収録期間を記すことは，紙幅の都合上困難であるので，参考までに全国紙の収録期間を記す。2009年3月現在で，朝日新聞1984年8月4日〜2009年3月2日，読売新聞1986年9月1日〜2009年3月2日，毎日新聞1987年1月1日〜2009年3月2日，産経新聞1992年9月6日〜2009年3月3日である。

表6-1　検索結果（記事ID、新聞・雑誌名、年月日、見出し、記事分量）

記事ID	新聞・雑誌名	年月日	見出し	記事分量※注
1	北海道新聞	1995. 1. 1	〈95新年号 マンガ王国〉聖地巡礼ノスタルジー	2,531
2	西日本新聞	2000. 6. 7	九州情報ハイウエー＝長崎の聖地巡礼,団がローマ法王に平和メッセージ ほか	683
3	信濃毎日新聞	2003. 12. 21	ルポ03＝TVアニメ舞台…大町/海ノ口駅 "聖地" 巡礼、絶えず	1,785
4	中国新聞	2006. 10. 6	10代の天気図 西田篤〈73〉 聖地巡礼	829
5	産経新聞	2007. 2. 8	【ネットウオッチング】「聖地巡礼」の流行	695
6	産経新聞	2008. 1. 9	関東最古の大社・鷲宮神社 アニメの聖地、初詣で客倍増	621
7	FujiSankei Business i.	2008. 1. 10	「らき☆すた」効果 埼玉・鷲宮神社、初詣客17万人増	975
8	朝鮮日報	2008. 5. 25	刀を置き、花を手にしたサムライたち（1/6）	2,508
9	FujiSankei Business i.	2008. 7. 1	【交差点経済学】埼玉県、鷲宮駅入り口に にぎわう "聖地"	1,177
10	朝日新聞	2008. 7. 26	アニメの聖地、巡礼中 埼玉・鷲宮、富山・城端	1,750
11	朝日新聞	2008. 8. 13	ふれあい☆定期 TVアニメの「聖地」木崎湖 巡礼ファン、なじみ客に 大町	1,371
12	朝日新聞	2008. 8. 30	アニメで見た沿線風景 大糸線入場券、ファン向けグッズに信濃大町駅で発売	374
13	毎日新聞	2008. 9. 4	大糸線：入場券、人気です アニメファン、聖地巡礼、大町・木崎湖畔で長野	581
14	読売新聞	2008. 11. 13	【ひと紀行】木崎湖 アニメのまちに美しく＝長野	1,857
15	FujiSankei Business i.	2008. 12. 1	「らき☆すた」巡礼者：商工会の二人三脚	976
16	河北新報	2008. 12. 24	人気アニメ「かんなぎ」舞台は仙台近郊？ 「聖地」にファン "巡礼" 風景そっくり 「感動」新たな観光資源、地元も期待	1,022
17	神戸新聞	2008. 12. 30	「サブカルチャー」商業、観光資源に 「手塚治虫」「鉄人28号」…兵庫の宝 全国発信 県構想 街づくりに活用	918
18	河北新報	2009. 1. 5	アニメ「かんなぎ」のモデル宮城・七ケ浜町の鼻節神社／聖地初詣でにぎわい	836
19	毎日新聞 地方版／長野	2009. 1. 10	頑張れ地域交通：信濃路・ゆらりゆられて／9 大糸線／長野	1,346
20	南日本新聞 夕刊	2009. 2. 28	企画【GOWASS―エンジョイ】電脳世代のホビー道（完）／鹿児島にも「聖地巡礼」素材	643
21	AERA	2009. 3. 2	義に惹かれる歴女 子グッズを購入し 聖地巡礼へ	2,717

注：記事分量は記事の文字数を表す。記事IDに斜線を付し、アミがけした記事は分析から除外したものである。
出所：筆者作成。

とめたものを本章末の**付表**に示した。その際，新聞記事の記者による分析的な文章や，識者による分析的なコメントなどは除外した。事実を記述していると思われる文章のみを選択し，要約した。[8]

　この付表には，記事の要約を記事ID番号の小さなものから順に並べてある。記事IDごとに，その記事が扱っている地域，その地域を訪れる動機となった作品を併記し，内容の要約を記した。要約については，それぞれ記事内容IDを付し，記事内容を記した。記事内容IDは，たとえば記事内容ID3－1，記事内容ID3－2（記事ID－3内の記事内容）などがある。さらに，記事内容IDごとに，以下の5つの区分に内容の分類を行った。分類区分はそれぞれ「状況説明」「巡礼者」「地域」「巡礼者と地域」「作品関係者」である。

　「状況説明」として分類した記事内容は，それぞれの地域の聖地化の経緯や，その後の展開についての概要である。「巡礼者」として分類した記事内容は，アニメ聖地巡礼者の行動や特性についての記述，アニメ聖地巡礼者の感想などだ。「地域」として分類したものは，地元住民の感想や意見，地域側のグッズ販売やイベント実施，地域側の協力体制などである。「巡礼者と地域」とした記事内容は，アニメ聖地巡礼者と地元住民が共同したグッズ販売やイベント実施を報じたものや，地元住民とアニメ聖地巡礼者の交流に関するものなど，巡礼者と地元住民のかかわりについて書かれた記事だ。「作品関係者」は，アニメ作品の著作権者や，原作者のコメントや動向について書かれたものである。

3　アニメ聖地巡礼の誕生にかかわる文献および新聞記事の分析結果

　文献①では，「はじめに」の記述のなかに，著者自身は学生時代（今から10年ほど前）にOVA『究極超人あ〜る』の舞台になったJR飯田線などを訪ねた経験があり，その際には聖地巡礼とは呼称していなかった，とある（柿崎2005：4－5）。文献①は2005年の出版であるから，「今から10年ほど前」は1995年ごろと推測できる。『究極超人あ〜る』とは，1991年にバンダイビジュアルから

8）　ただし，この判断に関しては筆者が行っているので，事実と認識して取り上げている記事内容に関しても，現地では異なった状況であることも考えられる。ここでは，あくまでメディア（新聞，雑誌）表象から読み取れる範囲で分析を試みた。

発売された OVA（オリジナルビデオアニメーション）作品だ（北野 1998：180）。

　また，文献①には，1992年に OVA として発売された『天地無用！魎皇鬼』の舞台になった岡山県の太老神社の聖地巡礼について，キャラクターの吹き出しで「実は，太老神社の賽銭箱は盗まれたの！　でも天地ファンのお兄ちゃんたちが寄付金を集めてくれたから，新しい賽銭箱が用意されるんだって！」（柿崎 2005：29）と書かれている。すでに聖地巡礼者が訪れ，かつ，地域住民とかかわっていることがわかる。1992年当時，聖地巡礼と呼称していたかどうかについては，ここでは特に触れられていない（柿崎 2005：23-32）。

　文献②には「古くはセーラームーンの時代からあった聖地巡礼」「劇中に登場する氷川神社は，初詣になるとアニメファンの大行列ができたほど」とある（藤山 2006：218）。セーラームーンとは『美少女戦士セーラームーン』（以下，『セーラームーン』と表記）のことだ。『セーラームーン』は，1992～1997年にかけてテレビ放映された戦闘美少女もののアニメシリーズである。1992～1993年まで『セーラームーン』，1993～1994年まで『セーラームーン R』，1994～1995年まで『セーラームーン S』，1995～1996年まで『セーラームーン SuperS』，1996～1997年まで『セーラームーン セーラースターズ』が放映された（山口 2004：219-220）。氷川神社とは，東京都麻布十番にある氷川神社であり，作中では，「火野レイ」という主要キャラクターの一人（第 1 作『セーラームーン』から登場）が巫女をしている「火川神社」のモデルとなった（JTB パブリッシング 2008：90）。

　文献③では，1990年以降に上杉まつりに若い女性観光客が大勢つめかけた原因として，桑原水菜が作者の『炎の蜃気楼（ほのおのみらーじゅ）』という女性向けライトノベルを挙げている（橋本 2006：178-180）。『炎の蜃気楼』は1990年に集英社コバルト文庫のシリーズから第 1 巻が刊行され（中村 2004：82），2004年に第40巻で完結した。文献③によると，1991年に刊行された第 4 巻の「あとがき」において，作者が上杉まつりについて紹介し，それがもとで上杉まつりに来訪する若い女性が増えたようだ（橋本 2006：178）。

　文献③によると，ファンは上杉まつりだけではなく，小説の舞台となった場所を訪ね歩くような旅行行動をしており，それは「ミラージュ・ツアー」と呼ばれている（橋本 2006：178）。「ミラージュ・ツアー」自体がいつから始まった

かについては，文献③では言及されておらず，また上杉まつりに若い女性観光客が大勢訪れた年についても「1990年以降」という書き方で，明言はしていない（橋本2006：178-180）。

記事ID-1は「〈95新年号　マンガ王国〉聖地巡礼ノスタルジー」というタイトルからわかるように，マンガの聖地巡礼について書かれた記事である。記事では，マンガ家のゆかりの地を聖地として，兵庫県の「手塚治虫記念館」，鳥取県の「水木しげるロード」，手塚治虫，藤子不二雄，石ノ森章太郎，赤塚不二夫などが集まって住んだ東京都の「トキワ荘」などを紹介している。

そのなかで，マンガ『こちら葛飾区亀有公園前派出所』（以下，『こち亀』と表記）の舞台となった亀有の駅前派出所に，ファンが訪れるエピソードが書かれている。記事内の他の事例は，マンガ家ゆかりの地としての聖地だが，『こち亀』に関しては，舞台となった場所を聖地としており，本書で扱う聖地と同様だ。『こち亀』は，1976年に雑誌『週刊少年ジャンプ』で連載が開始され，2016年まで続き，単行本は全200巻を数える。萌え美少女アニメではない。実[9]際の亀有公園前には派出所はなく，亀有の駅前派出所にファンが訪れている。つまり，本書で扱うアニメ聖地巡礼と似ているが，微妙に異なる行動だ。

4　アニメ聖地巡礼の誕生時期と観光の潮流における位置づけ

結果から考えると，アニメ聖地巡礼は，1990年代前半に始まったと考えられる。ただし，「聖地巡礼」という呼称が使われたのがいつごろかに関しては，今回の資料の分析のみで確定的なことは言えない。ここでは，仮説的に，聖地巡礼という名称が使われた最初のケースとして，『セーラームーン』の舞台となった氷川神社を挙げたい。

文献①に，アニメ聖地巡礼行動に関して，1991年以降（『究極超人あ～る』が発売されて以降）そうした行動を著者もしていたが，聖地巡礼とは呼称しなかったという記述があることや，アニメではないにしろ，ライトノベルを旅行動機

9）　ただし，『こち亀』の作品内には，萌えアニメやオタク的消費，アニメ聖地巡礼について扱っている回がある。

とした行動が，聖地巡礼という呼び方ではなく「ミラージュ・ツアー」と呼ばれていたことなどから考えて，聖地巡礼という名称が使われ始めたのは，1991年より後であると考えられる。さらに，文献②では「古くはセーラームーンの時代からあった聖地巡礼」と，「聖地巡礼」という呼称を用いている。そのように考えると，1992年からテレビ放映が開始された『セーラームーン』の舞台探訪が「聖地巡礼」と呼ばれ始めた最初の事例である可能性は高い。また，『セーラームーン』の聖地巡礼では，元々「聖地」である神社を訪ねていることも，聖地巡礼という呼称が用いられた原因として妥当だ。

　ただし，これらはあくまで今回選択した文献の分析から導きだせる仮説だ。聖地巡礼という言葉が，実は1991年以前から使われていた可能性もあるし，逆に文献②の著者が，当時は聖地巡礼という言葉は用いていなかったのに，書籍を執筆した際に，行為の説明として「聖地巡礼」と表現した可能性もある。また，『セーラームーン』の聖地巡礼と近い時期に聖地巡礼が確認されている『天地無用！魎皇鬼』の岡山県に関しても，巡礼対象は神社であるため，このケースが最初であるという可能性も捨てきれない。正確な開始時期や作品を特定するためには，今後，さらなる検討が必要になろう。

　とはいえ，ここで重要なのは，聖地巡礼という呼称が使われ始めた作品を特定することではなく，こういった行動が開始された時期だ。ここまでの分析で，アニメ聖地巡礼行動が開始されたのは，1990年代前半ごろであることは言えるだろう。これを観光の潮流に位置づけてみると，国際観光隆盛の時代が終わり，旅行者の個別的，主体的，能動的な旅行が増大し，新たな観光への期待が寄せられつつも，観光の動物化が進展し始める時期に位置づけられる。

5　アニメ聖地巡礼の展開にかかわる新聞・雑誌記事検索の結果

　新聞・雑誌記事検索結果の内容を分析し，「状況説明」に該当した記事内容を整理し，表にまとめた（表6-2）。これらから11か所の地域でアニメ聖地巡礼やそれに類する行為，聖地巡礼からの展開が見られることがわかった。[10]

表6-2　記事内で扱われている地域および関連作品の一覧

記事内容ID	地域	作品名	概要
3-2・3-10・12-2・13-1・14-1・19-1	長野県大町市	おねがい☆ティーチャー・おねがい☆ツインズ	・アニメ「おねがい☆ティーチャー」「おねがい☆ツインズ」では、木崎湖やJR大糸線など周辺地域が描かれている(46)。 ・おねがい☆ティーチャー(おねがい☆ツインズ)の監督は長野県松本市出身の井出安軌さん。 ・高校生の恋愛物語で、2002~2003年にかけて衛星放送WOWOWで放送された。 ・放送終了後、湖周辺を「聖地」と呼び「巡礼」と称してファンが継続的に訪れた。 ・インターネットの掲示板などで情報が広がり、全国のファンが集まるようになった。
6-1・6-2・6-3・7-1・7-2・7-3・7-4・8-4・9-2・9-3・10-3・15-1・15-2・16-9	埼玉県北葛飾郡鷲宮町	らき☆すた	・アニメ「らき☆すた」では、主人公のうち双子の姉妹が住む「鷹宮神社」のモデルが鷲宮町の鷲宮神社とされ、描かれている。 ・「らき☆すた」は、角川書店のゲーム雑誌「コンプティーク」に連載されている美水かがみ作の4コマ漫画。 ・女子高生4人の普通の生活を描いた作品。 ・2007年4月~2007年9月まで、アニメ版が放送された。 ・2008年正月三が日の初詣参拝客が2007年の13万人から30万人になった。 ・ファンが聖地巡礼を行っている。
7-7	岡山県	天地無用!魎皇鬼	・1990年代半ばに、アニメ「天地無用!魎皇鬼」の舞台となった岡山県が、ファンの聖地として訪問の対象になった。
10-6・10-7	富山県南砺市	true tears	・富山県南西部旧城端町(現南砺市)は、「true tears」のロケ地になった。 ・同町にあるアニメ制作会社が作品を気に入り、街並みを気に入り、舞台に取り入れた。 ・「true tears」には、町の風景や地元の祭りなどが描かれ、その...も登場する。 ・2008年1月から首都圏などでテレビ放映されてから、カメラを持った若者が目につくようになった。
10-10	広島県三次市	朝霧の巫女	・広島県三次市は2000年から2007年まで月刊誌に掲載された「朝霧の巫女」の舞台となった。 ・「朝霧の巫女」の作者は宇河弘樹さん。
16-1・16-2・16-4・16-7・18-1・18-2	宮城県宮城郡七ヶ浜町	かんなぎ	・アニメ「かんなぎ」では、神社のモデルとされる鼻節神社、JR仙台駅前、アーケード街、JR陸前高砂駅周辺などが描かれている。 ・「かんなぎ」の原作者は宮城県出身の漫画家武梨なぎさん。 ・産土神の萌え系美少女「ナギ」が活躍するストーリーで、2008年10月から東北放送でテレビアニメが放送される。 ・七ヶ浜の鼻節神社が「かんなぎ」に登場する神社のモデルではないかと、インターネットで話題になり、ファンが訪れた。 ・鼻節神社への参拝者は以前の5倍以上。
17-1	兵庫県西宮市	涼宮ハルヒの憂鬱	・兵庫県西宮市に、アニメ「涼宮ハルヒの憂鬱」に登場する場所がある。
20-1	鹿児島県種子島	秒速5センチメートル	・アニメ映画「秒速5センチメートル」の第2話「コスモナウト」は種子島が舞台。
21-1・21-3・21-6	東京都神田 滋賀県長浜市 岐阜県関ケ原町	戦国無双2・戦国BASARA2	・歴史専門店「時代屋」では、2006年秋ごろから女性客の数が増え始める。 ・現在では休日になると女性客が6割を占める。 ・石田三成公事蹟顕彰会には、三成の狼煙跡から産物を届ったと伝えられる井戸、古文書のコピーがある。 ・町制80周年記念で、関ヶ原の合戦を再現するイベントを開催。石田三成を主役とし、参加者を公募したところ8割が女性だった。

出所：筆者作成。

6 アニメ聖地巡礼の展開についての考察

（1）アニメ聖地巡礼者の特徴

　本章末の**付表**から，アニメ聖地巡礼者の特徴を抽出すると，以下の5点に整理できる。

　1点目は，アニメで用いられた風景を撮影（3-5，3-8，10-2，10-5，11-1[11]）し，情報をインターネットで発信することだ（3-3，3-5，5-3，20-2）。従来であれば，旅行者は，観光地や旅行会社，ガイドブックからの一方向的な情報を得て，それを参考に行動していたが，アニメ聖地巡礼では，旅行者が情報を発信していることがわかる。

　2点目は，ノートへの書き込み（3-7，9-9，10-8，10-9，11-2，19-2）や絵馬（10-2，15-12），アニメのグッズ（14-6）など，地域に何か巡礼の記念物を残す傾向にあることだ。また，それがさらに観光資源となり（9-5，9-9），人を呼んでいることもわかる。これらの，旅行先で何か書き込みをしたり記念物を残したりする行為は，一般的な旅行行動でも見られる特徴だ。アニメ聖地巡礼という行動様式が，従来の旅行の特徴も備えていることがわかる。[12]

　3点目は，旅行動機はアニメの舞台を訪ねることだが，現地の人やファン同士の交流を楽しむ（3-12，9-10，10-5，11-4，11-6，14-5，14-12，15-11）ことである。アニメ聖地巡礼者が元々現地の人やファンと会うためにアニメ聖地巡礼を行ったとは考えにくい。もちろん，インターネットコミュニティ内のオフ会として，アニメ聖地巡礼を行うことは考えられるが[13]，やはり，最も強い旅行動機としては，アニメの背景となった舞台を見たり，写真を撮ったりするこ

---

10)　当時から，アニメ聖地巡礼や舞台探訪を紹介するホームページやブログなどではほかにもたくさんの地域でアニメ聖地巡礼が行われていることがわかったが，本書では，あくまで新聞・雑誌記事に取り上げられていた地域のみを扱う。

11)　以降，カッコ内の3-5，3-8などは，記事内容IDを指すものとする。

12)　アニメ聖地巡礼では，ノートへの書き込みが残されているケースが多い。ノートは通常の観光地やレジャー施設などにも置かれていることが多いので，聖地巡礼者のノートへの書き込みと通常，観光地やレジャー施設に置かれているノートへの書き込みを比較・対照することで，アニメ聖地巡礼者の特徴を明らかにすることができる可能性が高い。

とであると思われる（16-2，18-6）。そうであるにもかかわらず，現地の人との交流を楽しむ様子も見られ，また，継続的に通ううちに当初の目的であるアニメの背景を巡るという行為のみならず，当該地域に愛着を持つ（3-6，10-9），山登りやなにげない喫茶店に入るようになる（14-14）などを，当該地域を訪れることの目的としていく人もいる（11-6，15-11）。

　4点目として，7度目（11-6），60回目（3-5），毎日（3-6），月給の2か月分を使うほど（10-5）など，リピーターが多く，なかには高頻度で当該地域を訪れる者もいることである。また，海外を含めた遠方からアニメ聖地巡礼に訪れる者もいる（7-6，10-8，18-4，18-5）。これについては，新聞・雑誌の記事であることが影響している可能性もある。高頻度のリピーターであれば，記者が当地に出向いた際に出会う確率も増すし，また，新聞・雑誌という性質上，何度も来ている熱心な人がいることや，わざわざ遠方から聖地巡礼に来ている人がいることは，読者の興味をそそることであるため，特に強調されている可能性もある。そのため，地域住民のコメントも併せて分析する必要があるだろう。地域住民のコメントについては後述する。

　5点目は世代と性別である。記事から読みとれる範囲では，アニメ聖地巡礼者は10代から40代の男性だ（3-1，3-5，3-6，10-1，10-5，11-6，16-3，18-6）。アニメ聖地巡礼とは異なるが，記事ID-21にあるように，ゲームを動機とした歴史への興味から旅行に発展している事例では若い女性が多い（21-4，21-7）。これは，特徴の1点目と関連する可能性がある。1点目では，インターネットで情報を発信することを挙げた。**第5章**で明らかにしたとおり，旅行に出かける際の情報源として「インターネットの検索サイト」を挙げるのは，旅行情報化世代に多い。旅行情報化世代とは，20代から40代の男性と20代，30代の女性である。男性に関しては，聖地巡礼者に関してもインターネットの利用が多いと言えよう。女性に関しては，今回の新聞記事の分析からでは，インターネットを利用して情報を収集，発信しているかは不明である。

13）　インターネットコミュニティで知り合った者同士が現実空間で会うことをオフ会という。インターネットコミュニティが"オン"ライン上であることの逆で，"オフ"という言葉を用いる。

（２）アニメ聖地となった地域の地元住民の動向

　新聞・雑誌記事の分析から，アニメ聖地となった地域の地元住民の動向を明らかにする。

　普段は年末休業する商店が開店し，売り上げが上がる（6-5），神社への参拝客や初詣客が増加する（6-1，7-1，9-1，16-2，16-9），地域の旅館がアニメ聖地巡礼者のために宿泊プランをつくる（11-1），飲食店がアニメキャラクター関連のメニューを出す（9-8，15-10），アニメとは関係のない喫茶店に入る（14-14），商売をする喜びを改めて感じる（15-8），地域側からアニメの著作権元に対してイベントやグッズのアイデアを出す（14-3，15-4，18-3），地元のアニメショップの売り上げが上がる（16-5）など，地元商業の活性化につながっている（16-10）様子が読みとれる。

　また，商工会，まちづくりグループ，地元企業などが，グッズの製作・販売（6-4，7-5，9-7，10-13，10-15，11-5，12-1，13-2，14-10）を行ったり，イベント（10-11，10-16，11-7，11-8，13-5，13-6）を実施したりするケースや，県や町などの行政と協力（9-11，9-12）するケースがあることもわかる。

　アニメ聖地巡礼という，アニメファンによる行動をきっかけとして，地域側に経済的なインパクトや来訪人数の増加をもたらし，それに呼応して地域側が土産物や宿泊プランを用意していることがわかる。

　こういった事象は，アニメ聖地巡礼に限らず，メディアコンテンツによる観光振興の事例で多く見られるものだ。メディアコンテンツを旅行動機として当該地域を訪れる行動に，NHKの大河ドラマによる観光が挙げられる。NHKの大河ドラマは毎年違った地域を舞台にし，舞台に選ばれた地域には多くの観光客が訪れる。その際も当該地域はグッズやイベントを数多く実施し，バスツアーを受け入れ，さながら「大河ドラマ特需」のようになる。

　しかし，NHKの大河ドラマは，どこが舞台になっているのかについて，番組中で明らかにされたり，情報番組や番組宣伝などで大きく取り上げられたりするため，周知の事実となるのに比べて，アニメ聖地巡礼の場合，どこが舞台になったかについては，明らかにされていないことが多い。また，アニメ作品の背景として使用されていても，実際の風景とは少し変更してあったり，さまざまな地域の背景を参考にして，架空の町を構築したりしている作品もある。

第6章　アニメ聖地巡礼の誕生とその展開

　地域側からアニメの著作権元に対してイベントやグッズのアイデアを持ちかけていることからも，アニメの場合は大河ドラマのように最初から地域とメディアがタイアップしているわけではなさそうである。

　ここまでは，グッズやイベントなどの集客効果や経済効果に着目して，地元住民の動向を整理したが，心理的な面ではどうだろうか。地元住民がアニメ聖地巡礼者にどのような思いを持つのかについては，次項の「アニメ聖地巡礼者と地元住民とのかかわり」のところで詳述する。ここでは，地元住民がアニメ聖地巡礼者の来訪によって，地元への意識が変容していることを見ておきたい。

　アニメ聖地巡礼者が地域を訪れ，地元に愛着を持つのを見て，地元住民が自らが住む地元に素晴らしい景色や魅力，可能性があることに気づいたり，感じたりする（14-7，14-14，15-8，19-5，19-6）ことがある。そういった地元住民のなかには，アニメ聖地巡礼者の行動である「写真を撮影してブログやホームページで紹介する」（14-8，19-4）人も出てくる。また，昔の価値観ではあまり評価されなかったことが，こうした価値観の違う若い世代の来訪を受けて，評価される事態を驚く（21-5）こともある。

　アニメ聖地巡礼者は地元住民にとっては何の変哲もない景色や場所を「聖地」として訪れたり，カメラで撮影したりするため，それを見た地元住民が改めて自地域のよさを発見することが起こる様子が読みとれる。地元の人々とは価値観が異なる人が地域を訪れ，地元住民と出会うことは，争いや行き違いの原因にもなり得るが，このように，地域住民が改めて自地域に誇りを持つことにつながったり，以前までとは異なる価値を自地域に付与するような事態につながったりすることがあるようだ。

（3）アニメ聖地巡礼者と地元住民とのかかわり

　アニメ聖地巡礼が行われている地域での，アニメ聖地巡礼者と地元住民とのかかわりについて，新聞・雑誌記事の分析結果から考察する。

　記事内容の分析から，地元住民がアニメ聖地巡礼者の行動に疑問の声をあげること（3-9）や，具体的には地域や作品が挙げられていないものの，聖地巡礼自粛要請があったケース（5-2）があることがわかる。

しかし，実際に交流している地元の人々の感想を見ると，アニメ聖地巡礼者が来訪し始めたころに関して，驚いた（3-8），理解できなかった（3-12），なんだろうなと思った（14-4），という表現があるものの，大騒ぎする人がいない（9-10），マナーがいい（6-6），自分の子どもみたい（14-9），地元の人もアニメファンも今では常連（19-3），など，記事から読みとる限り，おおむね好意的だ。地元住民側は，旅行者が「アニメの聖地」という，元来その地域になかった要素を観光資源として来訪するため，なぜ自地域に人が訪れるのかについて疑問に思ったり，不思議に思ったりすると考えられる。

　一般的な観光地であれば，観光資源について，元々地元住民が知識を持っていることが多いだろうが[14]，アニメ聖地巡礼に関しては，逆に，旅行者のほうがアニメ聖地としての観光資源に関しては知識が豊富な場合がある。それゆえ，情報が地域側に少なく，旅行者側に多いという事態が生じる。

　また，情報の質も異なる。アニメ聖地となっている場所は，その地域で一般的に価値を持っている場所であるとは限らない。神社のように，地域での価値もアニメ聖地としての価値もあわせ持っている施設もあるが，何の変哲もない道路や民家であることも多い。そのため，アニメ聖地巡礼者は，地元住民の価値基準からしてみると観光資源とはなり得ないようなものをありがたがったり，カメラを向けたりすることになる。そうした行為は地元住民にとって，不審な行為，不思議な行為，理解できないものに映るだろう。

　しかし，それが継続していくことで，ある地域ではその不信感が解消されるようだ。アニメ聖地巡礼者と地域住民が言葉を交わす，アニメ聖地巡礼者の様子を見るなどすることで，地域住民もアニメ聖地巡礼者が何を求めて当該地域を訪れているかを理解するようになり，不安がなくなっていくのだろう。

　具体的には，巡礼者側が巡礼を通してさまざまな人と知り合う（10-5），地元住民側が声をかける（11-1，11-6），話をするなかで会話のルールを知る（14-12）[15]，巡礼者がお土産を持って再訪する（15-11），などである。また，地域側が巡礼者用のお土産物をつくる際に，インターネットで巡礼者側の有志を募っ

14）　もちろん，知識の多寡はある。旅行者のほうがその土地にある観光資源について，地元住民よりも詳しい，という事態はよくある。ここで言及しているのは，観光資源が何であるか，というレベルでの知識である。

て，アドバイスを受ける（15-5）といった交流もなされている。

　ただ，地域住民が来訪理由を理解できても，アニメ聖地巡礼者が騒々しく大騒ぎをしたり，不審な行動をとったり，地域に迷惑をかける行為に及んだ場合，好意的な反応を地域住民が示すとは考えにくい。アニメ聖地巡礼者の何が，地域住民に好意的な反応を示させる要因なのだろうか。

　それには，「アニメ聖地巡礼者の特徴」の3点目で指摘したことが関連している。アニメ聖地巡礼者は，最初はアニメへの興味で当該地域を訪れるが，だんだん地域自体を好ましく思ったり，地元住民との交流，ファン同士の交流などを好ましく思ったりするケースがあるようだ。このような来訪者であれば，地元住民も好意的な反応を示すと思われる。そのようななかで，地元住民とアニメ聖地巡礼者が協力して，イベントやグッズ開発を行うケース（11-7，13-5，13-6，15-5，18-7）が見られる。

　これらの分析から，アニメ聖地巡礼者が当該地域をアニメ聖地として巡礼を行い，そのことがきっかけとなって地域住民とアニメ聖地巡礼者が直接に交流するなかで，相互に理解し，お互いに態度に変化が生じ，協力関係を築くに至った可能性が指摘できる。しかし，これはあくまで新聞・雑誌記事の分析結果からの推測であり，この点に関しては，実際の事例を詳細に分析することで，さらに深く検討する必要がある。

（4）アニメ聖地巡礼に関する作品関係者の態度

　アニメ聖地巡礼は，アニメがなければ起こり得ない現象である。しかし，ここまで確認したとおり，地域とアニメ作品の関係者は事前にタイアップなどは行っておらず，観光資源化の意図は元々なかったようだ。アニメ作品の関係者

15）　ここで言うルールは，「登場人物の名前は呼び捨てではなく，"たん"を付ける」というものである。しかし，アニメ聖地巡礼の場合，巡礼者は，こうしたアニメ用語や隠語などを多用する。他愛もないことのように思えるが，こうしたことに理解を示すのは，コミュニケーションを円滑に進めるためには重要な事柄であると考えられる。また，地元の人がそうしたことを理解することは，アニメ聖地巡礼者にとっては，安心してアニメ聖地巡礼を行うことができる環境を得られることにつながる。このような一見重要そうでないコミュニケーションの際のちょっとした言い回しや，ファンにしかわからない言葉を知っているかどうかは，円滑な関係を築く際に必要になる可能性がある。

はどのような考えで，作品のなかに現実の風景を使ったのだろうか。記事によると，監督や原作者の地元の風景や，実際に訪れて感銘を受けた地域がアニメ作品に用いられていることがわかる（3-10，3-11，10-3，10-6，14-1，16-7，18-2）。今回の記事の分析からは，元々まちおこしに利用しようと思って背景として用いた，という意図は読みとれない。よい景色であったから，馴染みの景色であったから，という動機が強いものと推測できる。

　それでは，聖地巡礼に関連して，作品の関係者はどのように考えたり行動したりしているのだろうか。まず，アニメがアニメ聖地巡礼やまちおこしを引き起こしていることに関しては，好意的な意見を持っている関係者の存在が明らかになった（3-11，16-8）。また，モデルとなった地域を「明か」す出版社もある（10-4）。しかし，アニメ聖地巡礼行為が地域に迷惑をかけた場合には，発行元がファンに対して聖地巡礼の自粛要請を出す（5-2）。

　事例のなかでは，作品関係者は，地域振興につながっていることに関して概ね好意的な態度をとっているようだ。具体的には，グッズやイベントなどにキャラクターや背景原画などの使用許可を出す，各種取り組みに協力する（9-7，14-3，15-4，18-3）ことが確認された。また，地域側からアイデアが出れば一緒に盛り上げたいと意思表明を行った出版社もある（16-12）。

　他のアクターに比べて，アニメ作品関係者に関する情報は少ない。記事分析の範囲では，概ね好意的なとらえ方をしていることがわかるが，聖地巡礼の自粛要請を出す場合も見られるなど，アニメ作品関係者のかかわり方についても，実際の事例を調査する必要がある。作品関係者の動向を明らかにすることは，旅行者と他者とのコミュニケーションを分析することに直接関係がないように見えるが，アニメ作品関係者も旅行者とかかわる他者に含まれる。

16）　これに関しては，株式会社 KADOKAWA の雑誌『コンプティーク』の付録「らき☆すた的遠足のしおり」のことを指しているものと思われる。この記事では，「出版社が明かしたあとでファンが集まるようになった」と記述されているが，筆者がフィールドワークを行い，アニメ聖地巡礼者に事情を聴いたところ，それより前に先駆的な聖地巡礼者が訪れていたようである。

17）　ただし，本書で分析した記事では，具体的にどの作品の聖地巡礼で自粛要請が出たのかは明らかにされていない。

7 メディア分析の成果から見るアニメ聖地巡礼の誕生，特徴，展開

　本章では，次の2点を明らかにした。1点目はアニメ聖地巡礼の誕生時期に
ついてである。2点目はアニメ聖地巡礼の展開についてである。

　アニメ聖地巡礼の誕生時期については，行為の始まり，および，聖地巡礼と
いう呼称がいつから使われ始めたのかについて考察を行い，1990年代前半ごろ
であることが明らかになった。1992年から放映が開始された『セーラームーン』
の聖地巡礼がその初期のものであると考えられる。正確な起源となる作品は確
定できていない状態であり，『セーラームーン』の他にも『天地無用！魎皇鬼』
や『究極超人あ〜る』などの可能性もある。[18] 正確な起源となる作品については
さらに研究の余地があるだろうが，ここでは，1990年代前半ごろに開始された
ということが大きな意味を持つ。これは，**第4章**で整理した時代区分で考える
と，ちょうど「国際観光隆盛の時代」がバブル経済の崩壊とともに終焉し，観
光の動物化が始まる時期と合致している。大澤による「不可能性の時代」，東
による「動物の時代」の開始時期である1995年とも近い。この時期に登場し，
現在まで続いている旅行行動であるアニメ聖地巡礼は，本書の分析対象として
ふさわしいと言えるだろう。

　アニメ聖地巡礼の展開については，4つの視点から分析を試みた。

　1つ目の視点は，アニメ聖地巡礼者の特徴についてであり，以下の5つの特
徴が明らかになった。①アニメ聖地巡礼者は，アニメで用いられた風景を撮影
し，情報をホームページで発信すること。②アニメ聖地巡礼者は，ノートへの
書き込みや絵馬など，地域に何か巡礼の記念物を残し，それがさらに観光資源
となって人を呼んでいること。③旅行動機はアニメの舞台を訪ねることである
が，現地の人やファン同士の交流を楽しむことがあること。④アニメ聖地巡礼
者のなかには，高頻度で当該地域を訪れるリピーターがいること。また，遠方
からアニメ聖地巡礼に訪れる者もいること。⑤アニメ聖地巡礼者には「旅行情

---

18)　2018年7月28日に，『究極超人あ〜る』の聖地であるJR飯田線田切駅付近に「アニメ聖地巡礼
　　発祥の地」記念碑の除幕式が実施された。

報化世代」の男性が多いこと。

　2つ目の視点は，アニメ聖地とされた地域の地元住民の動向だ。アニメ聖地巡礼者が来訪することで，経済的・心理的両面で地域の活性化が起こっていることが明らかになった。また，アニメ聖地巡礼者が訪れることで，地元住民の地域に対する再評価が行われるケースがあることも明らかになった。

　3つ目の視点は，アニメ聖地巡礼者と地元住民のかかわりについてである。アニメ聖地巡礼者と地元住民の間には，出会い，コミュニケーション，相互変容，を経て相互協力関係が構築されるケースがあることが明らかになった。コミュニケーションが行われることで，さまざまな情報がアニメファンから地域側に伝達され，地元住民がアニメファンを理解し，アニメファンが納得するグッズやイベントを提供できる。また，アニメファンも交流のなかで，地域のことをよく知るようになり，また，地元住民に自分たちのことをわかってもらえるようになり，違和感なく地域を訪れることができるようになる。

　4つ目の視点は，アニメ聖地巡礼に関するアニメ作品の関係者の態度であり，地域に迷惑をかけた場合はアニメ作品の関係者がファンに対して聖地巡礼自粛要請を出す事例もあるものの，概ね好意的にとらえていることがわかった。ただし，この視点に関しては，本章の分析では情報量が少なかったため，今後さらに情報収集を行ったうえで精緻な分析が必要になる。

　これらから，アニメ聖地巡礼は，従来の旅行会社が企画・実施するツアーという形態や，地域側が主導して旅客を誘致するという形態とは異なり，旅行者が情報通信機器を活用しながら主体的に旅行し，地域住民と相互作用するなかで，お互いの態度変容を促し，相互理解を促進するような旅行形態としてとらえられる可能性があり，この事例を分析することは，本書における目的の達成に資する可能性が高い。

　本章では，まずアニメ聖地巡礼の誕生と展開の概観を明らかにし，実証的な調査に向けて全体像を把握することが目的であった。書籍，新聞，雑誌記事の分析によって，その誕生時期，アニメ聖地巡礼者の特徴，そして，展開のあり方が大まかに明らかになった。しかし，これらの分析は，書籍や新聞・雑誌記事という二次資料の分析だ。アニメ聖地巡礼の特徴に関して，新聞や雑誌に取り上げられていない特徴が他にもある可能性は大きいし，新聞や雑誌に取り上

げられているのは限られた一部の出来事であり，アニメ聖地巡礼全般の特徴であると一般化することには慎重になる必要がある。

　また，アニメ聖地巡礼者が地域住民にどのような影響を与えたのかについても，新聞・雑誌記事の分析だけでは，その詳細な過程は不明である。あくまで，記事に取り上げられた発言や態度をつなげて考察を加えると，本章で書いたような筋書きができあがるという可能性もある。また，さまざまな異なる地域で起こった出来事をまとめてアニメ聖地巡礼の特徴とするのも全体的な印象論であり，説得力に欠ける。この問題を解決するためには，実際のアニメ聖地巡礼やそれにまつわるコミュニケーションについて調査，分析を行っていく必要がある。

付　表

記事ID	地　域	作品名	記事内容ID	記事内容	分　類
3	長野県大町市	おねがい☆ティーチャー ／ おねがい☆ツインズ	3-1	2003年12月14日 JR 大糸線海ノ口駅に横浜や群馬など県外ナンバーの車で，10〜30代の男性10名ほどのファンが聖地巡礼を行った。	巡礼者
			3-2	木崎湖周辺や海ノ口駅は，2002年1月〜2003年10月にかけて，衛星放送の WOWOW で放映されたテレビアニメ「おねがい☆ティーチャー」「おねがい☆ツインズ」の舞台となった。	状況説明
			3-3	アニメでは，木崎湖畔，駅舎などの風景が忠実に描かれ，インターネットの掲示板などで情報が広がり，全国のファンが集まるようになった。	巡礼者
			3-4	テレビ放映終了後も，週末を中心に巡礼者が訪れる。	巡礼者
			3-5	群馬県藤岡市の会社員（30）は毎週のように訪れる。日曜を中心に朝7時に家を出る。60回近く訪問。写真を撮影し，自宅に帰ってホームページで「巡礼記」として公開。	巡礼者
			3-6	長野県北安曇郡白馬村北城の会社員（29）は，仕事帰りにほぼ毎日訪れる。「ここにいると，なんとも言えず心地いい。仕事がきつかったときは，気持ちが静まる」とコメント。駅のホームのクモの巣を取り，周辺のごみ拾いもする。	巡礼者
			3-7	駅の待合室には，ファンが書き込みを行うことができるようにと地域住民が設置したノートがある。近くの住民が「駅舎に書かれるよりはまし」と設置。ファンが自主的に更新し15冊に。	巡礼者と地域
			3-8	コンビニ経営者（52）によると，2003年夏，男性が「コスプレ」であらわれ，レジの前に立つ姿を写真に撮ってほしいと頼まれて，驚いた。	巡礼者と地域
			3-9	駅ノートに「地元の壮年」が「諸君に告ぐ。生産性のある行動をとられよ」と書き込む。	地　域
			3-10	「おねがい☆ティーチャー」「おねがい☆ツインズ」の監督は，松本市出身の井出安軌（やすのり）さん（41）である。	状況説明
			3-11	「宇宙船を隠せる湖」として，木崎湖が浮かんだ。「何度も木崎湖を訪れるファンにとっては，まさに思い出になるのでしょう」。	作品関係者
			3-12	聖地の1つのコンビニで，店員と巡礼者の交流がある。コンビニ経営者（52）は，はじめは「アニメのことでどうしてそこまで……」と聖地巡礼者の行動が理解できなかったが，今はもう慣れて若者たちと顔なじみになった。	巡礼者と地域

第6章　アニメ聖地巡礼の誕生とその展開

			5-1	聖地巡礼が行われることで，客人の増加を純粋に喜び，好意的に対応するケースがある。	巡礼者と地域
5	不明	不明	5-2	来訪者のマナーが悪かったり，現地住民に迷惑をかけたりするケースもあり，作品の発行元からファンに聖地巡礼自粛要請が出たものもある。	巡礼者と地域
			5-3	作品の背景のキャプチャー画像と撮影してきた現地写真とを比べて，その異同を検証する「巡礼記」がインターネットで公開されている。	巡礼者
6	埼玉県北葛飾郡鷲宮町	らき☆すた	6-1	鷲宮神社の2008年正月三が日の初詣参拝客が30万人（昨年は13万人で，17万人増）。県内の主な神社・仏閣の初詣客も26万人増の402万人。埼玉県警地域課のコメント，「『らき☆すた』効果と好天候が人出増の要因」。	状況説明
			6-2	「らき☆すた」は美水かがみ作の4コママンガで，2007年4月〜9月まで，アニメ版が放送された。主人公は女子高生4人で，そのうち2人の姉妹が住む「鷹宮神社」のモデルが鷲宮神社とされ，ファンが聖地巡礼に訪れている。	状況説明
			6-3	2008年元日は待ち時間が例年の2倍になる。通常であれば，元日をピークに参拝客は減少していく。鷲宮神社のコメント，「今年は2日，3日とどんどん増えていった」。	状況説明
			6-4	2008年正月鷲宮町商工会は，版元の角川書店から許可を得て，正月限定グッズ「キャラクターのおみくじ入りクッキー」1,600個，原作者描き下ろしのポストカードを準備。クッキーが完売した。	地域
			6-5	2008年正月，「らき☆すた」効果で盛況だったため，例年は年末休業する店も営業した。商店街の売り上げは倍増。	地域
			6-6	鷲宮神社のコメント，「トラブルもなく，皆さんマナーよく参拝されていました。人が増えることはとてもよいこと」。	地域
7	埼玉県北葛飾郡鷲宮町	らき☆すた	7-1	鷲宮神社の2008年正月三が日の初詣参拝客が30万人（昨年は13万人で，17万人増）。県内の主な神社・仏閣の初詣客も26万人増の402万人。	状況説明
			7-2	「らき☆すた」は女子高生の普通の生活を描いた4コママンガで，2007年アニメ化。主人公の双子姉妹が住むという設定の鷲宮神社には，ファンが訪れるようになった。	状況説明
			7-3	三が日の参拝客は元日よりも2日，2日よりも3日と徐々に増えていき，若い人の姿が例年より目立った。	状況説明
			7-4	鷲宮神社のコメント，「アニメの影響で知名度が上がり，参拝客があふれて日没になっても列が引かなかった」。	状況説明

			7－5	2008年正月にあわせて，鷲宮町商工会は「らき☆すた」にちなんだ商品を限定販売。キャラクターが描かれたおみくじ入りクッキー1,600個，ポストカード5,000部が完売した。	地　域
			7－6	商工会職員（34）のコメント，「近隣地域だけでなく遠方から訪れた方も多く，感激している。もっと満足してもらえるよう頑張りたい」。	地　域
	岡山県	天地無用！魎皇鬼	7－7	1990年代はばには，人気アニメ「天地無用！魎皇鬼」の舞台となった岡山県が，ファンの"聖地"として訪問の対象になった。	状況説明
9	埼玉県北葛飾郡鷲宮町	らき☆すた	9－1	2008年の正月三が日に，埼玉県鷲宮町の鷲宮神社に初詣客が30万人訪れた。前年は13万人であったので，倍以上に増えた。	状況説明
			9－2	「らき☆すた」とは，KADOKAWAの雑誌『コンプティーク』に連載されているマンガである。著者は美水かがみさん。2007年4月から9月にテレビアニメ化され，作品に登場する双子の姉妹が住む神社のモデルである鷲宮神社にファンが聖地巡礼に訪れた。	状況説明
			9－3	三が日には神社の鳥居からのびる道が，東武伊勢崎線鷲宮駅からのびる道とぶつかる「鷲宮駅入り口」の交差点を越えて，駐車場入りを待つ車が列をなし，本殿前にも参拝を待つ人で長い行列ができていた。	状況説明
			9－4	2008年6月22日は大雨だったが，「らき☆すた」ファンらしい人の姿が見られた。	巡礼者
			9－5	同日境内でキャラクターが描かれた絵馬を眺める人もいた。	巡礼者
			9－6	埼玉県産業労働部観光振興室のコメント，「地元の商工会のサポートが続いていることも，ファンの足を途絶えさせない」。	地　域
			9－7	2007年末鷲宮町商工会では，角川書店の協力を得て，キャラクターグッズを製作，販売した。	地　域
			9－8	2008年4月から「大酉茶屋わしのみや」で，「こなたぬき」「柊姉妹の双子海老天そば」「つかさのバルサミコ酢パフェ」など，キャラクターの名前にちなんだメニューを提供。	地　域
			9－9	大酉茶屋では，ファンが食事をしながら，店内の色紙やグッズを見たり，ファンが書き込んだノートを読む。	巡礼者
			9－10	茶屋で働く女性のコメント，「大騒ぎする人もおらず，交流を楽しんでいる様子」。	地　域

			9-11	鷲宮町役場は、「鷲宮神社」に暮らす姉妹と一家の特別住民票を1万枚限定で作成した。役場、鷲宮町商工会、大酉茶屋でしか手に入らない。（発売から2か月）鷲宮町経済課商工観光係のコメント、「残り1,000枚を切った」。	地 域
			9-12	2008年4月埼玉県が「埼玉ちょーでぃーぷな観光協会」のホームページを作成し、鷲宮町、春日部市、新座市を紹介。	地 域
10	埼玉県北葛飾郡鷲宮町	らき☆すた	10-1	鷲宮神社では休日、カメラを手にした10〜40代の男性が目につく。	巡礼者
			10-2	境内の写真を撮影し、絵馬にアニメのキャラクターを描いて奉納する。	巡礼者
			10-3	「らき☆すた」とは、埼玉県出身のマンガ家、美水かがみさんが雑誌に連載している4コママンガで、女子高生の「ゆるい学園生活」を描く。「らき☆すた」には、神社の神主の双子の娘が登場する。	状況説明
			10-4	「らき☆すた」に登場する神社のモデルが鷲宮神社であると出版社が明かしたところ、昨夏ごろからファンが集まるようになった。	作品関係者
			10-5	さいたま市の会社員（48）は、「月給の2か月分は鷲宮で使った」というほどのリピーター。目の前の風景とマンガの場面を重ね合わせて写真に撮ることが楽しく、「『巡礼』を通して色々な人と知り合えるのも魅力」とコメント。	巡礼者
	富山県南砺市	true tears	10-6	富山県南西部旧城端町（現南砺市）は、「true tears」のロケ地になった。同町にある作品の制作会社を訪れた監督が、街並みを気に入り、舞台に取り入れた。「true tears」には、街の風景や地元の祭りなどが、そのまま登場する。	状況説明
			10-7	2008年1月から首都圏などでテレビ放映されてから、カメラをもった若者が目に付くようになった。	状況説明
			10-8	JR城端駅に置かれたファンの記帳ノートがある。首都圏や関西、九州からの人も少なくない。	巡礼者
			10-9	JR城端駅に置かれたファンの記帳ノートにあるコメント、「のどかな町が好きになってきました」「冬にもまた来ようと思っています」。	巡礼者
	広島県三次市	朝霧の巫女	10-10	広島県三次市は2000〜2007年まで月刊コミック誌に掲載された「朝霧の巫女」の舞台となった。作者は宇河弘樹さん。	状況説明
			10-11	まちおこしグループが、2004年から毎夏、作品に登場する店や神社などを巡るウォークラリーを開催。	地 域
			10-12	ウォークラリーには、多い年には1,000人ものファンが訪れる。	巡礼者

			10-13	まちおこしグループが，地域の酒造会社と共同で日本酒「朝霧の巫女」を販売した。	地　域
			10-14	まちおこしグループ副代表（57）のコメント，「ネット上の口コミで，市の知名度も上がってきた」「一時のブームではなく，商店街が潤うよう，もうひと盛り上げしたい」。	地　域
	埼玉県北葛飾郡鷲宮町	らき☆すた	10-15	鷲宮町では，鷲宮町商工会が「らき☆すた」ストラップを作り，15,000個を完売した。	地　域
			10-16	鷲宮町の協力があり，主人公たちを「住民登録」した。そのイベントには，約3,500人が集まった。	地　域
			10-17	鷲宮町商工会のコメント，「5月までの半年間で経済効果は4,170万円」。	地　域
11	長野県大町市	おねがい☆ティーチャー　　おねがい☆ツインズ	11-1	アルペンハイム山正旅館の女将は，4年ほど前の冬に，ファンの「巡礼」に気づいた。隣の公園で写真を撮る人がいた。男性1～3人で，黒っぽいコートにノートパソコン，カメラを持っているのが定番。声をかけてみて，経緯を知り，宿泊料をサービスする「おねてぃプラン」をつくった。	巡礼者と地域
			11-2	旅館の食堂には交流ノートが置かれ，感想や状況が書き込まれている。	巡礼者
			11-3	巡礼する「聖地」は公園，湖の桟橋，JR海ノ口・稲尾両駅，湖畔のコンビニ，主人公の家のモデルになった民家など。	巡礼者
			11-4	アニメのなかでは「縁川商店」として登場するコンビニでは，立ち寄るファンが店員との会話を楽しみながら，おやきやうどんを食べていく。	巡礼者と地域
			11-5	木崎湖畔のキャンプ場では，森野苺（アニメのキャラクター）をラベルにした日本酒を発売。ファンの行列ができた。	地　域
			11-6	神奈川県からの来訪7度目の男性（29）のコメント，「最初は話題づくりで来たが，今はここが好きで来ます。神奈川にも芦ノ湖とかあるけど，バリバリの観光地。こんなに静かでいいところはありません」。同行した初来訪の男性（29）のコメント，「キャンプ場の人が『おお，来てくれたの』と歓迎してくれたのがうれしい」。	巡礼者
			11-7	NPO地域づくり工房が中心になって，「みずほプロジェクト～2017年の木崎湖も美しく」が発足。ファンも参加して美化活動をしている。ゴミを拾い，桟橋近くの水に潜って空き缶も回収する。	巡礼者と地域
			11-8	「みずほプロジェクト」は2008年9月1日から1か月間，木崎湖温泉のゆ～ぷる木崎湖を主な会場としてアニメの背景原画展「アニメの中の木崎湖」を開催。展示作品の図録も販売予定。	地　域

12	長野県大町市	おねがい☆ティーチャー おねがい☆ツインズ	12-1	アニメに登場した大町市・木崎湖周辺を走る JR 大糸線の駅や沿線風景のイラストがついた「アニメのなかの大糸線入場券」が2008年9月1日から信濃大町駅で発売される。信濃大町駅員の発案である。	地　域
			12-2	木崎湖は2002年はじめから WOWOW で放映された「おねがい☆ティーチャー」と「おねがい☆ツインズ」の舞台となり，今も聖地巡礼のファンが訪れている。	状況説明
			12-3	信濃木崎，稲尾，海の口，信濃大町 4 駅の入場券各140円をセットにして，560円で販売。	地　域
			12-4	JR は，（信濃大町駅では）「ご利用の際，日付と駅名の入った改札印を押します」とコメントしており，（郵送での販売はないので）「ぜひ JR をご利用のうえ，ご来訪ください」とコメントしている。	地　域
13	長野県大町市	おねがい☆ティーチャー おねがい☆ツインズ	13-1	木崎湖は2002～2003年にかけて衛星放送 WOWOW で放送された「おねがい☆ティーチャー」および「おねがい☆ツインズ」の舞台となり，放送終了後，湖畔周辺を「聖地」と呼び，「巡礼」と称してファンが継続的に訪れた。	状況説明
			13-2	JR 東日本長野支社によると「大糸線の旅の思い出に」とのことで，駅員が発案「アニメのなかの大糸線入場券」が発売された。	地　域
			13-3	入場券には，信濃木崎，稲尾，海の口，信濃大町の4駅の駅舎などが描かれている。1枚140円が1セットで定価560円。初日のみで約200セットが売れた。	地　域
			13-4	JR 東日本長野支社のコメント，「多くの人に大糸線を利用してほしい」。	地　域
			13-5	2008年9月30日まで，地元の NPO やアニメファンなどが中心となって，温泉複合施設「ゆーぷる木崎湖」などで，アニメ原画展を開催。	巡礼者と地域
			13-6	物語の時代設定である2017年にも美しい湖であるように，2008年9月21日に，木崎湖畔で，清掃活用や交流会を催す。	地　域
			13-7	本イベントには，井出安軌監督（「おねがい☆ティーチャー」および「おねがい☆ツインズ」の監督）も参加予定。	作品関係者
14	長野県大町市	おねがい☆ティーチャー おねがい☆ツインズ	14-1	木崎湖は，「おねがい☆ティーチャー」「おねがい☆ツインズ」の舞台となった。「おねがい☆ティーチャー」「おねがい☆ツインズ」は，2002～2003年，衛星放送 WOWOW で放映された。松本市出身の井出安軌監督（46）の作品。高校生の恋愛物語で，木崎湖周辺など，実際の街並みを背景として再現している。	状況説明
			14-2	2002年10月，まちづくり NPO 代表（48）が，NPO 地域づくり工房を「外発的でなく市民からの内発的なまちづくりをしたい」と思い設立した。	地　域

			14-3	まちづくりNPO代表（48）は「原画展を木崎湖でやりたい」と，背景画を担当した会社「草薙」に相談。2006年原画展が実現。	地　域
			14-4	Yショップニシ店員（32）のコメント，「うちは常連さんが中心だから，はじめは，なんだろうなと思った」。	地　域
			14-5	Yショップニシ店員（32）のコメント，2008年6月，作品のファンで店を訪れていた東京の男性と結婚，「縁結びの作品ですよ」。	地　域
			14-6	山正旅館の食堂横に設けられた一角には「風見みずほ」「小野寺樺恋」など登場人物のフィギュアが並び，井出監督の色紙も飾られている。	地　域
			14-7	山正旅館女将（59）のコメント，アニメを見て「木崎湖ってこんなにきれいだったの……」。	地　域
			14-8	山正旅館女将は，一眼レフカメラで湖の風景写真を撮影し，ファンに向けて，ホームページで公開している。	地　域
			14-9	山正旅館女将（59）のコメント，ファンを見て「自分の子どもみたい」。	地　域
			14-10	木崎湖キャンプ場は聖地の1つであり，書き下ろしイラストのラベルが貼られた地元酒蔵の日本酒，桟橋の端材を使ったキーホルダーなどのオリジナルグッズを販売。	地　域
			14-11	木崎湖キャンプ場管理人は，2004年から兄弟で管理人になった。	地　域
			14-12	木崎湖キャンプ場管理人は，元々アニメには興味がなかったが，ファンとの交流で「登場人物の名前は呼び捨てでなく，"たん"を付ける」などのルールを覚えた。	巡礼者と地域
			14-13	木崎湖キャンプ場管理人のコメント，「このブームに乗ってばかりもいられない」。	地　域
			14-14	アニメがきっかけで訪れたファンが山登りをしたり，何気ない喫茶店にも足をのばすようになったことについて，木崎湖キャンプ場管理人のコメント，「ここにはそういう魅力があるんですよ。僕らはただ，湖を汚さずにいればいい」。	地　域
15	埼玉県北葛飾郡鷲宮町	らき☆すた	15-1	鷲宮町の鷲宮神社には，「らき☆すた」人気で，前年の倍以上の30万人が2008年の初詣に訪れた。	状況説明
			15-2	KADOKAWAの雑誌『コンプティーク』に美水かがみさんが連載しているマンガ「らき☆すた」が，2007年4月にテレビアニメ化された。半年間の放送が終わる前後から，作品に出てくる双子姉妹が住む神社のモデルとなった鷲宮神社を詣でるファンが増え始めた。	状況説明

第6章　アニメ聖地巡礼の誕生とその展開

			15-3	鷲宮町商工会経営指導員のコメント，「訪れる人たちはマナーがよく，迷惑をかける行為もない。そんな人たちに，何かお土産になるようなものがあれば」。	地　域
			15-4	鷲宮町商工会経営指導員のコメント，角川書店に連絡し「20も30も思いつくままに企画を出してやる気をみせた」。	地　域
			15-5	ネットを通してキャラクターグッズに詳しい有志を募り，アドバイスを受けた。	巡礼者と地域
			15-6	キャラクターが描かれた住民票は1万通が品切れになった。	地　域
			15-7	2008年秋には「らき☆すた神輿」が登場し，ニュースにも取り上げられた。	地　域
			15-8	鷲宮町商工会経営指導員のコメント，「個々の店が改めて商売する喜びを感じてくれた。地域の商店が生き残る可能性が感じられた」。	地　域
			15-9	鷲宮町商工会経営指導員のコメント，「グッズありきではブームは終わる。町そのものを愛してくれるようにならないと。」	地　域
			15-10	商店街の飲食店13店を中心に「らき☆すた」メニューをつくってもらったところ，その全メニューを9月末までに642人のファンが制覇した。	巡礼者
			15-11	鷲宮町商工会経営指導員のコメント，「お土産をもって再訪したり，帰れなくなって店に泊めてもらう人も出た」。	地　域
			15-12	現在も週末を中心に，鷲宮神社にファンが巡礼に訪れ，絵馬を奉納し，「らき☆すた」メニューを食べて帰っていく。	巡礼者
16	宮城県宮城郡七ヶ浜町	かんなぎ	16-1	七ヶ浜町の鼻節神社は，テレビアニメ「かんなぎ」に登場する神社のモデルではないかと，インターネットで話題になり，ファンが訪れた。	状況説明
			16-2	七ヶ浜町観光協会によると，参拝客はこれまでの5倍以上に増加。	状況説明
			16-3	登米市のファンの男性（45）のコメント，「アニメそのままの風景で感動した」。	巡礼者
			16-4	アニメでは特定の地名は出ないが，神社の他にも，青葉区のJR仙台駅前やアーケード街，宮城野区のJR陸前高砂駅の周辺を思わせる風景が登場。	状況説明
			16-5	青葉区の「アニメイト仙台店」では，かんなぎの原作本やDVDが全国の同規模店の2倍以上売れた。専用コーナーを2か所設けて対応している。	地　域
			16-6	アニメイト仙台店店長のコメント，「仙台発のアニメとあって，地元ファンの関心は高い」。	地　域

			16-7	かんなぎの原作者は宮城県出身のマンガ家武梨えりさん。産土神の化身で萌え系美少女の「ナギ」が活躍するファンタジーで，2008年10月にアニメ化された。	状況説明
			16-8	一迅社（原作の出版元，東京）のコメント，「背景に説得力を持たせようと，作者を交えて仙台市周辺でロケハンを重ねた。ご当地アニメとして楽しんでくれるのはありがたい」。	作品関係者
	鷲宮町	らき☆すた	16-9	2007年に放映されたアニメ「らき☆すた」の舞台となった鷲宮町は今でも国内外からファンが訪れる。主人公が住んでいる設定の鷲宮神社の2008年の初詣客は前年より17万人増の30万人。	状況説明
			16-10	埼玉県鷲宮町商工会のコメント，「ガラガラの商店街に活気が戻った。経済効果は億単位だろう」。	地　域
	七ヶ浜町	かんなぎ	16-11	七ヶ浜町のコメント，「かんなぎ効果をどう生かせるか検討したい」。	地　域
			16-12	一迅社（原作の出版元，東京）のコメント，「地元から話があれば一緒に盛り上げたい」。	作品関係者
17	兵庫県西宮市	涼宮ハルヒの憂鬱	17-1	兵庫県がサブカルチャーを商業，観光資源として活用する構想をまとめた。そのなかに「涼宮ハルヒの憂鬱」に登場する場所を「聖地巡礼」として観光コース化する案がある。	状況説明
			17-2	兵庫県新産業立地課のコメント，「イメージにとらわれず，地域資源として再評価されるきっかけにしたい」。	地　域
18	宮城県宮城郡七ヶ浜町	かんなぎ	18-1	2009年1月1日，テレビアニメ「かんなぎ」に登場する神社のモデルとされる鼻節神社にアニメファンが初詣に訪れた。	状況説明
			18-2	「かんなぎ」の原作者は宮城県出身のマンガ家武梨えりさん。産土神の萌え系美少女「ナギ」が活躍するストーリーで，東北放送でテレビアニメが放映中。	状況説明
			18-3	七ヶ浜町観光協会と仙台のファンが協力して，特製ハンカチを観光ガイドブックなどと一緒に配布。ハンカチはナギらを描いた限定100枚で，出版元の許可を得て製作，初詣に客に渡した。	巡礼者と地域
			18-4	愛知や神奈川などから来るファンもいた。	巡礼者
			18-5	香港から来日し，2週間で日本のアニメゆかりの"聖地巡礼"中という男性3人組も参拝。	巡礼者
			18-6	会社員の男性（26）のコメント，「神社はアニメそっくりで感動した。ハンカチのサービスも予想外」。	巡礼者
			18-7	ハンカチ配布を企画した仙台市の男性（37）のコメント，「聖地巡礼をするファンのために事前告知はせず，サプライズとして配った。神社を大事にしている地元の方と協力していきたい」。	巡礼者

				18-8	ハンカチ配布を企画した仙台市の男性（37）は，2008年，著者の武梨さんが病気で休載をした際，他のファンとともに神社で回復祈願をした。	巡礼者
				18-9	神社のお守り100個が早々に売り切れた。	地　域
				18-10	氏子青年会事務局長（55）のコメント，「アニメ放送は最近知った。神社の活性化を願ってきたので，遠くからの参拝客はうれしい」。	地　域
				18-11	七ヶ浜町観光協会のコメント，「これを機に，東北のリゾート地である七ヶ浜のよさを一層アピールしたい」。	地　域
19	長野県大町市	おねがい☆ティーチャー	おねがい☆ツインズ	19-1	木崎湖と大糸線など周辺地域は2002～2003年にかけて衛星放送 WOWOW で放送された「おねがい☆ティーチャー」と，続編「おねがい☆ツインズ」の舞台となった。いずれも松本市出身の井出安軌監督の作品。高校生の恋愛物語であり，放送終了後，ファンが湖周辺を「聖地」と呼び，そこを訪れる「巡礼」が行われている。	状況説明と巡礼者
				19-2	木崎湖が見える海の口駅の駅舎にはノートが置かれ，「巡礼に来ました」など，多くの書き込みが残っている。	巡礼者
				19-3	Y ショップニシ店員（32）のコメント，「人と人との出会いのきっかけになれば。地元の人も，アニメファンも，今では常連」。	地　域
				19-4	Y ショップニシ店員（32）は，大糸線や木崎湖，北アルプスなど沿線の風景を写真に撮り，ブログに掲載するようになった。	地　域
				19-5	Y ショップニシ店員（32）の海の口駅に関するコメント，「お店と同様，アニメに出て誇らしい気持ち。ファンのおかげで，この景色が大切なものに思えるようになった。山，空，湖の色を見ても毎日違う。四季を愛（め）でるのが楽しい」。	地　域
				19-6	アルペンハイム山正旅館の女将（59）のコメント，「電車が来ると何だか懐かしい気持ちになる。たまに電車に乗るけど，車窓からの北アルプスの風景も好き」。	地　域
				19-7	アルペンハイム山正旅館に泊まるファンが増え，リピーターとなる。	巡礼者
				19-8	2008年9月にJR が販売した「アニメのなかの大糸線入場券」1,000セットが1週間かからずに完売した。	地　域
				19-9	NPO 代表（48）のコメント，「放送から約6年。訪れる人はまだ多いが，いつまでもアニメ人気だけに頼れない。地域と連携して地元の食材で駅弁をつくるなど，新たな試みが必要。そうすれば活路が開けるはず」。	地　域

No.	場所	作品	番号	内容	分類
20	鹿児島県種子島	秒速5センチメートル	20-1	アニメ映画「秒速5センチメートル」の第2話「コスモナウト」は種子島が舞台。	状況説明
			20-2	若年層に人気で，県外から来て作中に登場する場所を探す「聖地巡礼」記もネットで見かける。	巡礼者
21	東京都神田	戦国BASARA2 ／ 戦国無双2	21-1	歴史専門店「時代屋」では，2006年秋ごろから女性客の数が増え始める。現在では休日になると女性客が6割を占める。	状況説明
			21-2	「時代屋」女将のコメント，「入口はキャラクター萌えなんですが，アニメの架空の人物と違って戦国武将は実在の人物。リアリティを感じるので，好きなキャラはより深く知りたいと思うんです」。	地域
	滋賀県長浜市		21-3	石田三成公事蹟顕彰会には，三成の屋敷跡や産湯を取ったと伝えられる井戸，古文書のコピーがある。	状況説明
			21-4	石田三成公事蹟顕彰会理事長（78）のコメント，「北海道から九州まで，あちこちからやってくる人がこの数年で突然増えたんです。9割が若い女性。たまに男性を見ると思ったら，彼女に半ば強引に引きずられてますね」。	地域
			21-5	石田三成公事蹟顕彰会の理事長（78）のコメント，「私らが若いころは，三成さんといえば戦に負けた人気のない悪者。恥ずかしくて石田町出身というのを隠したぐらいです。この人気には戸惑ってますね」。	地域
	岐阜県関ケ原町		21-6	町制80周年記念で，関ヶ原の合戦を再現するイベントを開催。石田三成を主役とし，参加者を公募したところ8割が女性だった。	状況説明
			21-7	関ヶ原町役場のコメント，「若い女性の観光客が増えて，ほとんどが三成が本陣を置いた笹尾山に行かれるんです。三成の義理堅さを特集しようとなりました」。	地域

第7章 アニメ聖地巡礼の特徴

大河ドラマ観光との比較

　本章では，アニメ聖地巡礼行動のプロセスを，実際にアニメ聖地でフィールドワークを行うことで明らかにする。そのうえで，メディアコンテンツに影響を受けて行うという意味で類似の構造を持った旅行行動である大河ドラマ観光と比較，検討することで，その特徴を浮き彫りにしたい。

1　旅行行動の特徴の分析枠組みと調査手続き

（1）分析の枠組み

　アニメ聖地巡礼の旅行行動の分析に関しては，大きく4つの段階に分けて比較を行う。それぞれ，「動機形成」「情報探索」「旅行中行動」「旅行後行動」である。

　「動機形成」は，旅行に行く動機が形成される段階だ。コンテンツはこの段階で主に旅行者に影響すると考えられる。「情報探索」は動機が形成され，旅行に出かける際の情報を探索する段階である。旅行に出かける前のプロセスである「動機形成」と「情報探索」をあわせて「旅行前行動」とする。この2つは，必ずしも一方向的なものではなく，情報探索をすることで動機が形成，強化されることもあるし，動機形成と情報探索がほぼ同時に起こる場合も考えられる。

　「旅行中行動」は，実際に旅行に出かける段階である。旅行目的地への移動中や旅行目的地でのさまざまな行動，そして，旅行目的地からの移動中がこの段階に含まれる。

　「旅行後行動」は，旅行を終えて帰宅した後に，旅行に関するさまざまな行動をする段階である。これらの各段階について，その行動的特徴および情報通

表 7 - 1　アニメ聖地巡礼行動調査対象一覧

作品名	作品の放映年	地　域	主な調査時期
おねがい☆ティーチャー	2002年	長野県大町市木崎湖周辺	2008年・2009年
朝霧の巫女	2002年	広島県三次市	2008年・2009年
戦国 BASARA	2005年（第1作）	宮城県仙台市護國神社 長野県上田市上田城跡	2008年
涼宮ハルヒの憂鬱	2006年（1期）・2009年（2期）	兵庫県西宮市	2008年・2009年
らき☆すた	2007年	埼玉県北葛飾郡鷲宮町	2008年・2009年
かんなぎ	2008年	宮城県仙台市	2009年
咲 -Saki-	2009年	長野県諏訪市	2010年
けいおん！	2009年（1期）・2010年（2期）	滋賀県犬上郡豊郷町	2009年

出所：筆者作成。

信技術を活用した情報の受発信や編集行動の様相を明らかにする。

　そして，大河ドラマ観光の旅行行動についても同様に特徴を整理した後，アニメ聖地巡礼と比較を行い，アニメ聖地巡礼の行動的特徴を明確にする。

（2）アニメ聖地8か所フィールド調査の手続き

　主に，2008年から2009年の間に，合計8か所のアニメ聖地でフィールドワークを実施した。具体的には，実際に筆者がアニメ聖地巡礼を行い，観察調査を実施したり，巡礼中に出会った巡礼者や地元住民へのインタビューを行ったりした。この結果を整理することで，アニメ聖地巡礼の特徴を明らかにする。調査地域や作品，作品の放映年，調査時期は**表 7-1**に示した。

　ほとんどが2008年から2009年にかけての調査によるものであるが，『咲 -Saki-』の長野県諏訪市のみ，2010年に調査を実施した。このときの調査では，後に詳述する「開拓的アニメ聖地巡礼者」のＪ氏に事前にガイドをお願いし，共に聖地巡礼を行った。[1]

第7章 アニメ聖地巡礼の特徴

2　フィールドワークの結果からわかるアニメ聖地巡礼行動

（1）アニメ聖地巡礼の動機形成

　アニメ聖地巡礼行動の動機はアニメを視聴することによって形成される。しかし，アニメを視聴するだけでは，その場所についての情報は得られず，そもそもアニメに映った背景が実際に存在するかどうかがわからない。何らかの関連情報を得ることで，アニメの背景が現実に存在することを知り，聖地巡礼行動に至る。

　関連情報には，「内部情報」と「外部情報」が考えられる。「内部情報」とは，記憶のことだ。過去に見たことのある景色がアニメの背景として用いられていた場合，現実の場所とのつながりを認識することができる。「外部情報」とは，人間が記憶以外に外から得る情報で，友人からの口コミや，ホームページやブログの書き込み，テレビのニュース，雑誌やDVDなどさまざまである。

　この事前情報の取得方法の差異により，3通りの聖地巡礼者が存在することがわかった。第1に，「開拓的アニメ聖地巡礼者」（以下，開拓者と表記）である。開拓者は，アニメを視聴し，さまざまな推論を働かせて，聖地を発見する巡礼者である。開拓者へのインタビューによると，アニメ作品の背景に描き込まれたランドマークや地形，アニメ作品の原作小説の描写やアニメ作品の監督や原作者の出身地，作品内で登場した地名や駅名などから聖地を発見する。その際，Googleのストリートビューや，Yahoo!地図などを用いて探したり，直接現地で探索したりする。彼らのなかには，当該行為を，アニメの舞台を探し出して訪ねることから，「舞台探訪」と呼ぶ者も多い。[2]第2に，「追随型アニメ聖地巡礼者」（以下，追随者と表記）である。追随者は，開拓者が発見し，インターネット上に公開した情報をもとに聖地巡礼を行う巡礼者である。現地では，開

1）　アニメ聖地巡礼について，筆者は2008年4月から2011年12月まで継続的に調査を行ったが，その過程で，巡礼者の行動傾向は徐々に変化していった。アニメ聖地巡礼は，mixiなどのSNS，TwitterやFacebookといったソーシャルメディアの登場や，そのあり方の変化，iPhoneをはじめとするスマートフォン，タブレット型端末といった情報通信機器の発展，普及と同時進行で行われており，変化の速度が速い。本章で扱うのは主に2008年・2009年ごろのアニメ聖地巡礼の特徴であることを述べておく。

拓者が作成したホームページやブログなどを印刷したものを持ち歩いて参照したり，携帯用のパソコンでそれらを確認したりして聖地巡礼を行っていた。そして，3つ目は「二次的アニメ聖地巡礼者」だ。これは，前二者とは異なり，アニメ聖地巡礼に関するニュースなどでアニメ聖地を知り，訪れる聖地巡礼者である。アニメ聖地は，巡礼者の来訪が人に知られていないことが多いが，なかにはマスメディアに取り上げられるケースもある。[3] いずれにせよ，アニメ聖地巡礼者の主な動機は，アニメの背景となった場所を訪れることだ。

（2）アニメ聖地巡礼の情報探索

　アニメ聖地巡礼の旅行情報源は，大きく分けて2種類あると考えられる。1点目は，企業や自治体などが提供する情報である。2点目は，巡礼者や当該地域の住人などの個人が発信する情報だ。

　1点目の企業や自治体などが提供する情報については，情報の発信元は旅行会社や宿泊施設，コンテンツを所有している企業や，当該地域の行政機関や観光協会，商工会などである。アニメ聖地巡礼者も，宿泊施設や移動手段などの観光インフラに関する情報は，通常の旅行者と同様の情報探索を行っている。出版社から出されるガイドブックは少ないが，主なものとして，柿崎俊道（2005）による『聖地巡礼──アニメ・マンガ12ヶ所めぐり』[4] や，JTB パブリッシング（2008）による『もえるるぶ COOL JAPAN ──オタクニッポンガイド』[5]，ドリルプロジェクト編（2010）による『アニメ＆コミック 聖地巡礼 NAVI』[6] な

2）　開拓者のなかには，作品の舞台を探す行為そのものを楽しんでいる人もおり，場所に対して特別な想いを込めた名称である「聖地」という呼び名について懐疑的な態度をとる人もいる。また，宗教的なイメージが付きやすいとして，聖地巡礼という呼び名の使用をやめたほうがよいと考える人もいた。一方で，当事者のなかにも，作品の舞台を大切な場所であるととらえ「聖地」と呼ぶのに抵抗感のない人もいる。

3）　新聞・雑誌記事分析からもこのことがわかる。

4）　筆者が管見する限り，アニメ聖地巡礼のみをテーマにして一冊の書籍となり，出版社から公刊されたものとしては，本邦初のものである。

5）　本書はJTB パブリッシングの『るるぶ』のなかでもオタク文化を専門に取り扱う『もえるるぶ』であり，秋葉原（東京）や日本橋（大阪）などの紹介を中心にしている。そのなかの一部で聖地巡礼が扱われている。

6）　本書は全国各地，合計100作品の聖地を紹介したガイドブックである。本書は，その制作に，開拓的聖地巡礼者の巡礼記を参考にしたことを明示している。

第 7 章　アニメ聖地巡礼の特徴

表 7 - 2　mixi 内のコミュニティ

コミュニティ名	作品名	開設日	メンバー数
木崎湖同盟	おねがい☆ティーチャー おねがい☆ツインズ	2004年11月 7 日	947
― mixi ―雛見沢村観光協会	ひぐらしのなく頃に	2006年 4 月26日	1,434
涼宮ハルヒの舞台西宮へ行こう！	涼宮ハルヒの憂鬱	2006年 5 月 5 日	860
#AIR な舞台訪問♪#	AIR	2006年 6 月18日	150
京アニ版『Kanon』聖地巡礼	Kanon	2006年 8 月24日	211
CLANNAD の聖地巡礼に行こう	CLANNAD	2007年 3 月12日	390
らき☆すたの舞台春日部に行こう	らき☆すた	2007年 4 月14日	152
らき☆すた修学旅行の地へ行こう		2007年 8 月31日	53
らき☆すたと共に in 鷲宮町商工会		2007年11月15日	361
鷲宮神社【らき☆すた】で初詣		2007年11月22日	270
らき☆すたの聖地鷲宮へ行こう		2009年 3 月25日	125
true tears の舞台城端に行こう	true tears	2008年 2 月16日	250
かんなぎ聖地巡礼	かんなぎ	2008年11月23日	18
名神大社鼻節神社【かんなぎ】		2009年 1 月 7 日	26
咲-Saki-の舞台に行こう！！	咲 -Saki-	2008年12月29日	108
豊郷小学校【けいおん！】	けいおん！	2009年 9 月22日	50
京アニ×聖地巡礼×けいおん！		2009年 2 月 8 日	194
アニメ聖地巡礼（舞台訪問）	―	2005年 8 月30日	915

計測日2010年 3 月30日

出所：筆者作成。

　どが挙げられる。旅行会社によるパンフレットは確認されていない。旅行商品についても，イベントへのアクセスツアーなどが単発で催行される程度であり，団体旅行のツアー商品が経常的に販売されている状態ではない。
　 2 点目の，個人が発信する情報に関しては，聖地巡礼者によって書かれたブログやホームページによるもの，巡礼者の来訪を受けた地元住民によるものがある。ソーシャルネットワーキングサービス（SNS）の mixi には，作品ごとの聖地巡礼コミュニティも存在し（表 7 - 2 ），そういった場での情報交換もなされている。
　作品ごとにさまざまなコミュニティがあり，なかには「木崎湖同盟」や「―

109

図7-1 インターネット上の巡礼記

出所:筆者作成の「かんなぎ聖地 鼻節神社(&仙台リベンジ)」。

mixi―雛見沢村観光協会」、「涼宮ハルヒの舞台西宮へ行こう!」など、メンバーが1,000人近くいるコミュニティもある。「アニメ聖地巡礼(舞台訪問)」は、聖地巡礼という行為自体のコミュニティである。「らき☆すたと共に in 鷲宮町商工会」は、そのコミュニティ名からもわかるように、地元の関係者と接点を持とうとしているものである。また、鷲宮町商工会の経営指導員へのインタビューによると、グッズ製作の際に、電子掲示板にグッズ開発の案を書き込み、ファンからの意見を多数得たという。

こうした情報探索には従来の情報探索とは異なる点がある。それは双方向性だ。こうした双方向的なツールがない場合、観光情報は通常、観光地や旅行会社などの観光資源をアピールする側から、消費者に対して一方的に流されることが主であったと考えられるが、ここで見られるのは、旅行者同士の情報交換である。実際、筆者が作成した巡礼記「かんなぎ聖地 鼻節神社(&仙台リベン

ジ）」（図7-1）を読み，聖地への行き方や，現地の様子などを質問してくる巡礼者がいた。また，そうした情報空間上の情報交換の場に，まちおこしを行う主体が参画し，アイデアを募るようなあり方も，双方向的なツールがなければ困難であっただろう。

（3）アニメ聖地巡礼の旅行中行動

アニメ聖地巡礼行動中に，現地では，大きく分けて6点の行動が見られた。

1つ目は，アニメ聖地の写真をアニメで登場するのと同じアングルで撮影することである。その際は，もとのコンテンツを持参し，見比べる場合も多い。なかには，アニメキャラクターのフィギュアを持参し，それを背景と共に撮影する場合もある。アニメ聖地は，元々人々に広く価値が認められている神社や自然景観の場合もあるが，通常では観光対象として価値が認められ難い日常的な風景であることも多い（図7-2）。

2点目は，旅の記念物として，あるいは，自分が来訪したことを示すために，さまざまなものや，コメント，イラストなどを残していくことである。具体的には，聖地巡礼ノートにコメントやイラストを残す，絵馬にアニメ絵を描く，黒板にアニメ絵やコメントを残す，地域の商店や施設にアニメグッズや自作の同人誌，イラストを置いていく，などだ。

聖地巡礼ノートはファン側が設置する場合と地元側が設置する場合があるが，飲食店や駅，観光案内所などに置かれることが多い。大町，三次，鷲宮，豊郷，原村で確認できた（図7-3）。

痛絵馬については，鷲宮の鷲宮神社，宮城県仙台市護國神社，長野県上田市上田城跡で確認できた（図7-4）。文献によると，アニメ『かみちゅ！』の聖地である尾道でも巡礼ノートおよび痛絵馬が確認されている（玉井2009）。

黒板の絵は，鷲宮，豊郷で確認できた。アニメグッズや自作のイラストを置いていく行為について，特に顕著なのが大町，鷲宮，豊郷である。それぞれ，宿泊施設，地域商店，小学校にファンが寄贈したグッズが置かれている。

3点目は，ノートパソコンや携帯電話などの持ち運び可能なインターネット端末を用いて，聖地の様子を「実況中継」や「巡礼記」として掲示板やブログ，動画投稿サイトで公開することだ。これは，旅行後に行われる場合もある。

図7-2 さまざまなアニメの聖地

注：上段左＝『らき☆すた』の聖地の1つ（撮影日：2008年3月9日），上段右＝『涼宮ハルヒの憂鬱』の聖地の1つ（撮影日：2008年8月26日），中段左＝『かんなぎ』の聖地の1つ（撮影日：2009年5月23日），中段右＝『朝霧の巫女』の聖地の1つ（撮影日：2009年8月8日），下段左＝『おねがい☆ティーチャー』の聖地の1つ（撮影日：2008年11月24日），下段右＝『咲-Saki-』の聖地の1つ（撮影日：2010年3月27日）。
出所：すべて筆者撮影。

第 7 章 アニメ聖地巡礼の特徴

図 7-3 各地の聖地巡礼ノート

注：上段左＝「大町」における聖地巡礼ノート（撮影日：2009年5月19日），上段右＝「原村」における聖地巡礼ノート（撮影日：2010年3月27日），下段左＝「鷲宮」における聖地巡礼ノート（撮影日：2008年9月9日），下段右＝「豊郷」における聖地巡礼ノート（撮影日：2010年2月21日）。
出所：すべて筆者撮影。

113

図7-4 各地の痛絵馬

注：上段左＝「上田城跡」における痛絵馬（撮影日：2008年11月23日），上段右＝「護國神社」における痛絵馬（撮影日：2008年11月25日），下段＝「鷲宮」における痛絵馬（撮影日（左）：2009年7月17日／撮影日（右）：2009年10月16日）。
出所：すべて筆者撮影。

　4点目は，巡礼者と現地の人々や巡礼者同士での交流が認められる点だ。聖地巡礼者と地域住民が会話をしている様子は多くの聖地で見られた。また，聖地巡礼者同士で会話が発生する場合もある。
　筆者が2010年3月に，『咲-Saki-』の舞台とされる長野県諏訪地方を開拓者のJさんと共に巡っていた際に，他の2人組の巡礼者と当地で偶然出会い，Jさんがその2人に他の聖地をいくつか紹介し，連絡先を交換する場面が見られた。ただ，声をかけるアクティブな巡礼者ではない場合は，お互いに相手の存在を認めつつも無関心を装う場合もある。これは，聖地となっている場所や出会う場所にもよる。アニメ聖地のなかには，都市の景観や生活道路が含まれており，そうした聖地では，聖地巡礼者と他者との交流は起こりづらいだろう。

114

しかし，聖地によっては，そこに滞在することができるものがある。以下に2か所の例を挙げよう。『らき☆すた』の聖地である鷲宮神社の場合は，神社の横に「大酉茶屋わしのみや」という軽食，喫茶の店がある。店内はアニメグッズや『らき☆すた』に関する書籍，聖地巡礼ノートが置かれ，飲食メニューは『らき☆すた』に関連したものになっている。そのため，聖地巡礼者が集い，相互に相手を確認することができる場所となっている。また，『けいおん！』の聖地である豊郷小学校旧校舎群の場合は，現在は小学校の校舎としては使用されておらず，公共施設となっており，ここにも集うことができる。校舎群内には，アニメグッズや聖地巡礼ノートが置かれ，黒板にアニメ絵が描かれている。また，ファンがグッズを持ち寄り，アニメのシーンが再現されている。豊郷小学校旧校舎群も，聖地巡礼者が集うことができる場所だ。

5点目は，痛車である。痛車とは，アニメのステッカーを添付した自動車を指す。イタリア産の自動車の略称である「イタ車」という言葉に，見た目に痛々しい，という意味をかけて，痛車と呼ぶ。類似のものとして自転車である痛チャリや，バイクである痛単車が見られることもある。大町，鷲宮，豊郷で確認できた。

6点目は，コスプレイヤーと呼ばれる（以下，レイヤーと表記），アニメのキャラクターの扮装をする人々である。男性が女性のキャラクターのコスプレをすることや，女性が男性のキャラクターのコスプレをすることもある。鷲宮，豊郷で確認できた。

（4）アニメ聖地巡礼の旅行後行動

アニメ聖地巡礼後の巡礼者の情報発信行動は大きく分けて以下の2点にまとめることができる。1点目は，インターネット上での発信であり，2点目は，現実空間での発信だ。

インターネット上での発信には，ホームページ，ブログ，SNS内のコミュニティ，電子掲示板の書き込みなどがある。聖地巡礼者は聖地巡礼を行って，当地で撮影した写真や動画をコメントと共に「巡礼記」としてインターネット上で公開することが多い。アニメの絵と実際の風景写真を並置して比較してあるサイトもある。これらのサイトのなかには，聖地とされた地域の人々への配慮

が見られるものもある。具体的には，車や人が写真に写り込んだ場合，個人が特定できないような加工を施す，民家が聖地とされている場合は場所を明かさない，「舞台を巡る際には地域の人々に迷惑がかからないようにしましょう」という旨の注意書きを併記するなどの配慮や規範づくりである。なかには，動画による発信もある。観光案内風に聖地を紹介した動画がニコニコ動画やYou Tubeなどの動画投稿サイトで見られ，アニメ『けいおん！』のオープニングアニメーションの実写版が，聖地でファンの手により撮影され，ネット上にアップされるということも起こった。[7]

また，発信された「巡礼記」をデータベース化する動きも見られる。そうした動きのうちの1つであるウェブサイト「舞台探訪アーカイブ[8]」には，2010年1月30日現在で，マンガ，小説，アニメ，ゲーム，ライトノベル等440作品の舞台についての「巡礼記」のリンクが集められている。[9]

次に，現実空間での発信である。巡礼者のなかには，聖地に関するガイドブックを自費で作成する者や，アニメ絵馬に関する同人誌を作成する人などがおり，コミックマーケット等で頒布されたり，ファン同士で交換されたりしている（図7-5）。なかには聖地とされている地域の商店などで配布されていることもある。そして，通常の旅行行動と同様に，友人に経験を話し，友人を連れて再訪する，という場合もある。

3 大河ドラマ観光の特徴

ここでは，明らかになったアニメ聖地巡礼の行動プロセスを，メディアに影響を受けて行われる大河ドラマ観光と比較することで，その特徴を明確にする。さまざまな事例のなかから比較対象として大河ドラマ観光を選択するのは，以下の理由からである。

7） 下記の動画がYouTubeで見られた。同じものがニコニコ動画でも見られた。「おとなげ！　けいおん！　OP実写版　0825完成版　QVGA 2 Mbps」（http://www.youtube.com/watch?v=iWtbU 7 _ KDFs&feature=related【2010年3月29日ダウンロード】）。

8） 「舞台探訪アーカイブ」（http://legwork.g.hatena.ne.jp/【2010年1月30日ダウンロード】）。

9） 2018年5月13日に確認したところ，1,638作品が登録されていた。

第7章　アニメ聖地巡礼の特徴

図7-5　さまざまな同人ガイドブック

出所：筆者撮影（撮影日：2010年4月3日）。

　まず，放送形態が同じであることだ。放送形態にはさまざまな種類があるが，大きく2つに分けられる。1つは，映画や1話完結のドラマ，アニメ映画などのように，1回の視聴で完結した物語を放映するもの。1つは，連続ドラマやテレビアニメなど，数回に分けて放映するものである。テレビアニメも大河ドラマも毎週放送される形態だ。
　次に，大河ドラマとテレビアニメという表現の違いが挙げられる。大河ドラマは実写であり，また，人物名や出来事，地名などは歴史的な事実を参照して

117

つくられている。一方のアニメは抽象的な絵によって構成され，人物名や出来事，地名などのフィクションの度合いが強い。この違いにより，旅行者の行動的特徴が異なる可能性がある。

そして最後は，大河ドラマは舞台となった地域を訪ねる行動が多くの人に認知されている現象であり，長年にわたって行われてきている点である。大河ドラマの舞台となった地域に旅行者が増加する現象は，もはや常識と言ってよいほど多くの人に知られている一般的な行動である。そうした一般的な行動と，アニメ聖地巡礼を比較することによって，アニメ聖地巡礼の特徴を浮き彫りにできるだろう。

（1）大河ドラマの概要

大河ドラマとは，NHK で放映されている歴史ドラマである。第1作目は1963年の『花の生涯』で，当初は娯楽的な要素が大きく，歴史物をシリーズ化するという明確なビジョンはなかったようであるが，その後シリーズを重ね，1970年前後に「大河ドラマ」というジャンルが確立するに至った（李 2006）。さまざまな時代を扱い，主役となる人物も多様な大河ドラマであるが，一貫して「日本の歴史」を描いている（李 2005）。

大河ドラマを動機とした旅行行動である大河ドラマ観光は，初期のころから見られた。第1作目の『花の生涯』では，滋賀県彦根城に120万人の観光客が訪れたとされており（篠原 2003），第4作目である『源義経』（1966年）では，ドラマの舞台となった京都・鞍馬山，岩手県・平泉，石川県・安宅の関で観光ブームが起こったことが報告されている（李 2006）。1987年から1997年の大河ドラマの舞台地の入込客数を分析した研究でも，程度の差はあるものの，多くの地域で入込客数の増加が認められるものが多く（中村 2003），2008年に放映された大河ドラマ『篤姫』でも，舞台となった鹿児島県への入込客数の増加が指摘されている（深見 2009）。その効果は広く認知されており，毎年，大河ドラマ撮影の誘致や，大河ドラマにあわせた地方自治体や旅行会社による旅客誘致活動が行われている。

（2）大河ドラマ観光の動機形成

　大河ドラマ観光の特徴のうち，まず旅行動機形成の段階から整理する。現在の大河ドラマでは，ドラマ本編放映の直後に関連地域を紹介する5分程度の番組が放映される。そのため，ドラマ本編とその後の番組を視聴することで，関連地域がどこであるかは明らかになる。

　また，ドラマ自体を視聴せずとも，大河ドラマで歴史上のどの人物が主役になるのかがわかった段階で，どこが関連地域なのかは明らかになり，それをもとに旅行をする人が出てくると考えられる。放映の1〜2年前に大河ドラマの候補地が決まった段階から，観光客の関連地への入込が増加することが確認されていることからも（中村2003），そのことが推測できる。

（3）大河ドラマ観光の情報探索

　大河ドラマ観光の旅行情報の探索についてはガイドブック，パンフレット，インターネットなどが用いられる。大河ドラマが放映されると，関連する既存書籍が多く消費され，また新たに出版されるものも増える（李2006）。また，旅行会社による大河ドラマ観光に関するパンフレットも出される。たとえば，JTB東日本国内商品事業部によるパンフレット「エースJTB 熱き志士の足跡を辿る維新伝心の旅 坂本竜馬」（2010, 春 – 80）では，高知，京都，長崎・熊本，鹿児島，伊豆・下田への旅行商品が紹介されている。

　2010年度の大河ドラマである『龍馬伝』の公式ホームページには，「龍馬伝紀行」「NHK高知 発進，龍馬伝」「NHK長崎 龍馬伝」というコンテンツが用意されており，それぞれのサイトで『龍馬伝』に関する場所や，その場所への行き方などを知ることができる。また，大河ドラマに関連した土地を巡る特別番組も放映され（前原2008），これも旅行情報源になると同時に，旅行動機の形成および強化にも影響を与えるだろう。

（4）大河ドラマ観光の旅行中行動

　大河ドラマ観光における旅行中行動は多様であろうが，マスツーリズム的な

---

10)　「大河ドラマ 龍馬伝」（http://www9.nhk.or.jp/ryomaden/【2010年1月31日ダウンロード】）。

側面が見られる。深見聡の論文「大河ドラマ『篤姫』効果と観光形態に関する一考察」によると，大河ドラマ『篤姫』の影響で鹿児島への入込客数が増加したにもかかわらず，「まち歩き」観光の利用者数に大きな効果がもたらされなかったことから，大手旅行会社のパックツアーでの参加のようなマスツーリズム的な要素が強い旅行行動であることを指摘した（深見 2009）。この結果を見る限り，パックツアーでの参加でなくとも，その地域のことを深く知ることを目的とする「まち歩き」観光に参加しようとするような旅行者よりも，有名な観光地を周遊するようなタイプの旅行者が多いことが推測できる。[11]

　大河ドラマ観光の場合は，自治体側が多くの観光資源を用意する。たとえば，『武田信玄』では，小淵沢町にロケセット「武田信玄館」を建設し（加藤 2000），『天地人』では，既存の博物館で「NHK 大河ドラマ特別展『天地人』〜直江兼続とその時代〜」が開催され（中島 2009），『武蔵 MUSASHI』では，武蔵に関連づけた菓子，酒類，水産加工物，衣類などが開発・販売された（山口経済研究所編 2003）。

　これらから考えると，大河ドラマ観光の旅行中行動の中心は，関連施設を巡る，現地で写真を撮影する，土産物を購入する，などだと考えられる。

（5）大河ドラマ観光の旅行後行動

　大河ドラマ観光の旅行後行動に関しては，これまでの研究で明らかになっていることは少ない。大河ドラマ観光に限らず，旅行行動に関する研究で，旅行後の旅行者行動については，これまで詳細に研究されているとは言い難い。[12]今後，実証的に研究がなされる必要があるが，ここでは，データから考えられる行動を挙げる。

　まず，旅行経験を他者に話すことが推測される。それというのも，1990年代

---

11)　もちろん，個人旅行のケースがまったくないと指摘しているわけではないし，深く地域のことを理解しようとする旅行者がいないわけでもないだろう。全体的な傾向としての特徴である。

12)　佐々木土師二の『旅行者行動の心理学』（佐々木 2000），『観光旅行の心理学』（佐々木 2007）では，旅行後行動の研究として，旅行経験の評価に関する研究が挙げられているが，蓄積は少ない。これは，観光研究が観光産業を中心にしてなされてきたことを反映していると考えられる。旅行会社の利用が旅行にとっての唯一の選択肢ではなくなっており，観光行動のあり方が多様化している今，旅行行動全般にわたって知見を蓄積していく必要があるだろう。

第 7 章　アニメ聖地巡礼の特徴

から2000年代にかけての旅行に関する情報源を調べると，家族や友人，知人からの情報，いわゆる「口コミ」が多くの割合を占めているからである。「口コミ」を情報源としている人が多くの割合を占めているということは，その人に話をした人が一定数存在するということを意味する。

　加えて，インターネットでの情報の受発信も見られる。アニメ聖地巡礼と同様に，mixiのコミュニティについて調査を行った。mixiのコミュニティ検索機能を用いて，「龍馬伝」と入力して検索したところ，30件のコミュニティが確認できた。

　参加人数が最も多いコミュニティは，「2010年大河ドラマ『龍馬伝』[13]」である。2008年6月5日に開設されており，2010年3月24日現在でメンバー数は20,510人である。トピックは13あり，それぞれ，「自己紹介」「コミュの管理運営に関するトピ[14]」「龍馬伝に関する質問トピ」「史実トピ」「龍馬伝紀行（各地の史跡写真）」「遊び系トピ（しりとり，まじかるバナナ等）」「坂本龍馬，龍馬伝，幕末関連の情報，宣伝と告知トピ」「出演者関連情報」「大河ドラマ『龍馬伝』に関連するドラマ等のトピ」「画像トピ」「ファントピ」「雑談トピ」「オフ会」である。このなかで，「龍馬伝紀行（各地の史跡写真）」と「画像トピ」には，坂本龍馬ゆかりの史跡の写真や，主演の福山雅治のポスターを撮影した写真，ロケ地を撮影した写真が見られた。

4　アニメ聖地巡礼と大河ドラマ観光

（1）動機形成および情報探索における主体性と能動性

　大河ドラマ観光とアニメ聖地巡礼では，旅行に必要な情報の提供のされ方が異なっていた。大河ドラマ観光では，旅行動機形成の際に得る情報はテレビ，本，雑誌などのマスメディアが発信しているものが主である。大河ドラマのホームページが開設され，そのなかに大河ドラマ観光の情報が整理されている。旅行会社によるツアー商品もある。つまり，大河ドラマ観光では，観光を

---

13)　mixiコミュニティ「2010年大河ドラマ『龍馬伝』」（http://mixi.jp/view_community.pl?id=3406191【2010年3月24日ダウンロード】）。
14)　「トピ」とは「トピック」の略称である。

誘発し，当地に観光客を呼び込むための観光インフラが整備されている。また，すでにこうした整備が長年にわたって行われているため，大河ドラマの舞台地に観光に行くという行動は一般的に認知されており，コンテンツ自体を視聴せずとも旅行動機は生成されうる。

アニメ聖地巡礼では，旅行の主な動機は，アニメに登場したカットを見たり，同じアングルで写真を撮影したりすることであるため，アニメコンテンツがすでに何らかの形で視聴可能な状態になっていることが必要となる。それゆえ，コンテンツが流通する前に当該地域にファンが訪れることは少ない。[15]加えて，アニメに登場する背景が実際に存在するということを知る必要があり，その際に中心的な役割を果たしているのは，インターネット上の個人ブログや個人が開設しているホームページの「巡礼記」だった。

旅行動機形成の段階について，大河ドラマの場合は，ほとんどの情報がマスメディアや地域側などの，いわゆる仕掛ける側によって提供されており，アニメ聖地巡礼の場合は，マスメディアからのコンテンツの発信に加えて，個人が発信した聖地巡礼の情報が複合的に影響を及ぼしている。

また，この段階で，主体的に情報探索を行うか否かについても差があると言える。前述したように，大河ドラマ観光の場合は，舞台地側，製作者側からの情報提供が多い。情報発信はマスメディアによるものが多く，出される情報は整理されている。それゆえ，情報探索が容易である。インターネットによる情報発信もあるが，やはりテレビ局によるもので，どちらかといえばマスメディア視聴に近い利用の仕方であると言えよう。mixiで見られるようなファン側の情報発信もあるが，大河ドラマ観光が常識になり，さまざまなメディアで紹介されている現状，ファンの発した情報で初めて大河ドラマ観光を知るということは考えにくい。

一方，アニメ聖地巡礼の場合は，アニメファンが舞台地を探し出し，その結果をインターネット上にアップした「巡礼記」が主な情報源だった。アーカイブ化の試みもいくつかあるが，いずれにせよ，その主体はファンであり，情報

---

15) 原作小説や原作マンガなどで舞台が明らかになっている場合は，当該地域を訪ねることは可能だが，アニメのシーンと同じアングルの写真を撮ることは，制作スタッフ以外は不可能である。

は整理されておらず，断片的だ。聖地巡礼者はそれらの情報をつなぎ合わせて自分なりの巡礼をつくりだす。そのように考えると，動機形成，情報探索の段階から聖地巡礼者には主体的，能動的な態度が形成されやすいと考えられる。

（2）旅行者による情報発信と情報の編集

　大河ドラマ観光およびアニメ聖地巡礼の双方で，インターネットを用いた旅行者の情報発信が確認できた。ただ，その発信の仕方については差が見られる。大河ドラマ観光の旅行者の場合は，史跡やロケ地の写真をネット上で公開するにとどまっている。アニメ聖地巡礼の場合は，情報をただ発信するだけではなく，アーカイブ化を促進する，動画を撮影・公開するなど，情報の編集が高度である。このように，アニメ聖地巡礼では，インターネット上での情報発信とその編集を，メディアコンテンツを保有するアクターではなく，消費する側のアクターが活発に行っていることがわかる。

　このことは，**第4章**で確認したように，アニメコンテンツの消費者（オタク）が，ネットでのテキストや動画の受発信と親和性が高いことや，同人誌制作，同人ゲーム制作などのDIY文化を持ち（毛利2007；谷村2008c），消費者でありながら生産者の側面を持っていることも大きく影響していると考えられる。

　また，アニメ聖地巡礼では，巡礼を行う際の規範を構築するような動きもあることが明らかになった。**第6章**で，聖地巡礼者の来訪について地元住民が概ね好意的である可能性が示唆されたが，こうしたファンによる規範意識醸成の取り組みが，能動的な情報収集によって学習され，個々に情報を集めて聖地巡礼を行っているにもかかわらず，多くの巡礼者が礼儀正しくふるまう，という状況を生み出している可能性が指摘できる。

　このことに関連し，コンテンツの特徴による差異も確認できる。大河ドラマへの関心は過去の一時点の出来事や人物にあり，改変することは不可能だ。もちろん，歴史とは，ある特定の視点から編まれたものであり，完全に客観的な事実としての歴史は存在しないとも考えられるし，新たな史料が見つかれば解釈が大きく変わることはよくある。それでも，あまりに史実からかけ離れた改変は，歴史的関心を抱く人々の立場からは歓迎されることではない。ドラマ的な関心にしても，ある俳優がそこにいたことや，そこで撮影が行われたという

事実は変更することができない。これは，旅行者にとってはもちろん，その土地に住む者であっても同様である。

　それに比べて，旅行者のアニメコンテンツへの関心は，アニメの世界観やキャラクターに対するものであり，それらは時間や空間に比較的縛られないものだ。アニメ作品のキャラクター設定や，作中での世界観と矛盾しないような形であれば，二次創作として，改編や編集を行うことができる。秀逸なものは作品のファンに認められすらする。もちろん地域住民も，これらの世界観やファン内で了解されている文脈から逸脱しなければ，それに加わることができる。[16)]

　こうした，コンテンツの編集可能性，改変可能性の違いも，旅行者や地元住民の情報発信のあり方に影響を与えていると考えられる。コンテンツとその体験者は密接にかかわるため，コンテンツを動機とした旅行行動を分析する際には，コンテンツの性質とその体験者の行動を共に視野に入れる必要がある。

（3）旅行におけるコミュニケーションのあり方の変容

　旅行後行動について，大河ドラマ観光，アニメ聖地巡礼の双方で旅行経験に関する画像やテキストをネットで発信していることが確認された。ただし，そのあり方については，大河ドラマ観光とアニメ聖地巡礼では違いがある。

　アニメ聖地巡礼では，ネット上での情報の受発信が大河ドラマに比べて盛んかつ多様であり，それぞれの巡礼者が互いを認識する機会が多いと考えられる。Google や Yahoo! をはじめとする検索サイトやアーカイブサイト，あるいは，mixi などの SNS を通じて，聖地巡礼者同士が互いの存在を認識し合える環境が整っている。

　実際，mixi 内では，さまざまな作品の聖地巡礼のためのコミュニティができており，ネット上で知り合った者同士がリピーターとして再訪したり，現地で落ち合ったりする様子も見られる。逆に，聖地巡礼中に現実空間で出会い，情報空間上でのコミュニケーションにつながるケースも見られた。このように，

---

16)　逆に，この世界観やキャラクターを無視あるいは理解していない場合には，ファンから否定的な態度を表明されることになる。

聖地巡礼では，旅行に関するコミュニケーションが情報空間と現実空間の双方にまたがって広く行われている。また，旅行者同士だけではなく，旅行者と地元住民がネット上でコミュニケーションすることも明らかになった。

集合的な「旅行者（ゲスト）」と「地域住民（ホスト）」という二項対立的な枠組みではなく，ネットを通して，旅行者同士，旅行者と地域住民など，個人対個人のコミュニケーションがなされていると言えよう。

（4）能動的な巡礼者像

アニメ聖地巡礼の旅行行動の特徴を，フィールド調査によって得たデータによって明らかにし，類似する旅行行動である大河ドラマ観光のあり方と比較することで，特徴を明確にしてきた。

アニメ聖地巡礼の行動的特徴を以下に時系列で整理しておこう。まずは，アニメ聖地巡礼の動機形成の源であるアニメが放映される。アニメが放映されると，開拓者がアニメの舞台となった場所を，情報通信機器を用いたり，実際に当該地域を巡ったりして発見する。

この際，発見した場所を撮影し，ブログやホームページなどで写真や文章によって情報を発信する。また，そうした情報をアーカイブ化し，他の巡礼者に情報を効率よく配信するような人もあらわれる。こうした情報は，Google やYahoo! などの検索サイトによって他の巡礼者によって検索され，発見される。

新たな巡礼者はアニメを視聴し，内部情報（記憶）や，開拓者を含むすでに巡礼を行った巡礼者による情報発信，アーカイブ化する人などによって構築された「聖地に関するデータベース」から情報を得ることで，聖地巡礼の動機形成が行われる。この場合は，データベースと言っても，要素に還元されたり，体系的な整理がなされたりしているわけではない。要素に還元されていないので，質的な情報が残っている。「聖地に関するデータベース」には，ただ位置情報が書かれているだけではなく，そのなかには，実際に巡礼してきた人々による経験が書き込まれているのだ。つまり，通常であれば，実際に行かなければ得られないはずの地域からの反応も含まれている。なかには，より明示的な聖地巡礼に関するマナーが書かれていることもある。「この場所は住宅街にあるので，個人宅を撮影してしまわないように気を付けよう」といった具合だ。

このように，巡礼の前の段階から質的な情報を含めて，さまざまな情報を得ることが可能な構造になっている。また，体系的な整理がなされていないため，情報の利用者側が，検索サイトやリンクを用いて，さまざまな情報を能動的に得る必要がある。

このようにして，実際に聖地巡礼が行われるが，その際には次のような行動が見られた。アニメに描かれた背景と同じアングルで写真撮影をしたり，痛絵馬やイラスト，アニメグッズを残したり，聖地巡礼ノートにコメントやイラストを残したりする。痛車やコスプレで巡礼を行う場合もある。このようにして，聖地巡礼者はさまざまな形でその痕跡を残しながら巡礼を行う。[17] 聖地巡礼中には巡礼者とかかわる他者と現地において出会う。巡礼者はそのときの経験を巡礼中や巡礼後に情報空間に発信する。そうすることで聖地に関するデータベースは拡大していく。また，このとき，巡礼者とかかわる他者も，巡礼者と出会って経験したことを情報空間上に発信する可能性がある。こうして巡礼者とかかわる他者によっても情報発信が行われることで，聖地に関するデータベースにはさまざまな立場の人々の意見が蓄積されていくことになる。

巡礼から帰ってくると，ウェブ上に巡礼記をアップロードしたり，同人誌のガイドブックを作成したりする。同人誌のガイドブックは，コミックマーケットなどで頒布され，現実空間上でも情報発信が行われる。また，誰かに体験をものがたることもあるだろう（橋本2011）。

このように，巡礼によって体験したことが情報空間上，現実空間上で発信される。それは，巡礼者だけではなく，巡礼者と出会った他者によっても行われる。そのことによって，聖地に関するデータベースはますます充実し，それを主体的，能動的に検索すると，規範も含めて学習が起こるという仕組みができあがっている。これは特に誰か特定のリーダーがトップダウン的に用意しているわけではなく，それぞれがボトムアップ的に情報発信をした結果，このような事態が現出しているのである。

---

17) 列挙したような特徴的な行為がなくても，その様子は他者から発見され得る。たとえば，一般的には観光資源として価値が認められないものに対して，複数の人間がカメラを向けるという状況があっただけでも，それを見た地域住民は不思議（あるいは不審）に思い，場合によっては声をかけるだろう。

第**8**章 舞台を「発見」する開拓者

ソーシャルメディアのコミュニティ調査

1 アニメ聖地を「発見」する人々

第7章では，フィールドワークを行った結果，「開拓的アニメ聖地巡礼者」
「追随型アニメ聖地巡礼者」「二次的アニメ聖地巡礼者」を見いだし，アニメ聖
地巡礼の質的な特徴を明らかにした。本章では，このプロセスにおける「聖地
に関するデータベース」の核を最初につくりだす「開拓的アニメ聖地巡礼者」（以
下，開拓者と表記）に着目し，その属性や行動，心理的側面について分析を行
う。

「開拓者」は，アニメ聖地を「発見」する巡礼者である。ここまで整理した
アニメ聖地巡礼の構造に照らし合わせると，アニメの視聴と外部情報から，背
景として描かれた場所を「発見」し，舞台に関する情報を初期に構築して，「聖
地」としての価値づけを行うアクターであると言える。言うまでもなく，アニ
メの舞台の第一発見者はロケハンを行った制作者だが，スタッフサイドではな
い立場で，公式の情報以外の情報から舞台を再発見することから「発見」と表
現する。開拓者のなかには，自らを「舞台探訪者」と呼称する人もいる。彼ら
のなかには，後続の旅行者に対して単に聖地の情報を流すだけでなく，規範意
識までをも醸成しようと試みる者がいることはすでに確認した。

もし，開拓者が『動物化するポストモダン』で指摘されたような特徴を持っ
たアクターであるとすれば，そのコミュニケーションのあり方は情報交換的で
あり，他者性を持った他者との交流を避ける動物的な行動が見られるはずだ
（東 2001）。本章では，開拓者のコミュニケーションに注目し，そこに「動物化」
の特徴が見られるのか，検討していく。

調査の手法としては，開拓者が集う SNS のコミュニティの電子掲示板に質

127

問紙調査の協力依頼を書き込むことで呼びかけ，メールによって調査票を配布し，回答を得た。調査期間は2009年12月6日〜12月20日であった。得られた回答は12であり，これはコミュニティの成員の約3分の1にあたる数だ。質問項目は，「基本情報（性別，年齢，居住地，職業）」「舞台探訪のきっかけ」「開始時期」「情報源」「交通機関」「舞台探訪中のよかったこと」「悪かったこと」「好きな舞台探訪作品」，とした。また，開拓者の巡礼に同行し，質的な調査も実施した。

2　開拓的アニメ聖地巡礼者へのSNSコミュニティ調査の結果

（1）開拓者の基本情報──性別・年齢・居住地・職業

　性別，年齢，居住地，職業に関する問いの回答を示す。性別に関しては，男性が12であり，全員男性であった。年齢は20歳代が6，30歳代が5，40歳代が1であった。性別・年齢については，ほぼ新聞記事等の内容から明らかになっている世代，性別と同様である。「開拓者」は，東（2001）によって示されたオタクの世代としては何世代になるだろうか。ここでは，1980年前後生まれを，1975年から1985年生まれとしておく。すると，本調査を行った2009年には，24歳から34歳である。つまり，開拓的聖地巡礼者はオタク第3世代が中心であると言えるだろう。東（2001）が消費，コミュニケーション行動の特徴を見いだした側面を持つ可能性が高い。

　居住地は甲信越地方が2，関東地方が6，東海地方が1，近畿地方が2，中国地方が1であり，関東地方が多いものの，広く分布した。

　職業は会社員が7，公務員が1，鉄道関係が1，ソフトウェアエンジニアが1，学生が1，不明が1であった。自由記述で回答を得たため，分類のレベルが異なっているが，学生および不明の回答がそれぞれ1である他は，職業を持っている。つまり，自活しながら聖地巡礼行為を行っている人が中心であることがわかる。

（2）情報交換の仕方

　舞台を探す際に，特定の相手から情報を受け取ったり，渡したりするかどう

第 **8** 章 舞台を「発見」する開拓者

表 8 - 1 舞台についての情報の受け渡し相手の人数

ID	もらう相手	渡す相手	合計
1	3	0	3
2	2	1	3
3	1	1	2
4	2	0	2
5	0	0	0
6	0	0	0
7	0	0	0
8	0	3	3
9	3	1	4
10	3	0	3
11	0	0	0
12	0	0	0
合計	14	6	20

出所：筆者作成。

かについて。特定の相手から情報を受け取るという回答は 6 であり，特定の相手に情報を渡すという回答は 4 であった。

　さらに，受け取る相手，渡す相手について，3 名まで回答してもらった結果を表 8 - 1 に示した。

　特定の誰かに情報を渡している人が少ない。渡している場合であっても，1人という回答が多い。限られた人に渡す傾向があるようだ。また，受け取るのも渡すのも 0 という回答が 5 ある。

　つまり，特定の相手との相互作用を行っている人もいるが，どちらかというと特定の相手に情報を渡すというより，広くホームページやブログで公開することを重視している。個人で聖地を発見し，その情報を広く発信する傾向が見てとれる。

（3）舞台探訪のきっかけ

　舞台探訪のきっかけについて尋ねた結果を見てみよう。回答は自由記述であったため，きっかけとなった作品や，きっかけとなったエピソードなどが混

129

在した回答が得られた。それを筆者が分類し、「きっかけとなったコンテンツ」と「きっかけとなったメディア」に整理した。

きっかけとして挙げられたコンテンツ作品は、次のとおりである。『万能文化猫娘』『お嬢様特急』『センチメンタルグラフティ』『おジャ魔女どれみ』『高機動幻想ガンパレード・マーチ』『Campus ～桜の舞う中で～』『おねがい☆ティーチャー』『おねがい☆ツインズ』『D.C.Ⅱ ～ダ・カーポⅡ～』『Kanon』『CLANNAD』『Fate/stay night』『涼宮ハルヒの憂鬱』『咲－Saki－』『AIR』が挙げられた。

きっかけとなったメディアは、小説、ゲーム、アニメ、インターネット（ブログ・ホームページ・動画投稿サイト）、友人との会話であった。

これらのタイトルのなかには、美少女ゲームや美少女ゲームを原作としたアニメが数多く見られる。美少女ゲームとはパソコンゲームであり、別名を「エロゲー」と言う。1982年に発売された『ナイトライフ』が日本で初めて発売された美少女ゲームであると言われている。ゲームを進めていくと、セクシャルなイラストが見られるのが特徴だ（パソコン美少女ゲーム研究会編 2000；キルタイムコミュニケーション 2000；キルタイムコミュニケーション 2001；キルタイムコミュニケーション 2002）。

美少女ゲームに該当するのは、『Campus ～桜の舞う中で～』『D.C.Ⅱ ～ダ・カーポⅡ～』『Kanon』『CLANNAD』『Fate/stay night』『AIR』である。これらの美少女ゲームについては、東浩紀が『動物化するポストモダン』のなかで、データベース消費や動物化を指摘する際に参照したコンテンツだ。聖地を探し出す開拓者のなかには、一定数そうしたコンテンツを愛好する人がいることがわかった。そのため、開拓者の行動を分析することで、動物化というコミュニケーション的特徴を持っている可能性が高いオタクについて、作品レベルだけではない考察ができよう。

（4）舞台探訪を開始した時期

次に、舞台探訪を開始した時期について尋ねた結果を見てみよう。それぞれ回答数は、1995年が1，1999年が1，2000年が1，2001年が1，2003年が1，2004年が1，2005年が1，2006年が4，2008年が1であった。

最も早いもので1995年であり、全体的には2000年以降が多い。2000年代で広

く分布しているが，2006年を回答した開拓者が4人いる。開始時期の最も早い開拓者が1995年であるということは，**第5章**で確認したアニメ聖地巡礼の誕生時期（1990年前半）より数年遅いが，いずれにせよ1990年代に始まった行動であることを支持する。そして，2000年以降に回答数が多いことから，誕生時期は1990年代であるが，この行動が広く伝播していったのは2000年代である可能性が指摘できる。情報通信機器が発展，普及した結果，こうした趣味を持っている者同士がお互いを認識できるようになり，また，こうした趣味があることを知り，新たに始める者が増加したと考えられる。

　また，2006年は『涼宮ハルヒの憂鬱』が放映された年である。『涼宮ハルヒの憂鬱』は，京都アニメーションによる制作であり，大ヒットしたアニメである。京都アニメーションは，前述の美少女ゲーム『AIR』『Kanon』『CLANNAD』のアニメ化を担当した制作会社である。『涼宮ハルヒの憂鬱』の後には『らき☆すた』，そして『けいおん！』を制作している。こうしたことからも，美少女ゲームはアニメ聖地巡礼と密接にかかわっている。

（5）開拓者の情報源と交通手段

　舞台探訪の際の情報源を尋ねた結果を示す。Google の各種サービス（検索，画像検索，航空写真，マップ，ストリートビュー，航空写真，Google Earth），Yahoo! の各種サービス（地図，航空写真）が挙げられた。その他の地図サイトとして，「ウォッちず」や「Mapion」が利用され，路線情報としては「駅探」が用いられている。その他，mixi のコンテンツ作品ごとのコミュニティや舞台探訪者のコミュニティ，ブログやホームページ，Wiki などの開拓者が運営するサイト，それらをまとめたサイト，電子掲示板である2ちゃんねる（現，5ちゃんねる），2ちゃんねるまとめサイト，ニュースサイト，YouTube やニコニコ動画などの動画共有サイトが挙げられた。

　作中で登場した地名・駅名・店名・寺社仏閣名，作品の作者のプロフィール・作者の過去作品からの傾向，などから舞台を探す。また，鉄道に詳しい開拓者は，鉄道車両の形式や色から路線を割り出し，駅や踏切の特徴から地域を限定していく。ある程度地域が限定されると，実際に行ってみて自分の足で探すのだという。

活用している情報源については，聖地巡礼者全体と重なる部分も多いが，ストリートビューや航空写真などを場所の特定のために用いていることが特徴的だ。さらに，ネット上の情報だけでは場所が特定できない場合が多く，自分の足で探すほうが効率がよいとする回答も見られた。

舞台探訪中に利用する交通機関について尋ねた結果を示す。鉄道やバスなどの公共交通機関，自家用車やレンタカーや友人の車への同乗などの自動車，自動二輪，徒歩，自転車が挙げられた。自転車のなかには，折り畳み自転車も含まれる。該当地域まで自動車で運搬し，周辺を探索するために折り畳み自転車を使うという。舞台はさまざまな場所にあり，公共交通機関や自動車では不便な場合もある。自動二輪や自転車，徒歩などの，小回りのきく交通手段が好まれるようである。

つまり，情報源と交通手段の回答からは，開拓者は情報通信技術の活用が盛んであるが，情報空間上の情報をただ組み合わせ，編集して提示しているのではなく，現実空間の情報を直接得て，情報空間上の情報に意味づけをしていることが明らかになった。

（6）舞台探訪中のよかったこと

舞台探訪をして，楽しいと思ったこと，嬉しいと思ったことを尋ねた結果は，大きく分けて以下の7種類に分類できた。

1点目は「舞台の発見」である。予想をつけた場所に出向いて発見できたとき，一番乗りで発見できたとき，という回答などがあった。2点目は「アニメ等の背景と実際の風景の一致が見られ，その写真が撮影できたとき」，である。なかには，すでにネット上で実際の風景写真を確認した後で現地に行っても感動を覚えるという回答もあった。3点目は「アニメの世界を追体験すること」である。登場人物が歩いた道を歩くこと，作中の人物の息遣いが感じられる舞台を訪れたとき，という回答が得られた。この追体験については，同じ趣味を持つ同好の士と共になされることもある。4点目は「見つけた舞台の情報を発信し，他者に作用すること」である。自分が発見・発信した情報によってそれを見た人が旅行するとき，自分のサイトを印刷してそれを頼りに巡礼している人を見たとき，などの回答が得られた。5点目は「交流」である。この交

流にはネット上での交流も現実空間上での交流も含む。また，ファン同士の交流，地域の住民との交流も含んでいる。6点目は「趣味の拡張」である。舞台探訪や聖地巡礼をすることによって，風景や建築物の写真撮影が趣味になったという回答があった。7点目は「旅行によって得られる楽しさ」である。ご当地の美味しいものが食べられること，桜や紅葉などの自然を見たとき，旅行気分が味わえる，などの回答が得られた。

（7）舞台探訪中の悪かったこと

　舞台探訪をして，悲しいと思ったこと，つらいと思ったこと，残念に思ったことは何かを尋ねた結果を示す。大きく分けて以下の8種類に分類できた。

　1点目は「舞台がうまく見つからないこと」である。丹念に下調べをしたにもかかわらず目的の場所が見つからなかったとき，などの回答が得られた。2点目は「舞台の撮影に支障をきたしたこと」である。カメラの性能や天候，時間や，イベントなどの人出によって，思ったように写真が撮影できなかったとき，という回答が得られた。3点目は「移動に関すること」である。天候やダイヤ改正などによって，列車や航空機の時間変更や欠航が生じ，予定どおりに行程が進まない場合を挙げた回答である。4点目は建築物や場所などの「訪問先の変化」である。取り壊しや改築によって，建物がなくなったり変化したりすることが残念，落書きがしてあって残念，などの回答が見られた。5点目は「情報空間上でのコミュニケーショントラブル」である。誹謗中傷のコメントを書かれ，そのため舞台の情報をウェブ上から削除したこと，などの回答が見られた。6点目は「現実空間のコミュニケーショントラブル」である。絡まれた，写真撮影の許可やブログでの公開の許可が得られなかった，孤独でつらかった，という回答が得られた。7点目は「他のファンの行動」である。ネット上にアップされている写真のなかに無許可の撮影および公開であると思われるものがある，聖地に長時間たむろするなどマナーが悪いファンがいる，コスプレをしているファンは地域に迷惑をかけている，といった回答が見られた。8点目は「好奇の目にさらされること」である。オタクへの偏見を助長するような報道や言い回しがあると不快に感じるという旨の回答が得られた。

3　開拓的聖地巡礼者のコミュニケーション

（1）「動物化」的特徴

　先行研究では，オタクの他者とのコミュニケーションは，自分の興味に関する情報の交換が主であり，いつでも離脱可能，そして，欲求 – 充足の回路が閉じていることが指摘された。また，インターネットはデータベースを用意し，効率よく欲求の充足を得ることを助けていること，同じ趣味を持つもの同士では島宇宙的なコミュニティはつくるものの，興味関心を異にする者とはコミュニケーションをしないことなどが指摘されていた。本書の調査結果においても，こうした特徴について確認することができた。

　アニメ聖地巡礼は聖地巡礼に関するデータベースから情報を得て，アニメの背景を巡る行為であり，当初は，その土地の文化や歴史に触れることや他者との交流は志向していないと考えられる。むしろそういったことには期待をしておらず，個人に閉じた旅行行動の側面を持っていると言えるだろう。そして，そのデータベースをつくりだす開拓者には，美少女ゲームをきっかけにしている人が確認でき，「キャラ萌え」（東 2001）の消費者であることがわかる。さらに，特定の個人と情報交換するというより，情報空間上に情報をアップロードすることに注力しているような傾向がある。また，よかった点として「アニメの世界を追体験すること」が挙げられており，虚構重視の態度がうかがえる。悪かった点でも，「舞台がうまく見つからないこと」「舞台の撮影に支障をきたしたこと」「移動に関すること」「訪問先の変化」など，自分の欲求が効率よく充足されないことに対するマイナスの評価が見てとれる。

　よかった点のなかには，「見つけた舞台の情報を発信し，他者に作用すること」が見られ，一見回路が開かれているようにも思える。しかし，これは同好の士のなかでの作用であり，島宇宙的なコミュニティから出ていないということでは変わりがない。そして，悪かった点にある「他のファンの行動」「好奇の目にさらされること」からは，島宇宙的なコミュニティの様相を垣間見ることができる。自分の価値観を優先し，それにそぐわない者に対する排他的な視線を持っているということである。オタク的感性を正確に理解しない報道や言

い回しに対する敵意はもちろん，同じ作品のファンであっても，即座に同好の士と認識するのではなく，むしろさらに小さな差異を見つけだし，攻撃する様子が見られた。これはまさに，大澤真幸が『不可能性の時代』で指摘していた「趣味についてのわずかな相違でも，その仲間が〈他者〉であったことを露呈させるものであり，自分に対する侵襲として——自分が大切にしていたことへの攻撃として——感じられることにもなる」（大澤 2008：194）ということを裏づける事実であると言えよう。

（2）動物化の乗り越え

　一方で，上のような側面はあるにせよ，現実空間とのかかわりを持たざるを得ない舞台探訪や聖地巡礼では，認識の変化や，他者との軋轢や交流，協働の機会も創出されていることがわかった。舞台を探す際には，自動二輪や自転車，徒歩などで，地域を巡っている。そのため，「趣味の拡張」や「旅行によって得られる楽しさ」で表現されているように，アニメの背景となった場所を撮影する，という当初の目的を効率よく果たすだけではなく，他の趣味に興味を広げたり，通常の旅行と同様に自然や地域特有の食べ物を楽しんだり，という側面を見せている。そして，情報空間，現実空間の双方でコミュニケーションのトラブルに見舞われており，回路を閉じた状態では欲求の充足が得られない事態となっている。

　また，地域に配慮する旨の情報を流すことで，同好の士に注意を呼びかけている。これは，同好の士のなかでの作用であると言えるが，上で指摘した他者への作用とは異なる側面を見いだせる。この行動は，一見すると，「同好の士（アニメファン）」と「それ以外」という形で差異を強調する行動のように見える。その行動の背後には次のようなメンタリティを推測することができる。アニメ聖地巡礼を行っている場合に，地域住民から不審な目で見られることが起こった場合，そうした行為を禁止される可能性が出てくる。そうすると，アニメファンは，自分たちの趣味に関する行動を守るために，島宇宙内の守るべきルールを策定し，同好の士に対して注意を呼びかけ，アニメへの関心を共有しない者からの攻撃を避けようとする意思を持つだろう。こうしたメンタリティが背後にある行動のように見える。そうだとすると，これも他者忌避の態度で

あり，島宇宙から脱却できているとは言い難い。

　たしかに，そういった側面も見られるのだが，[1]この島宇宙内の守るべきルールを策定することは，地域住民との交流を避けるために働いているわけではない。「開拓者」であり，盛んに聖地巡礼ガイドブックを制作しているI氏によると，こうした同好の士に対する注意を行うのには，主に2つの理由があると言う。1つは，作品のためである。自分が好きな作品について，悪い評価がなされることを避けたいというのである。そして，もう1つは，地域のためである。そこに住む人々に迷惑がかかってはいけないというのだ。I氏は熱心なアニメファンであり，アニメ関連のグッズやイベント等によく通い，アニメファンの消費スタイルや動向について詳細に知っていた。人気アニメの舞台を自分が発見した際に，自分が情報を発信することによって，熱心なアニメファンが当該地域に多数押し寄せることは自然に予想がついたそうだ。また，アニメファンのそうした行動は，その文化になじみがない人々にとって奇異に映るであろうことも，I氏は理解していた。加えて，自分がこの舞台に関する情報を発信しなかったとしても，遅かれ早かれ他のファンが見つけだすであろうことも予期していた。このように考え，注意書きを含めた詳細な聖地巡礼ガイドブックを制作してコミックマーケットで頒布し，インターネット上でも情報を発信したというのだ。

　つまり，その舞台の情報がネット上に広がり，多くのファンが無秩序に聖地巡礼を行った場合，地域側に迷惑がかかり，そのことがニュースになれば，自分の愛する作品の印象が悪くなる。それを避けるために，自らがそういった注意書きを含めた情報を盛んに発信することを選択したというのだ。

　I氏は，郷土資料館に足を運び，地域住民にも丁寧なインタビューを実施して，その成果をガイドブックに掲載している。これは，ただ島宇宙内の価値観を守ったり，その価値観を秘匿したりするためのルール策定とは異なっていると言えるだろう。たしかに，「アニメファン」と「それ以外」の差異に対する意識は強く見てとれるが，決して両者の交流を絶とうとする態度や，わかり合うことをあきらめる態度ではない。聖地巡礼という行動において，交流は不可

1）　開拓者によって，この態度は異なるため，一概には言えない。

避であると考え，その交流がよいものになるようルールを策定している。つまり，アニメファンに向けられる外からの視線についても詳細に理解し，それにともなって自分たちの行動を変えていこうとする態度であると言える。

これがI氏に限ったことではないことは，「開拓者」の質問紙調査結果を見てもわかる。ファン同士の交流のみならず，地域の住民との交流についてもよい評価をしていることが確認できている。さらには，聖地巡礼をきっかけとして，当該地域に継続的にかかわり，まちおこしに発展している事例も見られる。ここまで来ると「動物化」だけでは説明がつかない事態になっていると言えよう。

（3）開拓者の両義性

つまり，アニメ聖地巡礼は，先行研究が指摘する消費行動の特徴を持ちつつも，実際の地域に深く分け入るような行為を要請するため，「開拓者」にとって他者とのコミュニケーションの機会となっている。情報空間上に発信するコンテンツをつくるためには，実際の地域でコンテンツ源を得る必要があるため，現実空間上でコミュニケーションが必要になる。また，調査紙の結果を見ると，情報空間上においても，巡礼に関する情報交換以外のコミュニケーションが要請されている。そうした機会が多くあることで，他者の他者性を認識し，それを克服する形で行動することにつながっており，欲求 - 充足の回路が開かれている場面を見いだすことができた。地域に深く入り込む観光のスタイルが，交流の回路を用意したと言えるだろう。

ただし，本章で確認できたのは「開拓者」の一部についてのみであるため，実際にアニメ聖地を巡礼している巡礼者の全体像を把握することができない。

第 9 章　聖地巡礼者の全体像

アニメ聖地 4 か所での質問紙調査

1　聖地巡礼者像をとらえる

　第 8 章では，開拓的アニメ聖地巡礼者について分析を行った。本章では，アニメ聖地 4 か所で同時に質問紙調査を行った結果を提示し，アニメ聖地巡礼者の全体的な動向をとらえ，より詳細に旅行コミュニケーションについての調査を実施する地域を選定したい。

　巡礼が盛んに行われており，なおかつ地域住民とのコミュニケーションが確認された 4 つの地域において，巡礼者に対して質問紙調査を行った。4 つの地域とは，『おねがい☆ティーチャー』および『おねがい☆ツインズ』の聖地である長野県大町市木崎湖周辺，『朝霧の巫女』の聖地である広島県三次市三次町，『らき☆すた』の聖地である埼玉県北葛飾郡鷲宮町，『けいおん！』の聖地である滋賀県犬上郡豊郷町である。この 4 地域を選択した理由は，これらの地域ではアニメ聖地巡礼が起こり，それがもととなって地域の人々との交流が生まれていることが実際に確認できた事例であることだ。アニメ聖地巡礼者の行動的特徴を明らかにするために行った実地調査の際，聖地巡礼者と地域住民が共同で何らかのグッズを開発，販売したり，イベントを企画，実施したりしていることが確認できた地域である。

　新聞・雑誌記事検索の結果，アニメ『true tears』の富山県城端地区についても同様に旅行者の行動から地域振興につながったとする記述があったが，今回は調査地域に含めない。『true tears』は，富山県城端地域にある映像制作会社 P.A.WORKS によって制作されたアニメである。つまり，制作会社が舞台地にあるのだ。また，2008 年 3 月 17 日付で，南砺市の企画情報課を情報発信元として，市のホームページにも掲載されている。[1] そのため，コンテンツを発信する

主体や地域側がすでにタイアップしていることが確認でき，2009年8月時点では，すでに本書の問題を議論する最適な状況とは言えないため，分析には含めていない。[2]

2 アニメ聖地4か所における質問紙調査

（1）質問紙調査の手続き

巡礼者の性別，年齢，居住地域，情報源を明らかにするために，4か所の聖地で質問紙調査を行った。その4か所とは，長野県大町市(以下，大町と表記)，広島県三次市（以下，三次と表記），埼玉県北葛飾郡鷲宮町（以下，鷲宮と表記），滋賀県犬上郡豊郷町（以下，豊郷と表記）である。大町は『おねがい☆ティーチャー』『おねがい☆ツインズ』，三次は『朝霧の巫女』，鷲宮は『らき☆すた』，豊郷は『けいおん！』および『けいおん!!』の舞台となった。

大町では，巡礼者がよく宿泊する宿である「アルペンハイム山正旅館」にて2009年8月5日〜10月31日まで質問紙調査を実施した。三次では，巡礼者がよく立ち寄る「カフェ 卑弥呼蔵」および「広島県立歴史民俗資料館」にて2009年8月5日〜8月30日まで，鷲宮では，巡礼者がよく立ち寄り，かつ，その建物そのものが聖地でもある「大酉茶屋わしのみや」にて2009年8月5日〜8月30日まで実施した。豊郷では，聖地である「豊郷小学校旧校舎群」にて2009年8月11日〜9月27日まで，質問紙調査を行った。

（2）収集データの概要

質問紙によって得られたデータは，大町で216，三次で106，鷲宮で573，豊郷で392であり，合計1,287のデータが回収できた。このなかで，当該地域がアニメ作品の舞台であることを知っているかという質問に対して，知っていると

1）「城端，アニメの聖地へ！｜お知らせ｜南砺市」（http://www.city.nanto.toyama.jp/webapps/www/info/detail.jsp?id=4354【2011年11月25日ダウンロード】）。

2）本書では，アニメ聖地巡礼が自然発生的に起こり，それによって地域振興が起こった事例にしぼって分析を進める。ただ，それは，除外した事例において，本書で明らかになった特徴がないことを意味するわけではない。

回答した者を「巡礼者」としたところ，大町では192（88.9％），三次では46（43.4％），鷲宮では499（87.1％），豊郷では355（90.6％）が該当した。これらを合計した1,092（84.8％）のデータを巡礼者の回答として分析を行っていく。三次の割合が他と比べて低い値を示しているのは，広島県立歴史民俗資料館は公的な施設であり，巡礼者以外も数多く訪れていたためである。

3　アニメ聖地巡礼者の基本情報

　「性別」「年齢」「居住地」「情報源」について，それぞれの地域ごとに回答数を整理した（表9-1～表9-4）。回答数の後の（　）内は割合である。ただし，「情報源」については複数回答を許しているので，割合はデータ数の合計を分母として計算した。

（1）性　別
　表9-1の「性別」の合計を見ると，男性が90.9％を占めていることがわかる。地域別に見ても，三次以外は9割近くを男性が占めている。三次についても，他に比べると少ないが男性が8割を超えている。これによって，新聞・雑誌記事分析によって示されていた男性中心の行動であることが傍証された。

（2）年　齢
　表9-2の「年齢」を見ると，地域によって割合の値は異なっているが，4地域とも「20歳代」が最も多い割合を占めている。また，「10歳代」から「30歳代」までの割合を合計すると，大町で84.2％，三次で93.5％，鷲宮で88.7％，豊郷で92.1％，全体で89.3％を占め，9割近くなる。
　性別の傾向とあわせると，聖地巡礼を行う巡礼者は10代から30代までの男性が中心であると言えよう。開拓者の年齢帯は20代から40代であったことを考えると，年齢帯が下がっているようにも見える。
　そこで，「年齢」の「10代」について地域別に見てみたい（表9-2）。すると，大町では9.9％，三次では8.7％，鷲宮では21.0％，豊郷では14.4％であり，鷲宮と豊郷では，大町と三次に比べて10代の割合が多いことがわかる。これは，

第9章 聖地巡礼者の全体像

表9-1 アニメ聖地巡礼者の「性別」

	大 町	三 次	鷲 宮	豊 郷	合 計
男 性	182 (95.3%)	36 (78.3%)	447 (89.6%)	327 (92.1%)	992 (90.9%)
女 性	6 (3.1%)	10 (21.7%)	45 (9.0%)	11 (3.1%)	72 (6.6%)
不 明	3 (1.6%)	0 (0.0%)	7 (1.4%)	17 (4.8%)	27 (2.5%)
合 計	191 (100.0%)	46 (100.0%)	499 (100.0%)	355 (100.0%)	1,091 (100.0%)

出所：筆者作成。

表9-2 アニメ聖地巡礼者の「年齢」

	大 町	三 次	鷲 宮	豊 郷	合 計
10歳代	19 (9.9%)	4 (8.7%)	105 (21.0%)	51 (14.4%)	179 (16.4%)
20歳代	74 (38.7%)	28 (60.9%)	224 (44.9%)	191 (53.8%)	517 (47.4%)
30歳代	68 (35.6%)	11 (23.9%)	114 (22.8%)	85 (23.9%)	278 (25.5%)
40歳代	12 (6.3%)	1 (2.2%)	38 (7.6%)	18 (5.1%)	69 (6.3%)
50歳代	0 (0.0%)	2 (4.3%)	8 (1.6%)	4 (1.1%)	14 (1.3%)
60歳以上	0 (0.0%)	0 (0.0%)	0 (0.0%)	0 (0.0%)	0 (0.0%)
不 明	18 (9.4%)	0 (0.0%)	10 (2.0%)	6 (1.7%)	34 (3.1%)
合 計	191 (100.0%)	46 (100.0%)	499 (100.0%)	355 (100.0%)	1,091 (100.0%)

出所：筆者作成。

作品の放映年が関係していると思われる。ここまで，開拓者の年齢データの分析から，アニメ聖地巡礼者はオタク第3世代（24～34歳）が中心であるとしてきたが，鷲宮と豊郷では，10代も一定数いることが明らかになった。

『動物化するポストモダン』（東 2001）では，第3世代までしか定義されていないが，ここで，さらに世代分類を行っておきたい。情報通信技術の活用のあり方についての研究成果である『ネオ・デジタルネイティブの誕生』（橋元ほか 2010）という書籍によると，76世代（1976～1985年生まれ）と86世代（1986～1995年生まれ）そして，96世代（1996年以降生まれ）では情報行動が異なっている。76世代と86世代では，「ネットリテラシーの違い，テレビやPC，ケータイに対する意識などにおいて，さまざまな相違」が見られる（橋元ほか 2010）。大まかには，76世代はパソコンをコミュニケーションツールとして用いているのだが，86世代はパソコンよりもケータイをコミュニケーションのツールとして用

いている。76世代はオタク第3世代とほぼ重なっており，86世代については，2009年時点では14歳から23歳ごろであり，巡礼者のなかにもかなりの割合が含まれていると考えられる。本書では，この情報行動の相違を加味し，86世代（1986〜1995年生まれ）をオタク第4世代としておく。

（3）居住地

表9-3の「居住地」を見ると，聖地の場所によって，様相が異なることがわかる。

三次では広島県が60.9％，鷲宮では埼玉県が20.0％と，割合は大きく異なるが，いずれも聖地が立地する県からの来訪割合が最も高い。

ただし，鷲宮の場合は県内だけでなく，近隣都県からの来訪割合が高くなっており，関東地方で合計すると56.6％を占める。一方で，大町，豊郷は必ずしも距離的に近い所からの来訪が多いわけではない。大町においては，長野県からの来訪者が0.0％である。これは，大町では宿泊施設で調査を実施したためであろう。大町では，東京都からの来訪が20.9％と最も高い割合を示し，関東地方を合計すると58.6％となる。次に多い地方は近畿地方であり，14.7％を占める。豊郷では，愛知県の割合が最も高く11.8％を占めている。次に，東京都（10.4％），滋賀県（10.1％）が続く。地方別に見ると，近畿地方が最も多く32.6％を占め，次に関東地方の29.6％，そして愛知県を含む東海地方の18.8％が続く。

また，居住地域の散らばり具合も聖地によって異なる。大町，鷲宮，豊郷に関しては，人数の多少はあるものの，全国各地からの来訪者が見られ，海外からの来訪者も見られるが，三次に関しては，まったく来訪者のない都道府県が35ある。海外からの来訪者も見られない。三次がこの傾向を示しているのは，回収データ数が少ないことも要因の1つであろう。

これらの結果から，来訪者の居住地に関しては，聖地のある場所によってさまざまな割合を示すことがわかった。必ずしも距離的に近いところからの来訪のみが多いわけではないことも明らかになった。この点については，交通手段や宿泊施設の有無，それぞれの聖地の情報が巡礼者にどのように把握されているのかなどの他の要因を含めた検討や，さらなる縦断調査による経年変化の検

第 9 章　聖地巡礼者の全体像

表 9 - 3　アニメ聖地巡礼者の「居住地」

	大　町	三　次	鷲　宮	豊　郷	合　計
北海道	1　(0.5%)	0　(0.0%)	9　(1.8%)	6　(1.7%)	16　(1.5%)
青森県	0　(0.0%)	0　(0.0%)	2　(0.4%)	2　(0.6%)	4　(0.4%)
岩手県	0　(0.0%)	0　(0.0%)	2　(0.4%)	0　(0.0%)	2　(0.2%)
宮城県	1　(0.5%)	0　(0.0%)	4　(0.8%)	1　(0.3%)	6　(0.5%)
秋田県	0　(0.0%)	0　(0.0%)	2　(0.4%)	2　(0.6%)	4　(0.4%)
山形県	1　(0.5%)	0　(0.0%)	2　(0.4%)	0　(0.0%)	3　(0.3%)
福島県	4　(2.1%)	0　(0.0%)	12　(2.4%)	1　(0.3%)	17　(1.6%)
富山県	1　(0.5%)	0　(0.0%)	5　(1.0%)	2　(0.6%)	8　(0.7%)
石川県	1　(0.5%)	0　(0.0%)	0　(0.0%)	2　(0.6%)	3　(0.3%)
福井県	1　(0.5%)	0　(0.0%)	0　(0.0%)	2　(0.6%)	3　(0.3%)
新潟県	2　(1.0%)	0　(0.0%)	5　(1.0%)	0　(0.0%)	7　(0.6%)
山梨県	0　(0.0%)	0　(0.0%)	3　(0.6%)	3　(0.8%)	6　(0.5%)
長野県	0　(0.0%)	0　(0.0%)	8　(1.6%)	2　(0.6%)	10　(0.9%)
茨城県	1　(0.5%)	0　(0.0%)	10　(2.0%)	1　(0.3%)	12　(1.1%)
栃木県	1　(0.5%)	0　(0.0%)	28　(5.6%)	1　(0.3%)	30　(2.7%)
群馬県	5　(2.6%)	0　(0.0%)	15　(3.0%)	0　(0.0%)	20　(1.8%)
埼玉県	21　(11.0%)	2　(4.3%)	100　(20.0%)	16　(4.5%)	139　(12.7%)
千葉県	16　(8.4%)	0　(0.0%)	33　(6.6%)	17　(4.8%)	66　(6.0%)
東京都	40　(20.9%)	2　(4.3%)	72　(14.4%)	37　(10.4%)	151　(13.8%)
神奈川県	28　(14.7%)	1　(2.2%)	25　(5.0%)	33　(9.3%)	87　(8.0%)
岐阜県	2　(1.0%)	1　(2.2%)	5　(1.0%)	6　(1.7%)	14　(1.3%)
静岡県	4　(2.1%)	0　(0.0%)	14　(2.8%)	4　(1.1%)	22　(2.0%)
愛知県	16　(8.4%)	2　(4.3%)	39　(7.8%)	42　(11.8%)	99　(9.1%)
三重県	2　(1.0%)	1　(2.2%)	3　(0.6%)	15　(4.2%)	21　(1.9%)
滋賀県	7　(3.7%)	0　(0.0%)	3　(0.6%)	36　(10.1%)	46　(4.2%)
京都府	2　(1.0%)	1　(2.2%)	12　(2.4%)	20　(5.6%)	35　(4.2%)
大阪府	15　(7.9%)	0　(0.0%)	16　(3.2%)	32　(9.0%)	63　(5.8%)
兵庫県	3　(1.6%)	1　(2.2%)	7　(1.4%)	21　(5.9%)	32　(2.9%)
奈良県	1　(0.5%)	0　(0.0%)	1　(0.2%)	6　(1.7%)	8　(0.7%)
和歌山県	0　(0.0%)	0　(0.0%)	0　(0.0%)	1　(0.3%)	1　(0.1%)
鳥取県	0　(0.0%)	0　(0.0%)	1　(0.2%)	2　(0.6%)	3　(0.3%)
島根県	0　(0.0%)	0　(0.0%)	1　(0.2%)	1　(0.3%)	2　(0.2%)
岡山県	1　(0.5%)	4　(8.7%)	10　(2.0%)	4　(1.1%)	19　(1.7%)
広島県	3　(1.6%)	28　(60.9%)	7　(1.4%)	2　(0.6%)	40　(3.7%)
山口県	0　(0.0%)	1　(2.2%)	1　(0.2%)	2　(0.6%)	4　(0.4%)
徳島県	0　(0.0%)	0　(0.0%)	2　(0.4%)	0　(0.0%)	2　(0.2%)
香川県	0　(0.0%)	0　(0.0%)	3　(0.6%)	4　(1.1%)	7　(0.6%)
愛媛県	0　(0.0%)	0　(0.0%)	5　(1.0%)	1　(0.3%)	6　(0.5%)
高知県	0　(0.0%)	0　(0.0%)	0　(0.0%)	0　(0.0%)	0　(0.0%)
福岡県	1　(0.5%)	0　(0.0%)	6　(1.2%)	4　(1.1%)	11　(1.0%)
佐賀県	0　(0.0%)	0　(0.0%)	0　(0.0%)	0　(0.0%)	0　(0.0%)
長崎県	0　(0.0%)	2　(4.3%)	3　(0.6%)	2　(0.6%)	7　(0.6%)
熊本県	2　(1.0%)	0　(0.0%)	1　(0.2%)	2　(0.6%)	5　(0.5%)
大分県	0　(0.0%)	0　(0.0%)	0　(0.0%)	5　(1.4%)	5　(0.5%)
宮崎県	0　(0.0%)	0　(0.0%)	0　(0.0%)	0　(0.0%)	0　(0.0%)
鹿児島県	1　(0.5%)	0　(0.0%)	0　(0.0%)	0　(0.0%)	1　(0.1%)
沖縄県	0　(0.0%)	0　(0.0%)	0　(0.0%)	0　(0.0%)	0　(0.0%)
海　外	2　(1.0%)	0　(0.0%)	5　(1.0%)	1　(0.3%)	8　(0.7%)
不　明	5　(2.6%)	0　(0.0%)	17　(3.4%)	14　(3.9%)	36　(3.3%)
合　計	191　(100.0%)	46　(100.0%)	499　(100.0%)	355　(100.0%)	1,091　(100.0%)

出所：筆者作成。

表 9-4　アニメ聖地巡礼者の「情報源」

	大　町	三　次	鷲　宮	豊　郷	合　計
人づてに聞いて	75 (39.3%)	7 (15.2%)	130 (26.1%)	77 (21.7%)	289 (24.3%)
テレビのニュース	2 (1.0%)	3 (6.5%)	31 (6.2%)	69 (19.4%)	105 (8.8%)
書籍・雑誌	5 (2.6%)	8 (17.4%)	57 (11.4%)	4 (1.1%)	74 (6.2%)
インターネット	72 (37.7%)	15 (32.6%)	228 (45.7%)	189 (53.2%)	504 (42.4%)
新聞記事	—	—	13 (2.6%)	19 (5.4%)	32 (2.7%)
いつも通っている	—	—	57 (11.4%)	—	57 (4.8%)
現地で見て初めて	—	—	—	2 (0.6%)	2 (0.2%)
その他	40 (20.9%)	11 (23.9%)	16 (3.2%)	18 (5.1%)	85 (7.1%)
不　明	1 (0.5%)	4 (8.7%)	35 (7.0%)	1 (0.3%)	41 (3.4%)
合　計	195	48	567	379	1,189

出所：筆者作成。

討が必要となるが，現時点でも，新聞・雑誌記事分析で見られた「遠方からの来訪」については確認できたと言えよう。

（4）情報源

　表 9-4 の「情報源」を見ると，大町では，人づてが39.3％，インターネットが37.7％であり，三次では，インターネットが32.6％，その他が23.9％である。その他には，「地元なので昔から知っていた」というものが多かった。

　鷲宮では，インターネットが45.7％，人づてが26.1％であった。豊郷では，インターネットが53.2％であり，人づてが21.7％であった。合計値では，インターネットが42.4％と最も多く，次に人づてが24.3％で続いている。

　情報源についても，地域によって程度の差があるが，どの地域でもインターネットが多くの割合を占めていることがわかる。特に4地域のなかで，鷲宮と豊郷はインターネットの占める割合が大きい。また，人づてもインターネットに次いで多い。特に大町では，人づての割合が多くなっている。以前に宿を訪れた巡礼者が，友人や大学のサークル仲間などをともなって再度来訪しているケースが多く見られたためだ。

　情報源に関する調査で気をつけなければならないのは，忘却や曖昧な記憶の

問題だ。今回の調査でも，質問紙の回答のなかに「アニメで知った」というものや「忘れた」というものが散見された。作品によっては，「アニメで知った」ということがあり得ないものもある。それというのも，アニメのなかには現実の地名が出てこないものも多いからだ。アニメだけを視聴して，場所がわかり得ない作品でもこのような回答が見られた。また，初めて当該地域のことを知った情報源について，すでにそのときからかなりの時間が経過している場合，何がきっかけであったか忘れてしまった場合や，質問紙に回答するために無理に想起し，事実とは違った記憶をつくりだしてしまう場合も考えられる。

4　質問紙調査データからわかること

本章では，実際に地域を訪れている巡礼者の特徴を明らかにした。

まず，巡礼者は男性が多く，10代から30代が中心であった。開拓者の年齢層とほぼ重なるが，豊郷や鷲宮では10代も多く，この世代は情報行動が異なっているという先行研究の結果があるので，新たにオタク第4世代を設定した。居住地に関しては，聖地の場所や条件などによって異なるが，遠方からの来訪は実際にあることが確認できた。情報源に関しては，インターネットの割合が他の情報源と比べて高くなっていることがわかった。特に，鷲宮および豊郷については，情報源のなかの「インターネット」の占める割合が大きい。ただし，情報源については，正確な情報源を記憶していない場合や，記憶が変容している可能性もあり得る。この場合，実際にインターネットの情報がどの程度見られているのか，どのような経路で見られているのか，といったことを実証的に明らかにするためにウェブページのアクセス解析が必要となる。

また，作品の公開年，質問紙の回収数から推測できるのは，調査時に聖地巡礼者が盛んに訪れ，当該地域において他者との交流が見られるのは『らき☆すた』聖地の鷲宮および『けいおん！』聖地の豊郷であるということだ。次章からは，『らき☆すた』と『けいおん！』の聖地に着目して，分析を進めていきたい。

第10章 『らき☆すた』と『けいおん！』

作品のコンテンツ史的位置づけ

　アニメ聖地巡礼者とかかわる他者との情報空間と現実空間双方におけるコミュニケーション様態を明らかにしていく。その際，アニメ聖地巡礼が起こり，調査時に活発なコミュニケーションが行われていると思われる2つの地域，埼玉県北葛飾郡鷲宮町（以下，鷲宮と表記）および滋賀県犬上郡豊郷町（以下，豊郷と表記）にかかわるコミュニケーションを分析する。

　本章では，実際の地域における調査結果を提示する前に，この2地域を訪れるアニメ聖地巡礼者が消費しているコンテンツの特徴について文献研究を行う。具体的には，アニメ作品『らき☆すた』および『けいおん！』について，作品の基礎的情報や特徴を整理し，次にアニメ史的な位置づけを検討する。これによって，コンテンツそのものの分析を行う。

1　『らき☆すた』と『けいおん！』の特徴

　アニメ『らき☆すた』の原作は，美水かがみの4コママンガであり，女子高校生たちのなにげない日常生活を描いた作品だ。主人公たちが何らかの目的を達成するというような明確な物語はなく，女子高校生同士の日常的な会話を主に描くアニメである。製作委員会は「らっきー☆ぱらだいす」[1]，制作は京都アニメーションが担当した。

　一方の，アニメ『けいおん！』は，桜高軽音部・TBS によって制作されたア[2]

1）「らっきー☆ぱらだいす」とは，製作委員会の名称である。具体的には，角川書店（当時），京都アニメーション，角川エンタテインメント，クロックワークスが含まれる。

2）「桜高軽音部」も，製作委員会の名称である。具体的には，ポニーキャニオン，ムービック，京都アニメーションが含まれる。

ニメである。原作は，かきふらいによる 4 コマ漫画であり，女子高校生たち
の軽音楽部での活動を描いた作品である（かきふらい 2008-2010）。こちらも，軽
音楽部での活動と説明したが，どちらかというと，メンバー同士のやりとりが
中心に描かれる。

　『らき☆すた』および『けいおん！』には共通点が多い。まず，放映年が『らき
☆すた』は 2007 年，『けいおん！』は 2009 年であり，比較的近い。そして，
両作品とも 4 コマ漫画を原作としており，女子高校生の日常を描き，ストー
リー性に乏しく，いずれも「日常系」（キネマ旬報映画総合研究所編 2011）あるい
は「空気系」（宇野 2008）と呼ばれるジャンルに該当するとされる作品だ。ア
ニメ化にあたっては両作品とも，京都アニメーションが制作を担当している。

　京都府宇治市にある京都アニメーションは，ファンの間で「京アニ」と呼ば
れ，アニメーション制作の質の高さが広く知られている（藤原 2009）。また，
京アニは，美少女ゲームを原作としたアニメを制作してきたことでも知られて
いる。「開拓者」が巡礼のきっかけとして挙げていた作品である『AIR』『Kanon』
『CLANNAD』は，いずれも京アニが制作した美少女ゲームを原作としたアニ
メである。また，同じく開拓者がきっかけとして挙げていた『涼宮ハルヒの憂
鬱』を制作したのもこの会社だ。

　『涼宮ハルヒの憂鬱』の原作は谷川流の小説で，兵庫県西宮市を主な舞台に
してアニメ化された。オープニングのアニメーションでキャラクターが踊るダ
ンスを，実際に真似，それを集団で踊るオフ会が開催されるなどし，話題と
なった（谷村 2008a，2008b）。

　さらに，『らき☆すた』や『けいおん！』では，『涼宮ハルヒの憂鬱』に比べ
て物語性が希薄であり，コミュニケーションのための「ネタ」によって構成さ
れているようなアニメになっているために，「MAD 動画」が数多くつくられ
た。つまり，『らき☆すた』『けいおん！』のファンは，アニメをネタにして，
現実空間で活動するというあり方を知っているファン層なのである。

2　アニメ史における位置づけ

　『らき☆すた』および『けいおん！』の概要と特徴を整理したところ，「空気

系」「日常系」と呼ばれるジャンルに属し，キャラクター同士のコミュニケーション自体を描くことが中心の作品であった。また，制作会社が京都アニメーションという共通点があり，聖地巡礼と密接にかかわる作品を手がけるアニメ制作会社であることがわかった。そして，ファンの作品の楽しみ方にも共通の特徴が見いだされた。ここからは，2000年代後半に放映された両作品のアニメ史における位置づけを明らかにする。

アニメ史を整理した書籍に津堅信之の『日本アニメーションの力』（津堅2004）がある。津堅によると，2000年までに3つの大きなアニメブームがあったという。この書では，アニメブームについて，「いまひとつ定義がはっきりせず，しかも，世代によって使い方が異なる」と指摘したうえで，アニメブームを「新たな様式や作風をもつ作品が現れることでアニメ界の潮流に大きな影響をもたらし，作品が量産されると同時に観客層を著しく広げることができた現象」と定義する（津堅2004）。

この定義にしたがい，第一次アニメブームを1960年代，第二次アニメブームを1970年代後半から1980年代後半，第三次アニメブームを1990年代後半から現在，と分ける（津堅2004）。以下，それぞれの時期の特徴について，代表的な作品を概観しながら整理を行ってみたい。

（1）第一次アニメブーム──1960年代

1960年代は，テレビアニメおよびアニメ映画が中心であり，子ども向けのアニメがほとんどである。

テレビアニメでは，1963年には『鉄腕アトム』『鉄人28号』『エイトマン』『狼少年ケン』，1965年には『オバケのQ太郎』『ジャングル大帝』，1966年には『おそ松くん』『魔法使いサリー』，1967年には『パーマン』『マッハGoGoGo』『リボンの騎士』『黄金バット』，1968年には『ゲゲゲの鬼太郎』『巨人の星』『サイボーグ009』『怪物くん』『妖怪人間ベム』，1969年には『ひみつのアッコちゃん』『どろろ』『タイガーマスク』『サザエさん』『ハクション大魔王』『ムーミン』『ア

3）『日本アニメーションの力』が執筆されたときの「現在」であるから，2000年代前半ごろを指していると言えよう。

タック No. 1 』などが放映された。

　映画では，1963年には『狼少年ケン』，1964年には『狼少年ケン アラビアの怪人，魔の岩の決闘』（他3つの劇場版作品）『鉄人28号』『エイトマン ロボット007，光線銃レーザー』『鉄腕アトム 宇宙の勇者』，1965年には『狼少年ケン おく病なライオン』（他1つの劇場版作品）『オバケのQ太郎』，1966年には『サイボーグ009』『ジャングル大帝』，1967年には『サイボーグ009 怪獣戦争』『魔法使いサリー』『ひょっこりひょうたん島』『黄金バット』，1968年には『ゲゲゲの鬼太郎』『太陽の王子 ホルスの大冒険』『魔法使いサリー』，1969年には『ひみつのアッコちゃん』『怪物くん』『巨人の星』（他1つの劇場版作品）が公開された。

　テレビにおいても映画においても『鉄腕アトム』をはじめとして『鉄人28号』や『ジャングル大帝』『魔法使いサリー』『ゲゲゲの鬼太郎』『巨人の星』『怪物くん』など，その時代に少年・少女時代を過ごした人間なら多くの人が知っており，その後も存在感を持ち続けた国民的アニメ作品が並ぶ。

（2）第二次アニメブーム──1970年代後半から1980年代後半

　この時期のアニメは多様なラインナップで，子ども向けのものから大人向けのものまで，アニメ観客層を広げた時期である。また，アニメに熱中するアニメファンが登場したのもこの時期だと言われている（津堅 2004）。

　1974年にテレビ放映された『宇宙戦艦ヤマト』は2000年代になってもファンがいるほど根強い人気を博しているが，テレビ放映された際には視聴率が低く，26話で半ば強引にストーリーを終わらせ，放送は打ち切りとなった。しかし，その後の再放送で人気を博し，1977年テレビ放映されたものを再編集した劇場版『宇宙戦艦ヤマト』が公開された。1978年に公開された全編オリジナル版の『さらば宇宙戦艦ヤマト 愛の戦士たち』は配収21億円（戦後第4位の成績）を記録する大ヒットとなった。

　続く1978年から1981年までテレビ放映され，1979年に劇場版が公開された『銀河鉄道999』，1979年から1980年までテレビ放映され，1981年，1982年に劇場版3作品が公開された『機動戦士ガンダム』も数多くのファンを生んだ。

　またアニメ映画作品として，1984年には『風の谷のナウシカ』が，1986年に

は『天空の城ラピュタ』が，そして，1988年には『となりのトトロ』『火垂る
の墓』が公開された。これらのスタジオジブリ作品も人気を博した。1980年に
は劇場版ドラえもんの第1作『ドラえもん のび太の恐竜』が公開された。

　さらに，OVA（オリジナルビデオアニメーション）という形態でのアニメ作品
が出現したのは1983年であった。『ダロスⅠ リメンバー・バーソロミュー』が
それだ（北野1998）。OVAはビデオデッキの普及とともにあらわれた販売形態
で，テレビでも映画でも放送，放映しないアニメをビデオ販売やレンタルのみ
で発表するものである。特定のファン層を狙った販売形態であるため，テレビ
アニメで打ち切られたアニメの続編や，テレビアニメや映画にはならない少数
のファンのための作品がOVAとして発売された。

　そして，この時期，アニメ制作を視聴者側が行うような事態も出てきた。
1987年に製作された『王立宇宙軍 オネアミスの翼』がそうだ。大阪のサーク
ルからスタートしたガイナックス（GAINAX）が制作し，口コミで評判が広が
り，最終的にはバンダイが劇場用長編を制作させた。

　1970年代後半から1980年代後半に第二次アニメブームを巻き起こしたアニメ
に『宇宙戦艦ヤマト』『機動戦士ガンダム』などがある（津堅2004：150-152）。
この時代の作品は，作品のなかでも，個人の生を意味づけ得る「大きな物語」
を描くことが多かったとされている（宇野2011）。これは東浩紀によっても指
摘された点だが，『機動戦士ガンダム』の消費者は，作中で起こった出来事や
世界観の細かな設定に興味を寄せるのである（東2001）。『機動戦士ガンダム』
は戦争の物語であり，架空の年代記が提示される。これらは，すでに現実社会
で希薄になりつつあった「大きな物語」を，〈ここではない，どこか〉として，
もう1つの現実を描いてみせていると言え，こうした作品が受容された（宇野
2011）。1970年代は，ちょうどオタクの誕生時期でもある。

（3）第三次アニメブーム——1990年代後半から2000年代前半

　スタジオジブリ制作の『もののけ姫』の大ヒットによって，海外にもアニメ
の認知度を上げた時期である（津堅2004）。加えて，第二次アニメブームの際
に起こったOVAの動きや，ファンによるアニメ制作などもこの時期にさらに
広がりを見せている。アニメ聖地巡礼のさきがけとなった『天地無用！魎皇鬼』

第 10 章　『らき☆すた』と『けいおん！』

や『究極超人あ〜る』は1990年代前半に登場している。

1995年には，『GHOST IN THE SHELL / 攻殻機動隊』と『新世紀エヴァンゲリオン』が公開，放映された。『新世紀エヴァンゲリオン』に関しては，テレビシリーズののち，劇場版がいくつかつくられ，社会現象となった。2008年にも，完全リニューアルされた新作が映画館で公開された。

さらに，2002年には，ほぼ個人で制作したアニメ『ほしのこえ』（監督：新海誠）が東京で単館上映される。『ほしのこえ』も口コミで広がり，ビデオレンタルなどでも多くのファンを獲得した。

第三次アニメブームが到来する1990年代後半の作品，『新世紀エヴァンゲリオン』では，消費形態が大きく変わった（東 2001）。これがデータベース消費である。「大きな物語」ではなく，キャラクターに萌える消費のあり方だ。

3　2000年代のアニメ作品

（1）古い想像力（1995〜2001年）と現代の想像力（2001年〜）

宇野常寛は著書『ゼロ年代の想像力』のなかで，2000年から2008年ごろまでのさまざまなコンテンツ作品を取り上げて，その特徴を述べた（宇野 2008）。宇野によると，さまざまな社会的背景から，2001年ごろを区切りに，その前後で想像力の変化が見られる。その社会的背景として挙げられるのは，「ウェブと携帯電話の浸透，小泉純一郎政権による構造改革が象徴する労働市場の流動化とメガモールが象徴する地方都市の郊外化，そしてそれらを下支えするグローバリズムの進行と今や世界の『環境』の担い手たらんとするアメリカという存在」（宇野 2008）だ。

特に，以下の事柄は2001年に生起し，その前とその後の社会を大きく変化させた。まず，2001年9月11日に起こったアメリカ同時多発テロ事件である。いわゆる「9.11」は，当事国のアメリカは当然のこととして，日本を含めた多くの国々に衝撃を与え，その後のコンテンツにも大きな影響を与えた。次に，日本国内においては，「聖域なき構造改革」をスローガンとした，小泉純一郎政権の経済政策が実施されたことが挙げられる。郵政事業の民営化に代表されるように，公共サービスを民営化し，新自由主義的な政策を実施していった。小

151

泉劇場と呼ばれた小泉純一郎首相の政治手法も含め，こうした改革によってなされた社会の変化は，その後のさまざまなコンテンツの描写に影響を与えてきた。

　宇野は，2001年に線を引いて，「1995年から2001年ごろ」以前を「古い想像力」と名づけ，「2001年ごろ」以降を「現代の想像力」とし，その想像力の変容について説明した。著書のなかで，古い想像力については，代表作を挙げながら，次のように説明されている（宇野2008：17）。

　　『新世紀エヴァンゲリオン』はあらゆる意味において「古い想像力」を象徴する存在だ。その社会的自己実現への信頼低下という主題，心理主義的な人間観，そして「〜しない」という倫理。70年代末から独自の発展を遂げてきた国内のオタク系アニメーション文化の文脈に，前述の90年代的な文脈を加えることで成立した同作は時代を象徴する作品であると同時にその後の国内の物語文化を大きく規定した。「引きこもり／心理主義」的傾向とその結果出力された「〜しない」という倫理。この二大特徴が私の指摘する「古い想像力」である。（宇野 2008：17）

（2）引きこもり／心理主義

　『新世紀エヴァンゲリオン』では，主人公の碇（いかり）シンジが巨大ロボット「エヴァンゲリオン」を操り，「使徒」と呼ばれる巨大生物を撃退していく。『マジンガーZ』や『機動戦士ガンダム』などの「巨大ロボットもの」に分類されるアニメ作品である。

　シンジは，快活な印象ではなく，地味で，引っ込み思案なキャラクターとして描かれる。本作が「引きこもり／心理主義」と表現されるのは，主人公のシンジが，物語が進むにつれて自己実現や社会参画を成し遂げるのではなく，真逆の方向に突き進んでしまうからだ。「エヴァンゲリオン」に乗ることで，司令官である父親や友人に認められると考えていたシンジは，次々にそれを裏切られるようなことが起きた結果，それを克服する方向ではなく，エヴァンゲリオンに乗らないと言い出し，どんどん他者とのかかわりを断っていく。何かを「する」ことによって，人や社会に認められることをあきらめ，自分が自分としてそこにいるだけで承認してくれるような他者を求め始める。

　本作はカルト的な人気を得て大ヒットし，大量のフォロワーが生まれ，消費されていった。『ゼロ年代の想像力』では，次のようにまとめられている。「社

会的自己実現への信頼低下＝『がんばっても，意味がない世の中』という世界観の浸透は，教養小説的な成長物語や，社会変革を描く物語を後退させ，かわりに自己像——『ほんとうの自分』や『過去の精神的外傷』——の承認を求める内面的な物語を作家と消費者たちに選ばせたのだ」（宇野 2008）。

（3）サヴァイブ感と決断主義

　それでは，2001年以降の「現代の想像力」（ゼロ年代の想像力）を代表する作品は何なのだろうか。

　　それはおそらくヒットの規模と作品の内容から考えて，大場つぐみ・作，小畑健・画による漫画『DEATH NOTE』（2003～06年連載）だろう。『DEATH NOTE』は完結までの巻数が少なく，比較的高年齢の読者を対象としているために見た目の発行部数はそれほどではないが，部数の上昇スピード，メディアミックスによる「普段は漫画を読まない人・年代」への波及力を考えればまさに時代を代表する「ゼロ年代のエヴァンゲリオン」に位置づけられる。（宇野 2008：22）

　『DEATH NOTE』の主人公は夜神月（やがみ・ライト）という学生である。死神の「リューク」が，人間界に1冊のノートを持ち込む。それは「デスノート」と呼ばれるノートで，名前を記すと，その人物を殺すことができるものだ。月は，このノートを手に入れ，犯罪者たちを殺していく。最初は法で裁かれなかった犯罪者を選んで殺害していたが，自分に捜査の手が及びそうになっていくにつれて，捜査関係者や身近な人々も手にかけ始める。もうひとりの主人公である世界的な名探偵のL（エル）との頭脳戦が，物語の中心だ。その後，他の死神が人間界にノートを持ち込み始め，複数のノートが所有者を変えながら人の手をわたっていく。

　宇野は，『DEATH NOTE』をはじめとした作品が持つゼロ年代の想像力を，「決断主義」と「サヴァイブ感」というキーワードで説明する（宇野 2008）。

　　そしてこういった「引きこもっていたら殺されてしまうので，自分の力で生き残る」という，ある種の「決断主義」的な傾向を持つ「サヴァイブ感」を前面に打ち出した作品は，ゼロ年代前半から中盤の大きな流れになっていく。（宇野 2008：20）

　上の引用文の前には，『バトル・ロワイアル』（1999年）が紹介されている。『バトル・ロワイアル』は，クラスメイトで殺し合いを命じられる社会を描いた作

品で，実写映画化やコミカライズなどさまざまなメディアで展開し，人気を博した。物語のなかで，この殺し合いを命じるのは，悪の組織や異常犯罪者などではなく，政府なのである。また，その殺し合いを逃れる術はなく，逃走することはもちろん，じっとしていることもできないように工夫されている。このような状況に放り込まれた場合，引きこもりを選択していたら，積極的に攻撃してくるアクターから，いつか見つけだされて殺されてしまう。つまり，「生き残る」ために，他者を傷つけようが，何らかの「決断」を強いられる状況を描いたコンテンツである。

　宇野は，他に『無限のリヴァイアス』(1999年)，『リアル鬼ごっこ』(2001年)，『仮面ライダー龍騎』(2002年)，『ドラゴン桜』(2003年)，『Fate/stay night』(2004年)，『女王の教室』(2005年)，『LIAR GAME』(2005年)，『コードギアス 反逆のルルーシュ』(2006年) などの，さまざまなコンテンツを例示して見せる (宇野2008)。たしかに，これらの作品はすべて，かかわる他者に対して，場合によっては命を奪うような決断を迫られる環境下で，登場人物がどのように生き残っていくのか（あるいは，失敗して退場してしまうのか）を描いている。

　そして，それが支持される背景には，現実の社会の状況があった。大きな物語が失効し，小さな物語が乱立する状況で，長期にわたる不景気を背景に，さまざまな意味での格差が顕在化する。比喩的な意味でも現実的な意味でも「生き残り」を意識せざるを得ない状況が現出していたのである。

（4）日常系・空気系アニメ

　では，2000年代後半の『らき☆すた』『けいおん！』のようなコミュニケーションによって構成されたアニメは，何が欲望されているのだろうか。『ゼロ年代の想像力』では，『らき☆すた』について，以下のような評価がなされている。

> 『らき☆すた』の特徴は内容よりもその消費形態にある。2007年に決定的に普及した「ニコニコ動画」などの動画共有サイトには，ファンたちの手による（二次）創作動画の素材として，同作のキャラクターが普及しその人気の源泉となった。『らき☆すた』は作品レベルでも，消費レベルでも，（成熟忌避的なルサンチマンに裏付けられた）物語に「拠らない」回路を志向している作品なのだ。(宇野 2008)

　そして，「空気系」作品が描く世界について，「特定のキャラクターへの承認

第 **10** 章　『らき☆すた』と『けいおん！』

をメンバーシップの条件とした空間は『誤配』のない再帰的な共同性の中でロー
カルなナルシシズムが確保される空間であり，『萌え』サプリメントの効率的
な摂取のための箱庭にすぎない」と述べた（宇野 2008）。決断主義的なバトル・
ロワイアル作品では，それぞれの島宇宙をメタ的に見て操作するような主人公
が描かれつつ，空気系作品では，その島宇宙内部において価値観が承認される
ような安定的で優しい「日常」が描かれているというわけだ。

　そうだとすると，日常系アニメは，やはり東浩紀によって指摘されたような
コミュニケーションを忌避するタイプのオタクに支持されるコンテンツである
と言えそうだ。それでは，そんなファンが行う聖地巡礼では何が起こっている
のだろうか。

　また，宇野常寛の『リトル・ピープルの時代』によると，『らき☆すた』や『け
いおん！』には，1970年代のアニメが供給していたような「〈ここではない，
どこか〉への逃避＝仮想現実」が求められているのではなく，「〈いま，ここ〉
の拡張＝拡張現実」が求められている（宇野 2011）。そして，アニメ聖地巡礼
はまさにこの拡張現実のあり方の１つであると指摘されている（宇野 2011：391
-392）。

　ただし，宇野は，基本的に作品分析を行うことによってこうした傾向を指摘
しており，アニメ聖地巡礼についてデータをもとにした分析は行っていない
（宇野 2011）。本書では，実際に『らき☆すた』および『けいおん！』のアニメ
聖地巡礼の現場で，巡礼者がどのようなコミュニケーションを行っているのか
を明らかにする。

第11章 『らき☆すた』聖地「鷲宮」における土師祭

　本章では，インタビュー調査およびフィールドワークによって得た鷲宮町における土師祭（はじさい）を巡る状況について整理を行い，そのなかで巡礼者と他者とのコミュニケーションが顕著に見られる「らき☆すた神輿」に注目する。「らき☆すた神輿」の担ぎ手であるアニメファンに質問紙調査を行い，コミュニケーションにどのような価値を見いだしているかを考察したい。

1　『らき☆すた』聖地「鷲宮」の誕生と展開

（1）埼玉県北葛飾郡鷲宮町の概要

　埼玉県北葛飾郡鷲宮町（現，久喜市）は，埼玉県の北東部に位置し，東京から約50キロメートルの距離にあった。2010年3月23日に合併により久喜市となったため，同町は現在存在しないが，久喜市として『らき☆すた』に関する取り組みを行っていたわけではないため，本書では，以降も旧鷲宮町に該当する区域を「鷲宮」と呼称する。

　鷲宮の面積は13.90平方キロメートル（東西約5.4キロメートル，南北約4.0キロメートル）であり，人口は2009（平成21）年1月1日で36,005人（男性は18,049人，女性は17,956人）であった。夜間人口は34,059人で，昼間人口は23,575人だった（平成17年国勢調査）。

（2）聖地巡礼者と商工会職員とのコミュニケーション

　鷲宮町の取り組みの経緯については，山村高淑による論文「アニメ聖地の成立とその展開に関する研究」（山村 2008）や，書籍『アニメ・マンガで地域振興』（山村 2011a）に詳しいため，ここでは，それぞれのイベントやグッズについて

は詳述しない。ただ，本章で扱う土師祭の位置づけを明確化するために，以下でその概要を整理する。

　鷲宮は，2007年の4月から9月にかけて放映されたアニメ『らき☆すた』のオープニングや本編の背景として，鷲宮神社，および隣接する大酉茶屋が使われたことで，放映直後から開拓者によって作品の舞台であると特定され，聖地巡礼が行われた。

　鷲宮神社を訪れた巡礼者は神社の絵馬置き場にアニメの絵を描いた絵馬を掛けた。それに気づいた鷲宮町商工会経営指導員の坂田圧巳（さかた・あつし）氏は巡礼者に直接話かけ，事情を聞くことで，アニメ『らき☆すた』に鷲宮神社が背景として用いられていることを把握するとともに，ファンとの直接的なつながりをつくっていった。さらに，インターネット上の匿名掲示板「2ちゃんねる」に質問を書き込み，どのようにグッズをつくったり，イベントを展開したりすればよいのかを尋ねた。

　坂田氏は，当初2ちゃんねる特有のコミュニケーションコードになじめず苦労をしたそうだ。2ちゃんねるのコミュニケーションは，『ネットメディアと〈コミュニティ〉形成』に収録された遠藤薫の論文「否定の〈コミュニティ〉」で指摘されているように，一見すると「罵りあっているように見え」るものであるからだ（遠藤2008）。しかし，氏は慣れるにしたがって表現様式ではなく，内容から情報を得るようになっていく。また，なかには良心的な意見もあり，さまざまな情報を得ていったという。

（3）鷲宮における取り組みの展開と効果

　直接的コミュニケーションとメディア・コミュニケーションによって得られた巡礼者やアニメファンの意見を活かして，グッズの制作やイベントの実施が行われていく。

　グッズについては，著作権を保有する角川書店から許可を得て，「桐絵馬形携帯ストラップ」を制作，販売した。グッズの台紙はただキャラクターやロゴをあしらうだけでなく，作品の内容を反映した遊び心のあるデザインになっていた。さらに，販売の仕方も工夫し，絵柄が10種類近くあるストラップを店舗ごとに分散させ，すべての絵柄を集めるには町内の商店を巡るようにしたので

ある。ストラップは2007年12月3日の第一次販売から，2009年3月28日発売分まであわせると23,500個を売り上げた。ストラップの単価は650円であるので，この期間だけでも売上は15,275,000円となる。この他にもグッズとして「らき☆すたポストカード」や「携帯電話用スクリーンシート」などが販売された。

　『らき☆すた』に出演した声優を呼んだイベントも実施された。角川書店側からの提案を受け，2007年12月2日には，アニメ声優が鷲宮神社に参拝する「『らき☆すた』のブランチ＆公式参拝 in 鷲宮」が開催され，3,500人が参加した。続けて，2008年4月6日には「大酉茶屋3周年市『らき☆すた』感謝祭」を開催し，『らき☆すた』に登場するキャラクターである「柊一家」の住民票登録をし，「鷲宮町特別住民票交付式」を実施して，声優に住民票を交付した。特別住民票は，1枚300円で10,000枚の限定発行であった。地域への還元策として，特別住民票の売上と同額の総工費300万円をかけて，2008年9月初旬に神社通り商店街に街路灯を40基設置した。

　ファンに鷲宮神社近辺の飲食店を巡ってもらう仕組みとして，鷲宮町商工会によって，2008年4月6日〜2008年9月24日まで「らき☆すた飲食店スタンプラリー」が実施された。スタンプラリー参加者は専用台紙を携帯し，町内に点在する店舗（図11-1）で『らき☆すた』にちなんだメニューを注文し，スタンプを押してもらう。12個のスタンプを集めて商工会に持参あるいは郵送すると，2種類の『らき☆すた』オリジナルグッズのいずれかと交換してもらえるというものであった。また，スタンプラリー参加店では，図11-2のような特製箸袋を付けるサービスも実施された。スタンプラリーは，2008年4月から2008年9月末日まで行われ，延べ642人が完遂した。開催中に参加店で販売された飲食物は延べ23種類あり，価格帯は105円〜1,500円で，平均789円であった。1店舗につき，『らき☆すた』メニューは1〜3種類あり，すべての店舗で最低額のメニューばかりを選ぶと8,185円，最高額のメニューばかりを選ぶと9,925円でラリーを完遂することができる。それぞれの金額に完遂者の人数をかけて売上を出すと，5,254,770円〜6,371,850円となるため，実際の売上金額はこの範囲のどこかということになる。

第11章 『らき☆すた』聖地「鷲宮」における土師祭

図11-1 参加者に配布された飲食店の場所を示す地図

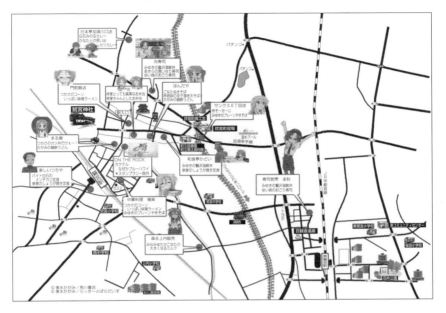

出所：鷲宮町商工会。

図11-2 スタンプラリー参加飲食店で用いられた箸袋

出所：鷲宮町商工会。

（4）聖地巡礼者と地域住民のコミュニケーション

　　スタンプラリー参加店の店主によると，スタンプラリーが開始された当初は『らき☆すた』メニューしか注文しなかったファンが，徐々に『らき☆すた』メニュー以外のメニューを頼み始めたという。また，スタンプラリーが終了した後も，リピーターとなる客が増えたり，店にグッズを置いていく客が増えたりした。また，リピーターのなかには，自らメニューを考案し，飲食店に材料

159

を持参してつくってもらう者や，店を手伝っていく者などもいるそうだ。商工
会職員によると，商店主はこのようなさまざまなエピソードを嬉しそうに語
り，商売の楽しさを改めて感じている様子であるという。

　鷲宮神社から最も遠い寿司店（鷲宮神社から直線距離で約2キロメートル）にも，
多くのスタンプラリー参加者が訪れた。店内には参加者が持ち寄ったグッズが
並んでおり，リピーターも多い。スタンプラリーをきっかけにして，初めて回
転寿司以外の寿司店に入ったという客もいたという。スタンプラリーが実施さ
れたことで旅客の回遊行動が誘発され，1点に集中していた旅客を面に分散さ
せたと言える。その経済効果は，期間中の『らき☆すた』メニューの売り上げ
だけで，12店舗合計で520万円を超えている。

　最初はアニメグッズを目的にスタンプラリーを行っていた旅客が，徐々に店
や店主のファンとなり，リピーター化していった事例と言えよう。旅客の興味
のある「アニメ」を活用して，さまざまな店舗に入ってもらうことで，店主と
旅客の交流が促進された。これにより，旅客はスタンプラリーに参加しなけれ
ば入店することがなかったような店に入ることができ，新たな経験をすること
ができた。店主は，新たな客との会話を楽しみ，新規顧客を開拓できたこと
で，商売のモチベーションが上がった。

（5）鷲宮の取り組みの広がり

　毎年9月に開催される地元の祭り「土師祭」では，地元の神輿である千貫神
輿（せんがんみこし）とともに，ファンが担ぐための「らき☆すた神輿」が2008
年から登場している。2008年11月には「鷲宮＆萌え川柳☆狂歌コンテスト」が
実施され，2009年7月には「萌フェス in 鷲宮2009 〜あなたが痛いから〜」と
いったイベントが開催され，さまざまな広がりを見せている。

　このように，さまざまな展開をすることによって，アニメファンの来訪が活
発化し，新聞やテレビなどで報道されることが増えていった。その影響で，ア
ニメファンだけでなく，一般への認知度も上がり，2007年に13万人であった鷲
宮神社への初詣客数は，2008年に30万人，2009年には42万人となった。こうし
た状況を受け，2008年末から2009年元旦にかけては，バンダイやグッドスマイ
ルカンパニーが鷲宮神社近辺でグッズを販売するに至った。

2009年3月3日には，鷲宮町商工会経営指導員の松本真治氏の発案で，ドラマ撮影に向けて企画案の募集を始めた。発案のきっかけは，演出家の北川敬一氏が鷲宮町を訪れたことである。北川氏は，鷲宮町が盛り上がっているという情報を聞き，この町で映像作品を撮影したいと考え，商工会に問い合わせた。その後，埼玉スキップシティチャンネルにて企画案の募集映像である『鷲宮☆物語 〜序章〜』（監督：北川敬一）を配信し，4月末までに約12,000アクセスを記録する。同年4月23日には，この映像制作事業が，中小企業庁による「地域資源∞全国展開プロジェクト」の補助金助成事業に採択され，同年6月には66通の企画案が集まり，同年の9月に撮影を終えた。

他方で，「オタ婚活 鷲宮出会い編 〜三次元の君に届け〜」というイベントも開催された。本イベントは，いわゆる「婚活」イベントだ。このイベントの告知は2010年10月14日に鷲宮町商工会ホームページでなされたが，この日のホームページのアクセス数は12,281アクセスを記録した。この数字は，商工会ホームページの1日平均589.9アクセスと比較してきわめて多いアクセス数であり，2010年6月1日から2011年5月31日までを通じて最大の値であった。

2 土師祭と「らき☆すた神輿」

（1）「らき☆すた神輿」の発案

土師祭に焦点をあて，その発案経緯から実施までを詳細に見ていく。2008年9月7日，鷲宮町で行われた土師祭では，伝統的な神輿である「千貫神輿」と並んで，「らき☆すた神輿」が登場した。

この「らき☆すた神輿」は，2008年に登場して以来，2011年9月の土師祭まで[1]，毎年登場しており，その都度さまざまな人の手により，外観を少しずつ変化させてきた（図11-3）。まず，土師祭で「らき☆すた神輿」が出されることになった経緯と，土師祭全体がどのような展開を経たのかについて整理する。

そもそも，「らき☆すた神輿」を登場させ，ファンに担いでもらうという企画は，商工会やファンから出たアイデアではなく，鷲宮神社通り商店街で洋品店を営む土師祭興会の会長を務める成田靖氏（以下，祭興会長と表記）によるもので，2008年6月ごろに提案された。特筆すべきは，この提案が，ファンとの

図11-3 「らき☆すた神輿」の変遷

注：上段左＝撮影日：2008年9月7日、上段右＝撮影日：2009年9月6日、下段左＝撮影日：2010年9月5日、下段右＝撮影日：2011年9月4日。
出所：すべて筆者撮影。

相互作用によって生まれたものであることだ。祭輿会長は自他共に認める「神輿おたく」であり，神輿製作に精通していた。また，鷲宮神社の門前の商店街において，洋品店を生業としており，ストラップの販売店の1つであったため，巡礼者がよく訪れていた。

　鷲宮神社を訪れるアニメ聖地巡礼者のなかには，アニメやゲームのキャラクターの服装や髪形を真似る「コスプレ」を行う「コスチュームプレイヤー」（以下，レイヤーと表記）がいる。レイヤーは移動の際の公共交通機関などは，一般の人々に違和感のない私服で利用し，当地に着いてからコスチュームに着替え

1）　2017年9月の土師祭にも登場し，10周年を迎えた。

る。鷲宮神社近辺でもそれは例外ではなく，レイヤーは鷲宮神社に到着してから着替えていたようである。当然だが，神社には更衣室がないため，便所などで着替えを行っていたそうだ。祭輿会長はそのような様子を見て不憫に思い，自身の店舗のなかの着替えスペースをレイヤーに無償で提供していた。特に『らき☆すた』は女子高生が主役のアニメであるため，レイヤーのなかには女子高生の制服用の衣装を着用している者もおり，祭輿会長によると，レイヤーにとっては着替えの場所として重宝するだけでなく，女子高生用のコートなどを扱っている洋品店は，コスチュームや物品の購入の場にもなっていたそうである。

　このように，祭輿会長は鷲宮を訪れるさまざまなファンの声をつぶさに聞くことができ，自身の趣味である神輿と，アニメをつなげる発想が生まれることになったのである。ちなみに，祭輿会長は，アニメ『らき☆すた』については，「これまで見たことがなかったし，見てみたけども，ちょっと面白さは自分にはよくわからなかった」としながらも，「俺だって神輿好きだけど，わからんやつにはわからん」と述べ，ファンの気持ちを汲んでいる。つまり，コンテンツの面白さそのものについては共鳴していないが，対象は違えど，「好きなことに情熱を傾ける」という点には共感，理解しているのだ。これは，立場の違う他者に対する理解の仕方として興味深い。

（２）「らき☆すた神輿」展開の経緯

　土師祭の「らき☆すた神輿」は，担ぎ手を全国から募集した。2008年8月上旬に鷲宮町商工会のホームページおよび大酉茶屋前の看板で募集を開始したところ，3日間で全国から114名の申込みがあった。

　担ぎ手には祭輿会長がつくった特製のTシャツが配られ，チョココロネ（『らき☆すた』の登場人物，「泉こなた」の好物）がふるまわれた。担ぎ手として参加したDさんにインタビューをしたところ，「普通の企業が行う，こういったアニメ関連のイベントだったら，神輿を担ぐだけでもお金を取られてしまいそうなのに，全部無料で，そのうえTシャツやチョココロネまでもらってしまって，なんだか申し訳ない」とコメントしていた。

　「らき☆すた神輿」には，その製作過程にもアニメ聖地巡礼者が関与してい

図11-4　2008年の土師祭のクライマックス

出所：筆者撮影。

る。神輿の台座部分は祭輿会の会長および会員2, 3名で製作し，上段のイラストはアニメ聖地巡礼者が描いた。祭輿会長によると，下絵と色塗りで計2名のアニメ聖地巡礼者が3日間かけて描いたそうである。そのうち1名は鷲宮神社の絵馬掛け所に多くの痛絵馬を奉納しており，そのイラストは巡礼者やファンの間でとても評判がよかったそうである。

土師祭では，伝統的な「千貫神輿」と「らき☆すた神輿」が並んで鷲宮神社前の通りを練り歩き，最後は2台揃って神社に到達して幕を閉じる（図11-4）。

「らき☆すた神輿」は2008年9月に登場した後，2008年9月14日，15日に幸手市のシネプレックス幸手で開催された『らき☆すた』の新作OVA『らき☆すたOVA（オリジナルなビジュアルとアニメーション）』の発売記念イベント「らき☆すたOVA完成披露の宴 ～あなたも幸手に来なさって～」に展示された後，鷲宮町の郷土資料館にグッズなどと共に展示された。その後，2009年3月に東京ビッグサイトで開催された東京国際アニメフェアで展示され，東武鷲宮駅の改札内に展示された。2009年9月の土師祭にも引き続き「らき☆すた神輿」が登場した。

このとき，2つのコンテンツに，土師祭と「らき☆すた神輿」が取り上げられることになった。1つは，映画『鷲宮☆物語 ～商工会の挑戦～』である。『鷲宮☆物語』は，北川敬一監督作品であり，男性アイドルグループのD2に所属する上鶴徹氏（当時），女性アイドルグループであるAKB48の増田有華氏（当時）を主演とした映画で，中小企業庁の補助事業である「地域資源∞全国展開プロジェクト」（正式名称：小規模事業者新事業全国展開支援事業）によるものだ。

『鷲宮☆物語 ～商工会の挑戦～』は，2010年3月22日に鷲宮町で開催された「鷲宮町卒業式」で上映された他，2010年4月10日～23日にワーナーマイカル羽生にて劇場公開された。映画のなかのシーンに「らき☆すた神輿」が用いら

れ，土師祭も，物語のラストシーンにおいて，故郷である鷲宮から離れて暮らす主人公が再訪する際のきっかけとして描かれた。

もう1つは，「らき☆すた神輿」の製作やかかわる人々の交流などを描いたドキュメンタリー番組『オタクと町が萌えた夏』である。これは2009年10月29日にフジテレビの「NONFIX」という番組で放映されたもので，土師祭や「らき☆すた神輿」にかかわる人々に焦点をあてた番組である。

さらに，「らき☆すた神輿」は，経済産業省からの依頼を受け，2010年6月12日〜15日に，中国で開かれた上海万博において開催された「コ・フェスタIN 上海」にてパレードを行った。地域のお祭りの神輿が，先に紹介した東京国際アニメフェアや，「コ・フェスタ IN 上海」などのグローバルな場に進出していることがわかる。

2010年9月の土師祭にも，引き続き「らき☆すた神輿」が登場した。また，2010年の土師祭から，祭り全体の規模が拡大する。それまでは，土師祭興会が単独で主催していたところ，鷲宮町商工会および埼玉新聞社が共催に入り，協賛企業として「エヌ・ティ・ティ・ドコモ」「ローソン」「パレスホテル大宮」「日本工学院」「キャラアニ」「スカイホビー」「健爽本舗」「COSSAN」「岡本商事」「シーワン」の合計10社が名を連ねた。また，この年からは，秋葉原のライブ＆バーである「ディアステージ」によるアイドルのライブと，そのファンによるヲタ芸が披露される「WOTAKOI ソーラン祭り」も開催され，これまで昼の時間に少なかった来訪者を増加させた。さらに，コスプレイベント団体「COSSAN」によって，コスプレイベントも開催され，多くのコスプレイヤーが鷲宮町で写真撮影などを行った。同日に関東他所で行われた同様のイベントに比べて集客が多かったそうだ。

続く，2011年9月の土師祭でも「らき☆すた神輿」が登場し，多くのファンに担がれた。2011年9月には，土師祭興会に加え，鷲宮町商工会，埼玉新聞社が共同で主催し，『らき☆すた』の著作権者である角川書店，および鷲宮神社に最寄駅を持つ東武鉄道が協力し，協賛企業は「エヌ・ティ・ティ・ドコモ」「セガ」「日本工学院」「健爽本舗」「ACTIZ」「ローソン」「エイチ・アイ・エス」「ミラドラ薬局」「ドコモショップ久喜中央店」「COSSAN」「シーワン」であり，11に増えた。「ディアステージ」による「WOTAKOI ソーラン祭り」，「COSSAN」

図11-5 土師祭におけるさまざまな広がり

注：上段左＝撮影日：2010年9月5日．上段右・下段左・下段右＝撮影日：2011年9月4日。
出所：すべて筆者撮影。

によるコスプレイベントも引き続き開催された。アニメ『けいおん！』の聖地としてファンが数多く来訪している豊郷町からも，町民やファンがブースを出し，オリジナルキャラクターをアピールした。さらに，本年より「わしのみやMISSコン！ 〜俺の兄貴がこんなに綺麗なわけがない〜」が新たに開催された。このイベントは，コスプレコンテストであるが，男性による女性キャラクターの女装のみのコンテストである。司会には，ニッポン放送アナウンサーの吉田尚記氏を迎え，総勢11人の女装コスプレイヤーが「美しさ」と「痛さ」を競った（図11-5）。

166

3 「らき☆すた神輿」担ぎ手アンケート

ここまで，「らき☆すた神輿」が登場する土師祭の展開経緯について整理した。ここからは，「らき☆すた神輿」の担ぎ手に対して実施したアンケート調査の結果について見ていきたい。

最初期である2008年の土師祭の「らき☆すた神輿」に担ぎ手として参加した114人中35人から回答を得た。回収率は31％であった。分析したアンケートの内容は，①鷲宮町への来訪回数，②担ぎ手募集の情報源，③再度参加したいかどうか，④土師祭全体で，楽しかったことや，うれしく思ったこと，印象的だったこと，⑤土師祭全体で，いやな思いをしたことや改善したほうがよいと思ったこと，⑥意見や感想，の6点だ。

（1）来訪回数

来訪回数について尋ねた結果を示す（図11-6）。土師祭で初めて鷲宮町に来た者が5人（14.3％），2回目が3人（8.6％），3回目が1人（2.9％），5回目が2人（5.7％），6回目が2人（5.7％），7回目が3人（8.6％），8回目が2人（5.7％），9回目が1人（2.9％），10回目が5人（14.3％），11回目が1人（2.9％），15回目が1人（2.9％），20回以上が9人（25.7％）であった。

来訪回数が9回以下を来訪回数低群，10回以上を来訪回数高群とすると，低群が19人（54.3％），高群が16人（45.7％）となる。

（2）担ぎ手募集の情報源

担ぎ手の募集を知った情報源について，複数回答を許して自由記述で尋ねた結果を示した（図11-7）。情報源全体のうち，利用が最も多いのは「商工会のホームページ」であり，12人が利用していた（27.9％）。次に「大酉茶屋の掲示」が8人（18.6％）と続き，「個人のブログ」「ウェブ上のニュース」「商店の掲示」「直接人づて」，が5人（11.6％）で同率である。電子掲示板である「2ちゃんねる」で情報を得た者が3人（7.0％）いた。

次に，先ほど求めた来訪回数の多い群と少ない群で，情報源の比較を行った

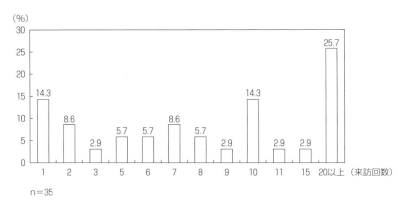

図11-6　鷲宮町への来訪回数

n=35

出所：筆者作成。

図11-7　担ぎ手募集を知った情報源

n=43

出所：筆者作成。

結果をグラフ化したものを示した（図11-8）。その結果，高群では「商工会のホームページ」の利用が9人，「商店の掲示」「直接人づて」で情報を得ているものがそれぞれ4人，「大酉茶屋の掲示」の利用が3人，「ウェブ上のニュース」「2ちゃんねる」からの情報取得がそれぞれ1人であった。低群では「大酉茶

第11章 『らき☆すた』聖地「鷲宮」における土師祭

図11-8 情報源別の来訪回数高群と低群の比較

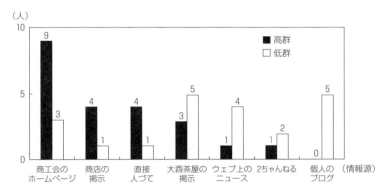

出所：筆者作成。

屋の掲示」「個人のブログ」から情報を得ている人がそれぞれ5人，「ウェブ上のニュース」を情報源としている者が4人，「商工会のホームページ」の利用が3人，「2ちゃんねる」から情報を得ている者が2人，「商店の掲示」「直接人づて」はそれぞれ1人であった。

この結果を見ると，来訪回数が多い群のほうが，「商工会のホームページ」や「商店の掲示」「直接人づて」など，地域側が直接発信している情報源から情報を得ている傾向が見てとれる。来訪回数が少ない群では，「ウェブ上のニュース」「個人のブログ」など，地域側が直接発信した情報というよりは，間接的な情報をもとに神輿のことを知る場合が多いようだ。「大酉茶屋の掲示」と「2ちゃんねる」は両群の回答数の差が少ない。

「大酉茶屋わしのみや」は，鷲宮町への来訪者が最も多い鷲宮神社に隣接しており，聖地巡礼者が必ずと言ってよいほど店舗の前を通るため，来訪頻度の高低にかかわらず，現実空間で情報を得ることができる場所となっているのであろう。また，「2ちゃんねる」については，アニメのファン，つまりコミュニティオブインタレスト[2]の情報源として機能しているため，いずれの群でもそこから情報を得ているものが同程度いるのだと考えられる。

---

2) 興味，関心によって集うコミュニティのこと。

来訪頻度の高い群を当該地域のファン度が高い人であると見なせば，来訪頻度高群は，地域から発信される情報を直接得て行動に移すことが読みとれる。そして，先駆的な巡礼者から後進の巡礼者への情報の流れがあることを考えると，来訪頻度が高い人々は地域から得た情報をブログや掲示板などに書き込み，ファン度が高くない人にも波及させていると言えよう。

（3）再び担ぐ意思
来年もう一度神輿を担げるとしたら参加するかどうかを問うたところ，35人全員が「担ぎたい」と答えた。

（4）土師祭の感想（よかった点）
土師祭全体で楽しかったことや，嬉しく思ったこと，印象的だったことを尋ねた結果を示した（図11-9）。

住民との会話によい評価をしたものや，住民が「らき☆すた神輿」に対して好意的な意見を表明したことなどを述べたものを「交流（住民）」としたところ，35人中19人（54.3％）がこれに該当する記述をしていた。神輿が担げてよかった，神輿が本格的だった，掛け声がよかった，など神輿に関することは「神輿」に分類したところ15人（42.9％）が該当した。一体感を覚えた，盛り上がれてよかったなどの，対象は明示されていないが多くの人々で祭りの雰囲気を共有したことに関連することを「一体感・盛り上がり」として分類したところ9人（25.7％）が，商工会や祭輿会などの主催サイドに対する感謝の言葉を「商工会・祭輿会への評価」として分類したところ9人（25.7％）がそれに該当する記述をしていた。ファン同士の交流に関することを「交流（ファン）」とし，鷲宮町や神社，祭り全体の雰囲気について言及しているものを「町の雰囲気」としたところ，それぞれ7人（20.0％），5人（14.3％）が該当した。マスメディアが取材に来ていたことや，土師祭の新奇性について言及したものを「話題性・新鮮さ」とし，ファンのボランティアスタッフに対する感謝の気持ちをあらわしたものを「ボランティアスタッフへの評価」としたところ，それぞれ3人（8.6％），1人（2.9％）が該当した。

一般的に考えると，アニメの神輿を担ぎに来るファンは，アニメ神輿そのも

第 11 章 『らき☆すた』聖地「鷲宮」における土師祭

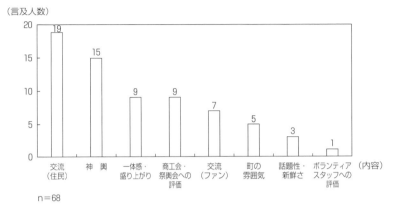

図11-9　土師祭の感想（よかった点）

n=68

出所：筆者作成。

のに対するよい評価やアニメファン同士の盛り上がりについてのよい評価を表明するように思える。今回の結果を見ても，「神輿」「一体感・盛り上がり」「交流（ファン）」を挙げる割合は高く，アニメ神輿やファン同士の交流などに対するよい評価を表明している。これは，元々ファンが持つ価値観と矛盾しない。

一方で，よかった点のなかで最も人数が多いのは，「交流（住民）」である。これは，ファンのなかだけで閉じてしまうのではなく，地域の人々との交流を楽しむファンも多いことを示している。また，「商工会・祭輿会への評価」「ボランティアスタッフへの評価」にもよい評価をしている。

(5) 土師祭の感想（悪かった点）

土師祭全体で，嫌な思いをしたことや改善したほうがよいと思ったことを尋ねた結果を示した（図11-10）。神輿の担ぎ方の練習不足や，不手際などを指摘したものを「神輿の運用」としたところ，18人（51.4％）が該当する記述をしていた。嫌な思いは特にないというものを「特になし」とすると17人（48.6％）が該当した。地域住民からのからかいなどで不快な思いをしたというものを「不快な発言」としたところ3人（8.6％）がこれに該当した。自分の振る舞い

図11-10 土師祭の感想（悪かった点）

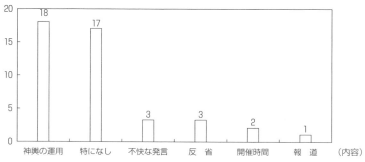

n＝44

出所：筆者作成。

について，準備を手伝うべきだったなどの記述を「反省」としたところ3人（8.6％）が該当した。祭りの終了時間や開催日について言及したものを「開催時間」とし，マスメディアの報道姿勢についての記述を「報道」としたところ，それぞれ2人（5.7％）と1人（2.9％）が該当した。

マイナス面で最も多いのが「神輿の運用」だ。ただ，注意すべきなのは，神輿の運用の仕方についてマイナス面を指摘するだけでなく，ほとんどの場合，改善方法を示していた点である。また，マイナス面の指摘だけでなく，自分や他の巡礼者の行動に関して客観的な視点から見直し，地域に迷惑をかけるような行為については今後止めるべきだと指摘しているようなものもあった。

(6) 鷲宮町に対する感想や意見

鷲宮町に対する感想や意見を自由記述で回答してもらった。以下に，個人が特定できる可能性のある文言を修正した2名の回答を例として示した。

[Aさん]
　神輿は一人では担げませんし，きちんと誘導しないことにはまっすぐ進まないどころか大変危険なものです。担ぎ手はもちろん，あのような頑丈で見栄えのする神輿を

第11章　『らき☆すた』聖地「鷲宮」における土師祭

用意してくれた人がいて，滞りなく運営する人がいて，大勢の見物人がいて，それらすべてを支える地元の人々がいて初めて成り立つものだと感じました。

伝統ある土師際ですが，このような新しいものを柔軟に取り入れて実行する寛容さと，軟弱に見えるオタクと言われている人たちの放つ強力なパワー，そして地元の方々のお祭りに対する思い入れが融合してすごいことになったのだと思います。

少し大げさな話になりますが，閉塞感の強いこの日本で，最近ではこれほどまでに熱い話はあまり聞きません。

伝統だけではマンネリ化し，かといって無秩序に騒いでいるだけでも駄目です。あらゆる価値観を認め合い，1つの目標に向かってみんなが真剣に考え，進んでいけば，このように道は開けるのではないでしょうか？

千貫神輿の担ぎ手の少し気合の入った女性と，件のコスプレをした男性とが仲良く写真を撮っているのを見るにつけ，そう感じました。ここ鷲宮から日本を変える何か新しいことが始まったのではないかと。

このようなことが，日本の各所で起きればよいと思います。

市町合併で，鷲宮町はなくなると聞いてはおりますが，今後は日本を引っ張る「大鷲宮」となり，大きく羽ばたいてください。

本当にありがとうございました。

［Bさん］

『らき☆すた』人気のピークが過ぎ，これからは新規顧客の獲得が難しくなると思います。

これからはいかにリピーターを増やし，客離れを防ぐことができるかが商工会の腕の見せ所だと思います。

リピーターの皆さんは，ただ単に『らき☆すた』にゆかりの有る地だからという理由だけで何度も訪れていません。現地のお店の皆さんが気さくに話しかけてくださったり，街が積極的にファンを楽しませようとしている姿勢が魅力的だからこそまた鷲宮町や幸手市などに来たいと思っているようです。

また，埼玉県は観光客が最も訪れない県ということを目にしたことがありますが，鷲宮町・幸手市が埼玉県の観光業を率先できる立場になることを期待しています！

私もこれからも機会を見つけては鷲宮町・幸手市に訪れたいと思います（家が遠いので，本音を述べるとそう頻繁には向かえませんが……（汗））ので，10年，いや，100年以上客足が途絶えぬまちづくりをお願いします。

このように，担ぎ手のなかには，鷲宮町や土師祭に関して非常に稀有な場，あるいは自分たちにとって重要な場所であることを思わせる回答をしている人がいる。全体的な傾向としてすでに述べたが，ここでも両者ともに地域の人々とのかかわりや交流，地域側の姿勢などに関して高い評価をしている。土師祭

173

に参加した神輿の担ぎ手のなかには，町に対してよい印象を持ち，今後の鷲宮町の動向についての発言をするにいたる者がいることがわかる。

　本事例の大きな特徴の1つは，外部の旅行者からもたらされた価値観を，伝統的な祭事に組み込もうという提案が，商工会やファンではなく，地元住民によるものであったことだ。土師祭以前は，商工会がファンの意見を集約し，著作権元である角川書店との交渉や，地域のさまざまな主体との調整を行い，グッズ販売やイベント企画を進めていたが，「らき☆すた神輿」は，地元住民による発案であった。

　また，ただ地元住民がアニメコンテンツを利用して経済的利益を得ようと安易な発案を行ったわけではなく，ファンとの相互作用を重ねるなかからの発案であったことも特筆すべき点だ。そうした経緯を経ているため，制作過程や実施過程にアニメファンが携わることができている。そのため，できあがる神輿やその運用を見て，ファン側も「地域側が金儲けのためにやっている」という感覚なく受け入れることができ，また，地域側も「ファンが価値観を押し付けてきた」といったような印象を持たずに受け入れることができたと考えられる。担ぎ手の多くが「町の人に認められている」といった表現を行っていることからもそのことがわかる。

　しかし，その一方で，少数ではあるが，住民からのからかいなどで，不快に思う担ぎ手もいた。また，マスメディアの報道に関して，「話題になっている」とよい評価をする担ぎ手がいる一方で，報道姿勢に関して悪い評価をする担ぎ手もいた。これは，マスメディアが，いわゆるオタク文化をからかいや冗談半分に取り上げ，面白がる風潮を嫌ったものであると推察できる。

　最終的には，回答者35人全員が次年度参加の意思を表明していることからして，土師祭の体験は前述の不快な点があるにしても満足のいくものであったと考えられる。ただし，アンケートの回収率が高くないため，この結果を無批判に全体に拡張することはできない。わざわざコストをかけてアンケートに回答してくれる人は概ね好意的だという可能性もある。

4　価値観を認め合う場

　本章では，鷲宮におけるまちおこしについて概観し，土師祭の「らき☆すた神輿」について整理したうえで，「らき☆すた神輿」の担ぎ手へのアンケート調査を分析した。

　「飲食店スタンプラリー」では，アニメファンと商店主との交流が確認された。最初は『らき☆すた』のグッズがもらえる，ということで飲食店を巡っていた巡礼者のなかに，その店や店主を気に入り，スタンプラリーとは関係なくその店に通うようになる巡礼者がいたという。特にその店の店主が『らき☆すた』好きである，ということはないにもかかわらずである。最初は『らき☆すた』という価値観で町を訪れていた巡礼者が，他者との交流に価値を見いだしていると言えよう。

　「らき☆すた神輿」の登場経緯においても，土師祭の担ぎ手のアンケート調査結果においても，他者性を持った他者とのコミュニケーションが行われていることが推測できる。「らき☆すた神輿」を発案した町民は，『らき☆すた』の面白さはわからない，と述べた。『らき☆すた』ファンが，もし「他者性抜きの他者」しか求めず，コミュニケーションは情報交換のためにしかしないのであれば，協働することにはならないだろう。

　アンケート調査の結果については，回収率が高くないこともあり，どの程度の割合でこのコミュニケーションが行われているかは不明だが，町民との交流がなされている。また，不愉快なこと，自分の意に沿わないことがあるにもかかわらず，全員が次年度の来訪意思を表明していることからも，「らき☆すた神輿」の担ぎ手たちは，動物化を抜け出していると考えてよいのではないだろうか。

　特にAさんのコメントのなかには，「あらゆる価値観を認め合い」という言葉が見られる。もし，自分と同じ価値観を持っているから相手を大切にする，ということであれば，『らき☆すた』という価値を前面に出してもおかしくはない。「みんなで『らき☆すた』で盛り上がれてよかった」ということである。事実そういったコメントも多くあった。これは，そういった趣旨の祭りである

からむしろ当然のことである。しかしながら，そうしたなかで，「あらゆる価値観を認め合い」という言葉を使用していることは特筆すべきであろう。

第12章 『けいおん！』聖地「豊郷」における豊郷小学校旧校舎群

　アニメ聖地巡礼者は『けいおん！』の聖地であるという理由で豊郷小学校旧校舎群を訪れている。もし，豊郷小学校旧校舎群を訪れる巡礼者たちが『けいおん！』の聖地を訪れ，萌えているだけなのだとしたら，他の価値観に対して興味は示さないはずだ。本章では，まず，「豊郷」の聖地化の経緯を整理したうえで，フィールドワークの結果から，旅行者がどのようなコミュニケーションを行っているかを明らかにし，そのうえで，『けいおん！』を動機として訪れたアニメ聖地巡礼者が，現地で他の価値観に対して興味を抱くのかについて質問紙調査の結果を分析することで検討する。

1　『けいおん！』聖地「豊郷」の誕生と展開

（1）滋賀県犬上郡豊郷町の概要

　滋賀県犬上郡豊郷町は，滋賀県の東部に位置し，大阪から約100キロメートルの距離にある。本書では，豊郷町に該当する範囲の地域を「豊郷」と呼称する。

　豊郷の面積は7.82平方キロメートル（東西5.7キロメートル，南北4.9キロメートル）で，人口は2009（平成21）年8月31日時点で7,329人（男性は3,582人，女性は3,747人）。夜間人口は7,418人であり，昼間人口は7,197人である（平成17年国勢調査）。

（2）『けいおん！』の聖地，とされている「豊郷」

　豊郷町は，ファンの間でアニメ『けいおん！』の聖地とされ，多くのファンが巡礼を行った。具体的には，豊郷小学校旧校舎群が『けいおん！』のなかで登場人物が通う「桜が丘高校」のモデルであるとされている。豊郷小学校旧校

図12-1 アニメ『けいおん！』に登場するシーンのモデルとされる風景

注：上段左＝撮影日：2009年8月25日，上段右＝撮影日：2010年2月21日，下段左＝撮影日：2010年5月3日，下段右＝撮影日：2011年9月19日。
出所：すべて筆者撮影。

舎群は，ウィリアム・メレル・ヴォーリズによる建築であり，建築的な価値も高い。

　作品中では，豊郷小学校旧校舎群をモデルにしたと思われる校舎や，講堂，音楽室をはじめ，豊郷小学校旧校舎群内の階段手摺に取り付けられた「うさぎとかめ」の像，古川鉄治郎氏の像などをモデルにしたと思われる背景が描かれている（図12-1）。

　なぜ「モデルである」ではなく，「モデルであるとされている」なのか，それには次の理由がある。『けいおん！』の著作権を持つTBSは，作品の背景に豊郷小学校を用いている，ということを認めていない状態だからだ。アニメファンによって，同定され，豊郷小学校旧校舎群が舞台であるとされてはいる

第 12 章　『けいおん！』聖地「豊郷」における豊郷小学校旧校舎群

が，著作権者はそのことを公式には認めていないのである。ここで注意しておきたいのは，豊郷小学校旧校舎群が『けいおん！』の背景であることは，アニメファンの過度な深読み等による勘違いなどでは決してないことである。アニメ作品の背景と**図12-1**に挙げた写真を見比べれば，豊郷小学校旧校舎群が『けいおん！』の主要キャラクターたちが通学する「桜が丘高校」のモデルとなっていることは明らかである。

　これは，アニメの地域振興への活用を考える際に議論されるべき重要な問題の1つである。地域側のアクターにとってみると，自地域の風景を用いてコンテンツを制作しているにもかかわらず，その事実が公式に認められないことで，当該コンテンツを観光振興や地域振興に活用することが難しくなり，不利益を被る可能性がある。逆に，コンテンツプロデューサー側のアクターは，当然ながら，制作したコンテンツからいかに収益をあげるかを最重要視している。もし，地域振興や観光振興にコンテンツを活用することがコンテンツプロデューサー側の利益にならない，あるいはコンテンツのイメージを損なう可能性がある，といったような場合は，積極的にかかわろうとはしないだろう。逆に，地域側がコンテンツに描かれることによって，不利益を被る場合もあり得る。書籍『観光の空間』に収録された論文「観光空間のイメージ　メディアテクストとしての観光」で遠藤英樹が指摘したように，観光の空間には「メディア制作者，企業，観光客，行政，地域住民たち」などさまざまなアクターの「利害や関心」がせめぎ合い，「欲望の星座」が形づくられるのである（遠藤2009c）。こうした問題は，『けいおん！』と豊郷町の関係に限ったことではなく，コンテンツツーリズム一般で課題となる事項であり，どのような形が望ましいかについて，さらなる議論が必要だ。

　ここでこのことを強調するのは，**第11章**の「鷲宮」との相違を示しておくためだ。「鷲宮」の場合は，鷲宮神社が『らき☆すた』の舞台であることは，角川書店によって認められている。

（3）『けいおん！』聖地としての豊郷小学校旧校舎群

　次に，『けいおん！』の聖地となっている豊郷小学校旧校舎群の聖地化の経緯を整理する。豊郷町役場の清水純一郎氏へのヒアリングをもとに，豊郷町に

179

おける取り組みについて，年表を作成した（**表12-1**）。

　まず，2009年4月に『けいおん！』が放映され始める。豊郷小学校旧校舎群は，2009年5月30日から一般開放されたため，放映時には敷地内に入ることはできなかったが，一般開放日にはすでにアニメファンの姿が見られた。

　開拓的アニメ聖地巡礼者によって『けいおん！』の舞台が豊郷小学校であるということが明らかにされ，その情報がネット上に広がっていたのである。この時点で，インターネット上の掲示板などで，アニメファンが豊郷小学校を訪れることを知った町民やアニメファンのなかには，まちおこしへの発展可能性を知る人もいた。特に，豊郷町役場の清水純一郎氏は，こうした事態について，アニメに詳しい弟さんからの助言を受け，先行事例である『らき☆すた』聖地の鷲宮町について調べ始める。

　北海道大学のリポジトリである「北海道大学学術成果コレクション（HUSCAP）」に登録されていた『メディアコンテンツとツーリズム』（北海道大学観光学高等研究センター文化資源マネジメント研究チーム編 2009）をはじめとしたアニメ聖地巡礼やその後のまちおこしに関する文献をダウンロードして読む，巡礼者から直接意見を聞く，コンテンツと地域振興に関する研究会に出席する，鷲宮町を訪ねる，などさまざまな方法で取り組みのヒントを得ていったという。

　2009年5月30日の豊郷小学校旧校舎群竣工式典の際には，うどんの店を出して巡礼者と交流し，情報収集を行った。そのなかで，巡礼者からは「部室でお茶が飲みたい」という要望があった。アニメ『けいおん！』のなかでは，主人公たちが軽音部の部室で紅茶を飲み，菓子を食べながら談笑するシーンが多く描かれているからである。

　ファンの声を受け，6月上旬には，商工会青年部や地元住民などで「けいおんでまちおこし実行委員会」を組織し，6月27日には，豊郷小学校への来訪者にむけて，豊郷小学校旧校舎群酬徳記念館に「カフェ」を設ける。

　2009年5月31日には，初の痛車が豊郷小学校旧校舎群に訪れていた。6月11日には，コスプレをしたファンがアニメのオープニングの実写版を撮影するために校舎を訪れている。この際に撮影された動画が動画投稿サイトに投稿された。豊郷小学校旧校舎群には，2011年9月19日時点でも，痛車に乗って訪れる

第 12 章 『けいおん！』聖地「豊郷」における豊郷小学校旧校舎群

表12-1　豊郷町の取り組み年表（2009年 4 月 2 日〜2010年 5 月 1 日）

日 付	主 体	事 項
2009年		
4 月 2 日	コ	アニメ『けいおん！』の放送が開始される（ 6 月まで）。
5 月30日	地	豊郷小学校旧校舎群の竣工式典が行われ，一般公開が開始される。このとき，昼食用に地域側でうどんの出店を行い，ファンと情報交換を行う。
5 月31日	ツ	初の痛車が来校する。
6 月11日	ツ	初のコスプレ撮影が行われる。これはアニメのオープニングの実写を撮影するものである。
6 月27日	地	カフェが初実施される。これ以降，基本的に毎週 1 回カフェを実施。
8 月 1 日	地	とっと祭りが開催される。講堂で高校生のライブなどが行われる。ファンも本祭りに参加する。
8 月 8 日	地	初のグッズ（写真集）を発売する。
8 月11日	研	巡礼者アンケート調査開始（北海道大学・立教大学の学生による調査であり， 9 月末まで実施）。
8 月15日	マ	初の新聞掲載。京都新聞に記事が掲載される。
8 月29日	ツ	ファンからカフェの看板が寄贈される。
9 月 5 日	マ	中日新聞に記事が掲載される。
9 月 6 日	個	キーホルダー（TBS 公認グッズ）を販売する。750円で限定200個を販売したが，15分で完売する。
9 月15日	マ	京都新聞に記事が掲載される。
9 月21日	ツ	第 1 回けいおんがくライブが開催される。参加人数は約250人であった。
9 月21日	研	けいおんがくライブ開催にあわせてアンケート調査を実施する（北海道大学・立教大学の学生による調査である）。
9 月21日	地	ポストカードを800円で販売する。
9 月21日	地	ヒノキコースターを600円で販売する。
9 月22日	マ	中日新聞および読売新聞に記事が掲載される。
9 月25日	マ	雑誌『こんきくらぶ』10月号に記事が掲載される。
10月11日	マ	朝日新聞に記事が掲載される。
10月18日	個	キーホルダー（TBS 公認グッズ）が再販される。800円で限定550個を販売したが， 2 時間で完売する。
11月 5 日	マ	雑誌『ぴあ』関西版11月 5 日号に記事が掲載される。
11月 7 日	ツ・地	有志約20名による校舎清掃イベントが実施される。
11月10日	マ	朝日新聞に記事が掲載される。
11月10日	マ	中日新聞に記事が掲載される。
11月22日	ツ	第 2 回けいおんがくライブが開催される。参加人数は約150人であった。
11月22日	研	けいおんがくライブ開催にあわせてアンケート調査を実施する（北海道大学・立教大学の学生による調査である）。
11月22日	マ	朝日新聞に記事が掲載される。
11月22日	個	コースター（TBS 公認グッズ）が販売される。1,000円で販売したが，435個が完売する。
11月22日	個	グラスを販売する。価格帯は700〜1000円である。
11月22日	研	岡本健・釜石直裕・松尾友貴により，日本観光研究学会第24回全国大会にて，2010年 8 月に実施したアンケート調査の結果が発表される。

11月27日	ツ	『けいおん！』キャラクターの平沢唯の誕生日会が開かれる。参加者は約25人であった。
12月1日	マ	中日新聞に記事が掲載される。
12月20日	地	豊郷小学校旧校舎群のライトアップが開始される。
12月27日	地	豊郷小学校旧校舎群のライトアップイベントが開催される。
12月28日	マ	雑誌『じゃらん』関西版2月号に記事が掲載される。
12月30日	コ	横浜アリーナにて公式声優ライブが開催される。アニメの2期製作が発表される。
2010年		
1月16日	ツ	『けいおん！』キャラクターの秋山澪の誕生日会が開催される。参加人数は約70人であった。
1月28日	個	レンタサイクルの営業が開始される。
1月31日	ツ	『けいおん！』キャラクターの山中さわ子の誕生日会が開催される。参加人数は約20人であった。
2月3日	マ	MBSのテレビ番組『VOICE』で取り上げられる。
2月20日	ツ	『けいおん！』キャラクターの平沢憂の誕生日会が開催される。参加人数は約40人であった。
2月22日	マ	京都新聞に記事が掲載される。
2月27日	個	黒板型メッセージカードが発売される。1枚300円で販売。同時に，メッセージカードを残していける絵馬掛け所のような場所をつくる。
3月4日	マ	中日新聞に新聞記事が掲載される。
3月6日	個	ミニコースター（TBS公認グッズ）が発売される。735円で販売し，400個が完売した。
3月14日	ツ	チャリティーグッズであるオルゴールを発売する。800円で，2種それぞれ170個を販売。
3月24日	地	グッズの売り上げ50,000円を町に寄付。
3月25日	マ	中日新聞に記事が掲載される。
3月27日	マ	雑誌『痛車グラフィックス』Vol.7に記事が掲載される。
3月28日	地	豊郷小学校旧校舎群Tシャツが発売される。3,150円で4サイズ各5枚。
3月28日	地	カフェに新メニューとしてカレーライスを追加する。
4月5日	マ	NHKのテレビ番組『おはよう関西』で取り上げられる。
4月5日	マ	NHKのテレビ番組『おうみ発610』で取り上げられる。
4月6日	マ	BBCのテレビ番組『キラりん滋賀』で取り上げられる。
4月7日	コ	アニメ『けいおん!!』放映開始。
4月9日	地	豊郷町広報誌に記事が掲載。
4月11日	個	ミニコースター（TBS公認グッズ）が発売される。1個735円で，町内14店舗で販売し，1,500個が完売する。
4月11日	地	カフェに新メニューとしてトーストを追加する。
4月17日	個	キーホルダー（TBS公認グッズ）が再販される。800円で2,000個を販売する。
4月28日	マ	雑誌『週刊文春』5月6日・13日号のマンガの1コマで言及される。
5月1日	研	巡礼者アンケート調査開始（北海道大学・立教大学の学生の調査であり，5月5日まで実施）。
5月1日	マ	京都新聞に記事が掲載される。

注：キャラクターの名称は，まんがタイムきらら（2010）の記述にしたがった。アミかけした部分は，本書で分析する質問紙調査を行った日付，主体，事項である。主体の「ツ」は「ツーリスト」，「個」は「地域の個人」，「地」は「地域プロデューサー」，「コ」は「コンテンツプロデューサー」，「マ」は「マスメディア」，「研」は「研究者・学生」を指している。

出所：筆者作成。

第 12 章　『けいおん！』聖地「豊郷」における豊郷小学校旧校舎群

図12-2　アニメファンによるさまざまな活動

注：上段左＝撮影日：2010年5月5日，上段右＝撮影日：2010年5月6日，下段左および下段右＝撮影日：2010年2月21日。
出所：すべて筆者撮影。なお，痛車に関しては許可を得たうえで撮影している。

ファンやコスプレをしたファンが引き続き訪れている（図12-2上段左）。また，『けいおん！』には作中に，現実に存在する楽器や文房具，茶器などが登場するため，それらを画面から特定し，それをファンが持ち寄り，作中の場面を再現する行為が行われている（図12-2上段右）。さらに，これは他地域の聖地巡礼でも見られる現象であるが，巡礼者がアニメグッズを持ち寄る現象や，黒板にイラストやメッセージを残す様子が見られ（図12-2下段右），それが『けいおん！』の聖地の景観として観光資源になっている様子も見られる（図12-2下段左）。

2　個人の行動の集合がつくり上げる観光資源

（1）観光資源のボトムアップ的構築

　痛車やコスプレ，イラストなどの巡礼者による表現行為や，巡礼者が持ち寄った物それ自体が集まることによって，独特の景観を形成している。この独特の景観は，個人個人による現実空間での情報発信によって構築されたアナログコンテンツということができる。情報空間上の観光情報のみならず，観光資源についてもボトムアップ的に構築されているのだ。

　こうした景観は，豊郷小学校旧校舎群の外でも見られる。代表的なものは，「飛び出し女子高生」だ（図12-3）。これは，自動車のドライバーに対して，児童の飛び出しに注意を促すための看板「飛び出し坊や」のパロディである。『けいおん！』キャラクターの特徴を反映させたつくりになっており，さまざまなキャラクターのものが，町内のさまざまな場所に置かれている。2010年6月から設置されたものである。

　こうした，来訪者の趣味を反映しつつも地域の文化的素地にのっとったパロディが含まれたアナログコンテンツを見ることは，それを理解できる来訪者にとって，嬉しさをともなった観光経験となる。鷲宮町の土師祭の事例についても指摘したように，地域側に受け入れられている，と感じられるのだ。そして，こうした観光経験は，他者にものがたられることにもなる（橋本2011）。ものがたる際には，直接話をすることもあれば，情報空間上への発信もあるだろう。それによって，巡礼者のリピーター化や，他のアニメファンが巡礼に訪れることもあり得る。

　逆に，課題もある。特定の施設内のみであれば，そこに来場した人に，文脈を説明すれば理解を得やすいが，公共空間にこうしたアナログコンテンツが登場した場合，それを見る人の価値観は限定されず，さまざまである。まったく文脈が理解できず，そのことに反感を持ったり，誤解にもとづいて，その景観を生んだ価値観を攻撃したりするようなこともあり得る。

第 12 章 『けいおん！』聖地「豊郷」における豊郷小学校旧校舎群

図12-3 「飛び出し坊や」（左）と「飛び出し女子高生」（右）

飛び出し坊や

飛び出し女子高生

注：左右ともに撮影日：2010年9月12日。
出所：すべて筆者撮影。

（2）地域の祭りへの巡礼者の参画

　8月1日には毎年開かれている地元の祭りである「とっと祭り」で，高校生による音楽ライブを開催している。この祭りにはアニメファンの参加もあったという。このような地域の催しへの巡礼者の参画は，これだけではない。2009年12月27日には，豊郷小学校旧校舎群のライトアップにともなったイベントが催されたが，これにも巡礼者が参加している。

　アニメ『けいおん！』をきっかけにして訪れ始めた巡礼者のなかには，そこに集う巡礼者同士や，地域の人々と交流をし，当該地域への親和性を高めていく人々が多くいる。近隣だけではなく，県外からの巡礼者にもそういった人は見られる。これはすでに伝統的な意味での「観光客」ではなくなっており，豊郷小学校旧校舎群に行くことが，日常の一部になっている。巡礼者のなかには，豊郷小学校旧校舎群を訪れることを「登校」と呼んでいる人もおり，週末は豊郷小学校旧校舎群に「登校」して，交流を楽しむのである。

（3）巡礼者による取り組み

　8月8日には，豊郷小学校の写真集が販売される。この写真集は，ファンの有志が制作したものだ。8月29日には，カフェの看板をファンの有志が制作し寄贈した。そして，9月21日には，ファンが中心となり，mixiのコミュニティのオフ会として，「けいおんがく！ライブ」を豊郷小学校旧校舎群内の講堂で開催し，約250人のファンが訪れている。11月22日には第2回「けいおんがく！ライブ」が開催され，150人が参加した。

　オフ会とは，オフライン・ミーティングの略語である。インターネット上でのつながりをオンラインととらえ，現実空間上で集まることをオフライン・ミーティングと呼ぶ。つまりはネット上で価値観を共有したファンの同好会を現実空間で行うということである。しかし，このオフ会には，前述の「けいおんでまちおこし実行委員会」も実施や運営に協力し，飲食物やグッズを販売するなどしており，地域の人々もそこに関係している。さらに，巡礼者たちは，キャラクターそれぞれの誕生日会を豊郷小学校旧校舎群で催している。

　「けいおんがく！ライブ」について詳細に検討した論考に，釜石直裕の「アニメ聖地巡礼型まちづくりにおけるイベントの役割に関する研究」がある（釜石2011）。この論文では，ライブ参加者に対するアンケート調査の結果から，以下の3点を見いだしている。1点目は「けいおんがく！ライブをきっかけに，初めて豊郷町へ訪れた人」がおり，「日本の各地から豊郷町に訪れて」いて，「来訪の動機として作用している」ことだ。2点目は「イベントを通して，日常では持ち得ない価値観や楽しみ方」を得る可能性である。3点目はイベントの開催が「ファンが主体的にまちおこしを行う意識を持つきっかけ」となり得ることだ。

　つまり，「けいおんがく！ライブ」を催すことによって，それをきっかけにして新たな来訪者が集まり，価値観や楽しみ方が広がり，主体的に地域のことを考えるきっかけとなっているというのだ。これは，鷲宮町における土師祭で見られたのと同様の現象であると言えよう。ただし，釜石も指摘しているように，「けいおんがく！ライブ」の際の価値観や楽しみ方の変化は，ファンコミュニティ，つまり島宇宙内部でとどまるものが主である（釜石2011）。とはいえ，ファンだけで実施される通常の閉じたオフ会とは異なり，地域住民の一部が関

係していることによって，地域と巡礼者の交流の回路となっている部分もある。

　加えて，１点指摘しておきたいのは，この「けいおんがく！ライブ」やキャラクターの誕生日会は，旅行者が旅行者をもてなす，という構造を持っていることである。すなわち，企画や実施に関しては，地域の人々の協力はあるものの，概ね巡礼者が行っている。実施したイベントに参加するのもまた巡礼者である。つまり，場所は豊郷小学校旧校舎群という観光目的地であるが，そこでイベントを催行するホストと，そこに参加するゲストは，どちらも旅行者なのである。

　これは，鷲宮においてもしばしば見られる状況だ。豊郷や鷲宮でイベントを実施する側の巡礼者にインタビューすると，コミックマーケットなどの同人誌即売会イベント経験者が多いことがわかった。コミックマーケットの基本方針では，イベント実施者は「従業員」ではなく，そして，イベント来訪者は「お客様」ではない。全員が「参加者」として平等な関係であることが求められる。たとえば，行列の整理などもイベント実施者がすべて行うのではなく，来訪者が列整理の看板を持ったり，自主的に整列したりするのだ。そのパフォーマンスは，時として，企業が出しているブースでの列整理を上回る。イベントを企画する巡礼者にはこうした素地がある人々が多く，ホストとゲストの境界を曖昧にしながらも，皆で楽しむ，皆でイベントを成功させる，という意識が共有されやすいと考えられる。

（４）地域の個人による取り組み

　地域の個人による取り組みのうち，まずは，グッズ制作から見ていきたい。９月６日には，著作権所有者であるTBSから許可を得て制作したキーホルダーを750円で限定200個販売したところ，15分で完売した。10月18日には，800円で限定550個販売するが，これも２時間で完売した。11月22日には，TBSから許可を得て制作したコースターが1,000円で435個販売され，これも完売した。2010年３月６日には，TBSから許可を得て制作したミニコースターが発売される。735円で販売したが，これも400個が完売している。2010年４月11日には，ミニコースターが１個735円で，町内14店舗で販売され，1,500個が完売す

る。4月17日には，キーホルダーが再販され，800円で2,000個を販売した。すでに述べたが，TBSは豊郷小学校旧校舎群が「けいおん！」の舞台であると正式には認めていない状態なのだが，豊郷町で販売されるグッズの許諾については協力姿勢を見せている。

　指摘しておきたいのは，ここに挙げたグッズ制作および販売はすべて「地域の個人」が主体となって行っているということだ。鷲宮の場合は，商工会事務局がメタな視点から著作権者との交渉，販売方法の提案などを一手に取りまとめて行っているが，豊郷にはそのような役割を果たす組織は調査時には見られなかった。地域の個人がそれぞれにアイデアを出し，それを巡礼者や地域の人々とさまざまな機会に話し合いながら実現していく場合が多い。けいおんでまちおこし実行委員会や，観光協会，商工会青年部，NPOといったさまざまな「地域プロデューサー」組織のメンバーはそれぞれ重複しており，そのなかで情報交換を行いながら，その都度実行している状態である。

　グッズのなかには，販売の仕方として，1か所でまとめて販売してしまうのではなく，町内を周遊してもらうために，さまざまな店舗で販売を行ったものがある。これは，鷲宮の「桐絵馬形携帯ストラップ」の販売方法と同様である。グッズを制作，販売した「地域の個人」にインタビューを行ったところ，さまざまな店舗にグッズを配達しなければならず，非常に苦労したという旨のコメントが得られた。こうした販売方法をとる場合には，やはり組織的な支援が必要になるだろう。たとえば，鷲宮の商工会事務局の場合は，そもそもの本業に，個人事業主とのやりとりや取りまとめが含まれている。そうすると，元々個人事業主とのネットワークが構築されており，業務として個人商店主を回る際に，グッズの補充を行ったり，客の反応を聞いたりすることができ，効率的かつ丁寧な対応ができる。しかし，一個人商店主が単独で同じことをやろうとすると，本業の種類によっては，本業に支障をきたす場合も出てくるだろう。そうした場合は，持続可能性が問われる。

　次に，巡礼者による観光資源のボトムアップ的構築の場を地域の個人が手がけた取り組みを見ていきたい。2010年2月27日には，黒板型メッセージカードが1枚300円で町民によって販売された（図12-4）。

　清水氏へのインタビューによると，この黒板型メッセージカードは，鷲宮神

第12章　『けいおん！』聖地「豊郷」における豊郷小学校旧校舎群

図12-4　「黒板型メッセージカード」と「メッセージカード掛け所」

注：左＝撮影日：2010年2月21日．右＝撮影日：2011年9月19日．
出所：すべて筆者撮影．

　社の絵馬掛け所において見られた，痛絵馬が観光資源化している様子にヒントを得てつくられたものである。鷲宮の絵馬掛け所には，すでに見たように，アニメキャラクターの絵が描かれた痛絵馬と呼ばれる絵馬が大量に掛かっている。鷲宮神社を何度も訪れ，その都度痛絵馬を掛けていくような巡礼者もいる。さらに，その様子を，他の巡礼者や一般観光客が見て楽しんでいる。同様の現象は，このメッセージカードが開発される前から，すでに豊郷小学校旧校舎群でも起こっていた。豊郷小学校旧校舎群の音楽室には黒板があり，そちらには日々たくさんの絵やメッセージが描かれた。その様子を見て楽しむ人々も多かった。しかし，黒板の面積には限界があり，ファンによるアナログコンテンツが比較的すぐに消えてしまうため，絵馬掛け所のように，何度も来て自分の作品を確認したりすることができない。そこで，小学校であるため黒板をモチーフにし，かつ，巡礼者による表現が消えてしまわない方法として考えだされたのが，この「黒板型メッセージカード」および「メッセージカード掛け所」である。

　メッセージカード掛け所には，巡礼者がイラストやコメントを書いた黒板型メッセージカードが数多く掛けられており，豊郷小学校旧校舎群の観光資源の1つとなっている。まさにボトムアップ的な観光資源の構築と言えよう。

　これは，巡礼者のイラストやコメントを集積することによって，観光資源化

する仕組みとなっている。何度も訪れてカードを掛けていく巡礼者も見られる。アニメファンのなかには，イラストを描いたり，文章を書いたりといった，表現活動を盛んに行う人が多い。こうした表現活動は，価値観が共有できない他者にとっては理解不能な場合もあるが，価値観を共有できる他者にとっては，それらの表現を目にしたとき，嬉しさを感じられる。

そういう意味で，この「黒板型メッセージカード」および「メッセージ掛け所」は，巡礼者が心置きなく自分の価値観を表出できる場になっていると言える。そうした場づくりがなされない場合，表現欲求の強さが勝ってしまった人は，本来描いてはいけない場所にイラストやコメントを描いてしまう可能性も出てくる。観光地でよく問題になる「落書き」である。もちろん，ただ名前などを書いたり彫ったりするような「落書き」と，巡礼者の表現欲求とは即座に同列に並べるべきものではないが，書かれた側，被害者側であると感じている人間の認識に立てば，その差はないに等しい。同じ表現行為が，設定された場で行われれば観光資源となり，無秩序になされれば落書きとなり，価値観同士の衝突を生むことになる。

ここで，もう1点，別の観点も提示しておきたい。こうした個人の表現を観光資源化する「表現の場」について，あまりに計画的な，閉じた場しかなくなってしまった場合，巡礼者と地域が出会う機会が減じてしまう点である。つまり島宇宙化の推進の危険性だ。

アニメ聖地では，個人商店や商工会など，さまざまな場所に巡礼者による表現物（アナログコンテンツ）が置かれている。それらの場所には，巡礼者だけが訪れるわけではない。一般的な客や地域住民も訪れる。そうしたときに，開放空間におけるアナログコンテンツの蓄積は，異質な価値観が出会う空間，異文化が出会う場となっているのである。すなわち，場がメディアとなり，人と人をつなぐのだ。

そこではもちろん幸せな出会いだけではなく，トラブルが起こる可能性も増える。しかし，観光が人と人との関係性にもたらす機能は，ここまで見てきたように，このような異質な価値観を持った人同士を出会わせることであると考えられる。情報通信技術が発達し，さまざまな情報が事前に手に入るようになっているなかで，観光の持つ機能の1つは，現地で起こる偶然の出会いや，

異質な価値観との出会いであろう。それによって，交流が生み出され，閉じた価値観が開かれる可能性がある。極度に隔離した表現の場を構築することは，異質な価値観との出会いを阻害する可能性も内包している。

3 『けいおん！』聖地豊郷における質問紙調査

ここからは，『けいおん！』聖地巡礼者は，異質な価値観と出会い得るか，という問題について，質問紙調査の結果から考察したい。

（1）異なる価値観の人々が集う場としての豊郷

豊郷小学校旧校舎群は，著名な建築家であるヴォーリズによるものであり，アニメに関心がある人々だけでなく，建築に関心がある人々も訪れる場所だ。つまり，1つの施設に価値観の異なる人々が集まることになるのである。この点が，鷲宮との差異として挙げられ，本章の目的を達成するためにふさわしいフィールドであることを傍証する。

もちろん鷲宮も，主なアニメ聖地は鷲宮神社であり，アニメ以外の関心で訪れる人々がいる。しかし，鷲宮は前述したように，調査時にはすでに『らき☆すた』によるまちおこしや初詣の様子，土師祭の様子が多くのメディアに取り上げられており，アニメに興味がない人々の間でも，ある程度，その価値が知られていた。豊郷小学校旧校舎群では，調査時点では，まだ鷲宮のような事態には発展しておらず，メディアに取り上げられることも少なかった。

加えて鷲宮では，鷲宮神社を主な聖地としながらも，スタンプラリーやグッズ販売によってアニメファンの価値観が町内全体に広がっており，ファンの活動が人目につきやすくなっている。しかし豊郷では，豊郷小学校旧校舎群という1つの施設内にさまざまな聖地がある状態であり，アニメファンは人目につきにくい施設内で，それぞれの表現を行っており，アニメファン以外の人々から見ると理解できない価値観が表出する可能性があり得る。

実際，豊郷では，2010年12月10日付で，豊郷町より「豊郷小学校旧校舎群を見学または利用される方へ」という注意書きがウェブページに出された。タイトルは，アニメファンに限定した表現ではなく，「見学または利用される方へ」

図12-5 調査表回収用箱を設置した教室の様子

注：撮影日：2009年8月11日。
出所：筆者撮影。

としてある。しかし，筆者は調査中に，この注意書きに具体的に書かれている「講堂の放送設備やピアノを無断で使用する」という点について，講堂の放送設備を使ってアニメソングを流しているファンを目撃したこともあり，また，来校者の多くがアニメファンであることからアニメファンを念頭に置いたものと考えられる。

（2）豊郷小学校旧校舎群における質問紙調査の手続き

2009年8月11日～9月27日にかけて，質問紙調査を行い，データを得た。ただし，9月21日に関しては，「けいおんがく！ライブ」というイベントが開催されたため，分析からは除外した。滋賀県犬上郡豊郷町の豊郷小学校旧校舎群の2階の教室（図12-5）に質問紙回収箱を設置し，データを得た。

（3）データの回収数と概要

期間中の全回収数の合計は369枚であった。1日あたりの平均回収枚数は，7.9枚（標準偏差5.7）。1日の回収枚数の最小値は0枚，最大値は23枚であった。

回収された369のデータのうち，旅行動機に関する問いで『けいおん！』に関することを動機とした者を『けいおん！』聖地巡礼者とする。『けいおん！』に関することを動機とした回答としては，「けいおん！の聖地巡礼（舞台探訪）のため」という旨のものに加えて，「○○（キャラクター名）に会いに」や「俺の嫁が通う高校だから」なども含めた。結果，312のデータがそれに該当した。

（4）他の『けいおん！』聖地への来訪

豊郷小学校旧校舎群以外の『けいおん！』聖地への来訪意思を問うた結果を表12-2に示した。『けいおん！』の聖地は豊郷小学校旧校舎群だけではなく，

第 12 章 『けいおん！』聖地「豊郷」における豊郷小学校旧校舎群

表12-2 他の『けいおん！』聖地への来訪意思

回 答	人数（%）
行っていないがこれから行く予定	138（44.2）
行っていないし行く予定もない	43（13.8）
すでに行った	122（39.1）
記述なし	9（2.9）
合 計	312（100.0）

出所：筆者作成。

京都にも数多く存在する。「行っていないがこれから行く予定」が最も多く138
（44.2％）で，「すでに行った」の122（39.1％）が続き，最も少ないのが「行っ
ていないし行く予定もない」で43（13.8％）だった。

　来訪意思があると思われる「行っていないがこれから行く予定」と，すでに
来訪している「すでに行った」を足すと260（83.3％）となる。このことから，
『けいおん！』に関する他の聖地に関する興味は高いことがわかる。

（5）他のヴォーリズ建築の知識の有無と来訪意思

　豊郷小学校旧校舎群が建築家ヴォーリズによる建築であることを知っていた
かどうかを問うた。「知っている」という回答が154（49.4％），「知らなかった」
という回答が138（44.2％）であり，「知っている」がやや多い。記述がなかっ
たものは20件で全体の6.4％であった。

　豊郷小学校旧校舎群以外のヴォーリズ建築を知っているか否かと，行く意思
があるか（すでに行った者も含む）否かという2つの問いへの回答を整理した結
果を表12-3に示した。

　最も多いのが，他のヴォーリズ建築を知らず（未知），行く意思もないとい
う回答で，その数は106，全体の34.0％を占めた。次に多いのは，他のヴォー
リズ建築を知らなかったが（未知），行く意思があるという回答であり，101
で，全体の32.4％にあたる。続いて，他のヴォーリズ建築を知っており（既
知），行く意思がある（すでに行った）という回答が42で全体の13.5％であった。
最も少なかったのは，他のヴォーリズ建築を知っているが（既知），行く意思

193

表12-3 他のヴォーリズ建築の知識の有無と来訪意思

	行く意思あり（行った）	行く意思なし
既　知	42 （13.5）	41 （13.1）
未　知	101 （32.4）	106 （34.0）

出所：筆者作成。

表12-4 ヴォーリズ認知と来訪意思（表）

	1　群	2　群
既知・来訪意思あり	37 （24.0）	5 （3.6）
既知・来訪意思なし	30 （19.5）	10 （7.2）
未知・来訪意思なし	33 （21.4）	73 （52.9）
未知・来訪意思あり	51 （33.1）	50 （36.2）
記述なし	3 （1.9）	0 （0.0）
合　計	154 （100.0）	138 （100.0）

出所：筆者作成。

はないという回答が41で全体の13.1％であった。そして，記述なしが22件あり，全体の7.1％であった。

　表12-3を見ると，他のヴォーリズ建築の知識の有無と行く意思に相関が有るとは考えにくい。それでは，豊郷小学校がヴォーリズの建築であることを知っていたか否かによって群分けをした場合，表12-3に示された「他のヴォーリズ建築の知識の有無・来訪意思の有無」の比率はどのようになるだろうか。

　表12-4では，ヴォーリズ認知において「知っている」と回答した者を1群とし，「知らなかった」と回答した者を2群として，それぞれ度数と比率を求めたものを示した。

　また，表12-4で示された比率を棒グラフ化したものが図12-6である。

　豊郷小学校旧校舎群がヴォーリズによる建築であることが既知であった1群のなかでは，他のヴォーリズ建築も知っており，来訪する意思がある者が24.0％，他のヴォーリズ建築は知らないが来訪意思がある者が33.1％であり，あわせて57.1％（88人）が，ヴォーリズ建築に興味を持っている。

第12章 『けいおん!』聖地「豊郷」における豊郷小学校旧校舎群

図12-6　ヴォーリズ認知と来訪意思（棒グラフ）

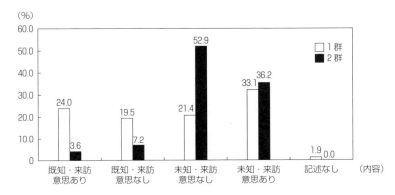

出所：筆者作成。

　一方，豊郷小学校がヴォーリズの建築であることを知らなかった2群のなかでは，他のヴォーリズ建築を知っている者（既知・来訪意思あり＋既知・来訪意思なし）は10.8％（15人）にとどまっており，知らないし来訪する意思もない者が52.9％を占めている。しかし，他のヴォーリズ建築を知らなかったが，現地に来て新たな価値観を知り，来訪意思を示した者が36.2％（50人）いることが明らかになった。

4　偶然の出会いからの価値観の広がり

　本章では，『けいおん!』聖地巡礼者のなかに，アニメ以外の価値に興味を示す巡礼者がいるかどうかを明らかにした。312人のうちの16.0％であるが，『けいおん!』の聖地であるという理由で来訪した巡礼者のなかに，『けいおん!』とはもはや直接関係がないヴォーリズの他の建築を見てみたいという人が一定数いることが明らかになった。来訪意思を質問紙に記入した，というだけのことであり，実際に来訪するかどうかはわからないが，元々『けいおん!』の聖地巡礼のために訪れていた巡礼者が現地で新たな価値を認識し，そちらにも興味を示したことが実証できたと言えよう。

195

第13章 地域側から発信される観光情報の流通プロセス

1 ウェブページのアクセス解析

（1）「鷲宮町商工会ホームページ」と「今日の部室」

　本章では，アニメ聖地における地域からの情報発信に，実際どの程度のアクセスがあり，そして，そのアクセス経路や情報波及のプロセスはどのようなものであるかを明らかにする。対象とするウェブサイトは，「鷲宮町商工会ホームページ」（以下，「鷲宮HP」と表記）と，ブログ「今日の部室（けいおんの舞台豊郷小学校旧校舎群）」（以下，「部室」と表記）である。

　鷲宮では，鷲宮町商工会が運営する「鷲宮HP」が，そして，豊郷では，町民によるブログ「部室」が，イベント開催やグッズ販売の情報を地域側から発信している。「部室」には，ほぼ毎日，黒板の様子や豊郷小学校旧校舎群の様子が写真つきの記事で投稿されている。また，個人ブログでありながらも，イベントやグッズの情報が詳細に公表されるため，地域の情報を発信している代表的なブログと言える。

　このように，両地域は，コンテンツの内容やファン層は類似しているが，地域側の情報発信の様態は異なっており，比較・検討を行うことで，情報発信のあり方と，その流通の仕方を関連づけて分析できる。

（2）アクセス解析の手続き

　アクセス解析には，「FC2アクセス解析」を用いた。分析するアクセス数はトータルアクセスであり，分析期間は両サイトとも2010年6月1日から2011年5月31日の1年間である。

　まず，日ごとのアクセス数の最小値，最大値，平均値，合計値等の基礎的な

第 **13** 章　地域側から発信される観光情報の流通プロセス

値を示し，その後，月ごとのアクセス数について確認し，アクセス数の多い月
を抽出する。次に，抽出された月について，日ごとのアクセス数との関連を分
析する。さらに，日ごとのアクセス数増加は何が要因となっているのか，どの
ような経路でのアクセスが増加したのか，について分析を行う。

2　アクセス解析の結果

（1）アクセス数の推移

　分析期間中の1日ごとのアクセス数をデータとして用いる。[1]「鷲宮 HP」で
は，最小値は121，最大値は12,281であり，合計215,308である。1日あたりの
平均値は589.9である。「部室」では，最小値は1,193，最大値は16,280であり，
合計1,054,257である。1日あたりの平均値は2,888.4である（**表13-1**）。平均値
および合計値を見てみると，「鷲宮 HP」に比べて「部室」が約5倍多くなっ
ていることがわかる。一方で，アクセス数の最大値については，「鷲宮 HP」
で12,281，「部室」で16,280と，平均値や合計値ほどには差が大きくない。

　次に，「鷲宮 HP」および「部室」の月ごとのアクセス数の推移をまとめた（**表
13-2**）。「鷲宮 HP」では，2010年10月のアクセス数が39,231と最も多く，2011
年1月（25,907），2010年9月（21,616）が続いている。「部室」では，2010年11
月のアクセス数が134,479と最も多く，2010年10月（113,699），2010年9月
（113,121）が続いている。

　この月ごとのアクセス数の差異は，数日単位の一時的なアクセスの上昇に
よってもたらされているのだろうか，あるいは，徐々に変化するようなあり方
だろうか。それを確認するため，日ごとのアクセス数の推移を分析する。「鷲
宮 HP」および「部室」について，解析期間（日）を横軸にとり，アクセス数
を縦軸にとってグラフ化したものが**図13-1**，**図13-2**である。

　図13-1を見ると，「鷲宮 HP」では，2010年10月14日のアクセス数が，通常
と比較すると突出して多くなっている。この日のアクセス数は，年間の最大値

1）　アクセス数の日ごとの具体的な数値は，本書巻末の**付録〈5〉**にすべて掲載した。必要に応じ
　　て参照していただきたい。

197

表13-1　最小値・最大値・平均値・合計値

	鷲宮 HP	部　室
最小値	121	1,193
最大値	12,281	16,280
平均値	589.9	2,888.4
合計値	215,308	1,054,257

n＝365

出所：筆者作成。

表13-2　月ごとのアクセス数の推移

	鷲宮 HP	部　室
2010年 6 月	13,201	64,101
2010年 7 月	17,661	90,893
2010年 8 月	17,624	97,850
2010年 9 月	21,616	113,121
2010年10月	39,231	113,699
2010年11月	17,681	134,479
2010年12月	20,701	82,997
2011年 1 月	25,907	85,547
2011年 2 月	11,233	70,423
2011年 3 月	10,718	72,914
2011年 4 月	9,323	64,751
2011年 5 月	10,412	63,482
合　計	215,308	1,054,257

出所：筆者作成。

である12,281アクセスであった。次いで，2011年 1 月 1 日の3,646アクセス，2010年 9 月 6 日の3,462アクセスが多くなっている。

　図13-2を見ると，「部室」では2010年11月14日のアクセス数が最も多く，16,280アクセスを記録した。それに，2010年10月31日の13,813アクセス，2011年 1 月19日の10,884アクセスが続く。

　「鷲宮 HP」では，アクセス数の多い日を含む月のアクセス数が多くなっていることが明らかになった。「部室」でも「鷲宮 HP」と同様に，最大アクセ

第 13 章　地域側から発信される観光情報の流通プロセス

図13-1　「鷲宮HP」のアクセス数の推移（日ごと）

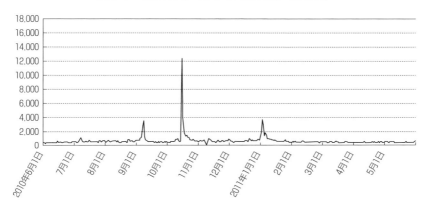

注：全数値の一覧を本書巻末の付録〈5〉に掲げている。
出所：筆者作成。

図13-2　「部室」のアクセス数の推移（日ごと）

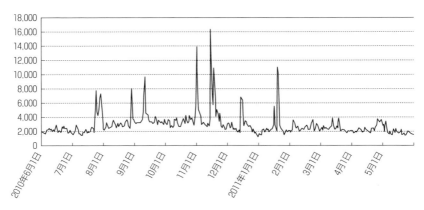

注：全数値の一覧を本書巻末の付録〈5〉に掲げている。
出所：筆者作成。

スを記録した2010年11月14日を含む11月が，月ごとのアクセス数でも1位となっており，次にアクセス数の多かった日である2010年10月31日を含む10月が，月ごとのアクセスでも2位になっている。しかし，3番目にアクセス数の

多かった2011年1月19日を含む1月は，月ごとのアクセス数では6位である。月ごとのアクセス数で3位である2010年9月には，アクセス数が突出している日として，9月9日の9,618があり，この影響は無視できないが，9月は他の月と比べて全体的にアクセス数が高くなっていることが，月ごとのアクセス数を高くしていると考えられる。つまり，「部室」では，アクセス数が数日単位で急増することによる影響と，より長い期間でアクセス数が増加することによる影響を受けて月ごとのアクセス数が変動しているのだ。

　ここまでの分析で，「部室」は「鷲宮HP」に比べて，全体的にアクセス数が多く，アクセス数の日ごとの変動も大きく，アクセス数が突出して多い日の頻度も高いことが明らかになった。また，月ごとのアクセス数を規定する際の条件が両サイトで異なっていることもわかった。

（2）地域の状況との関連

　ここでは，両サイトで，日ごとのアクセス数の上位3位を記録した日には，地域側からどのような情報が発信されたのか，そして，地域で何が起こっていたかを明らかにしたい。

　鷲宮では，アクセス数が1位であった2010年10月14日（以下，鷲宮①）に，「オタ婚活 鷲宮出会い編 〜三次元の君に届け〜」というイベントの開催告知が「鷲宮HP」で行われた。2位である2011年1月1日（以下，鷲宮②）は，前日の大みそかおよび初詣により，鷲宮神社に参拝客が多数訪れていた。また，3位である2010年9月6日（以下，鷲宮③）の前日である2010年9月5日には，地域の祭りである土師祭が行われ，地元の千貫神輿とともに「らき☆すた神輿」が出されたり，「WOTAKOI ソーラン祭り」として，アニメソングにあわせて踊るヲタ芸が披露されたりしていた。

　豊郷では，アクセス数が1位であった2010年11月14日（以下，豊郷①）は，前日に豊郷小学校旧校舎群において開催された「ゆいあず Birthday Party 〜 Raspberry Sweet Teatime〜」というイベントの様子が「部室」で写真つきで公開されていた。2位である2010年10月31日（以下，豊郷②）は，前日に豊郷小学校旧校舎群において「とよさと あきのごはん祭り」および同人誌即売会である「桜高文化祭」が開催されていた。3位である2011年1月19日（以下，豊郷③）

第 **13** 章　地域側から発信される観光情報の流通プロセス

表13-3　アクセスのリンク元

	鷲宮①		鷲宮②		鷲宮③	
	アクセス元	アクセス数	アクセス元	アクセス数	アクセス元	アクセス数
1 位	Yahoo! ニュース	5,485	Google	525	ニュー速クオリティ	537
2 位	Yahoo!	910	Yahoo!	355	livedoor Blog	324
3 位	Google	885	鷲宮町商工会ホームページ	80	Yahoo!	309
	豊郷①		豊郷②		豊郷③	
	アクセス元	アクセス数	アクセス元	アクセス数	アクセス元	アクセス数
1 位	今日もやられやく	7,817	今日もやられやく	5,012	やらおん！	7,779
2 位	今日の部室	3,578	今日の部室	4,155	今日の部室	1,196
3 位	Google	414	鈴木舟太のクイズHP	515	Google	130

出所：筆者作成。

については，当日および前日に，豊郷でイベント等は確認できなかった。

（3）アクセスのリンク元

　前節で明らかになった両サイトへのアクセス数が多い日について，どういったサイトからのアクセスが多いかを明らかにするために，それぞれのリンク元を整理した（**表13-3**）。リンク元のサイトへのアクセス年月日は，すべて2011年1月14日である。

　鷲宮①のリンク元のうち，最も多かったのは「Yahoo! ニュース トピックス」であり，アクセス数は5,485であった。次いで「Yahoo! 検索」が910，「Google」が885であった。鷲宮②のリンク元のうち，最も多かったのは「Google」であり，アクセス数は525であった。次いで「Yahoo! 検索」が355，「鷲宮町商工会ホームページ」が80であった。鷲宮③のリンク元のうち，最も多かったのは「ニュー速クオリティ」であり，アクセス数は537であった。次いで「livedoor Blog」が324，「Yahoo! 検索」が309と続いている。2位「livedoor Blog」は，ブログによる情報発信であると考えられるが，具体的なブログ名称までは特定することができなかった。

201

豊郷①のリンク元のうち，最も多かったのは「今日もやられやく」であり，アクセス数は7,817であった。次いで「部室」が3,578，「Google」が414であった。豊郷②のリンク元のうち，最も多かったのは，豊郷①と同じく「今日もやられやく」であり，アクセス数は5,012であった。次いで「部室」が4,155，「鈴木舟太のクイズHP」が515で続いている。豊郷③のリンク元のうち，最も多かったのは「やらおん！」であり，アクセス数は7,779であった。次いで「部室」が1,196，「Google」が130で続いている。

（4）アクセス経路の分析

　まず，「鷲宮HP」では，鷲宮①において「Yahoo! ニュース」からのアクセス数が他と比較して多い。同日，「Yahoo! ニュース トピックス」には，鷲宮で開催予定の「オタ婚活」の記事があり，それによって「鷲宮HP」へのアクセスが増加したと考えられる。「Yahoo! ニュース トピックス」は，Yahoo! のトップページに表示されるため，アニメ等に興味のないユーザーも広く閲覧し，アクセス数が急増したと考えられる。

　次に，「鷲宮HP」では，鷲宮①の2位，3位，鷲宮②の1位，2位，鷲宮③の3位が「検索サイト」からのアクセスであった。多くのアクセスが検索サイト経由のものであることがわかる。「部室」では，検索サイト「Google」からのアクセスは豊郷①，豊郷③にいずれも3位として入っており，アクセス数は少なく，2位と大きな差がある。「部室」に比べて「鷲宮HP」のほうが「検索サイト」からのアクセスが多いように見えるが，今回のデータのみでは分析に限界がある。「検索サイト」については，検索サイトごとの特性や，検索キーワードについてのさらなる分析が必要となる。

　そして，「鷲宮HP」では，鷲宮②の3位に，「鷲宮HP」が入っている。これは，「鷲宮HP」内のさまざまなページを閲覧していることを意味する。鷲宮②では，初詣客が多くのアクセスをしていると考えられ，周辺地図や出店の情報など年末年始情報をサイト内で探索したものと推測できる。次に「部室」では，「部室」からのアクセスが豊郷①で2位，豊郷②で2位，豊郷③で2位となっている。これは，「部室」がブログであることが原因だろう。「部室」では，過去の記事がたまっていくと，トップページには表示されず，アーカイブ

化される形式になっている。また，記事内で過去の記事を参照する場合もあり，「部室」から「部室」へのアクセスが多くなっていると考えられる。アクセス数分析では，「鷲宮HP」と「部室」でアクセス数に大きな差があったが，「自サイト」からのアクセスの多寡も差を広げる要因であると考えられる。

　最後に，「鷲宮HP」において，鷲宮③の1位「ニュー速クオリティ」，は「2ちゃんねるまとめサイト」と呼ばれるもので，電子掲示板「2ちゃんねる」のスレッドをまとめているサイトであり，アニメファンの情報源として用いられている。次に，「部室」では，豊郷①，豊郷②で1位になっている「今日もやられやく」，そして，豊郷③で1位となっている「やらおん！」，豊郷②で3位となっている「鈴木舟太のクイズHP」は，いずれも「2ちゃんねるまとめサイト」，あるいはまとめサイトを含むサイトであり，当該日に「けいおん！」や豊郷町のことを取り上げていることが確認できた。

　ここで，現地で特別な出来事がなかったにもかかわらず，大きなアクセス数の増加を記録した豊郷③について分析を深めたい。「やらおん！」の豊郷③と同日の記事を確認したところ，「ローソンさんが今度は十六茶に『けいおん!!』ストラップをつけるぞー」という記事が見られた。2ちゃんねるの書き込みをまとめたものと見られる。コンビニエンスストアのローソンがペットボトル飲料の「十六茶」（アサヒ飲料）に『けいおん!!』のキャラクターストラップをつけて売り出すことに関する書き込みであった。これだけでは，このサイトから「部室」へのアクセスが増加した理由は不明である。この書き込みをさらに詳しく見ると，ある箇所で「最近はさわちゃんまであるらしいぞw」[2]という書き込みとともに，「部室」の2011年1月16日の記事にリンクが貼りつけられていることがわかった。「さわちゃん」とは，『けいおん！』のキャラクター「山中さわこ」のことだ（まんがタイムきらら2010）。2011年1月16日の「部室」では，大雪のため，豊郷町内に配置されている『けいおん！』キャラクターを模した「飛び出し坊や」が雪をかぶっている様子が写真つきで記述されていた。そのなかに「さわちゃん」を模した「飛び出し坊や」が雪をかぶっている写真があるため，2ちゃんねるにURLが掲載されたと考えられる。

2）「w」とは「（笑）」と同様の意味を持つ2ちゃんねる的な表現である。

掲示板の記事を編集，発信した「2ちゃんねるまとめサイト」によって，当該地域のことを発信しているサイトが多くのアクセス数を集める事態が引き起こされたことがわかる。しかも，地域とは直接関係のない話題についても同様のことが起こっていた。

3　情報拡散者の役割

　「Yahoo! ニュース トピックス」のような，数多くの人が見るようなサイトに取り上げられれば，アニメファンだけではなく，広く一般に情報が流通することになり，知名度が高まると考えられる。一方で，「2ちゃんねるまとめサイト」のような，特定の趣味に関心のある人々向けに特化したサイトの影響力も強い。「2ちゃんねるまとめサイト」は，個人による掲示板の書き込みを編集したものであるため，ボトムアップ的な情報発信であり，「鷲宮HP」「部室」両者に大きな影響を与えている。今回扱った事例のように，アニメのファンという趣味のコミュニティでの情報流通に関しては，こうした趣味のコミュニティ向けのサイトに取り上げられることが，アクセス数増加に大きな影響を与え，情報を広くコミュニティに流通させることがわかった。

　また，特筆すべきなのは，「2ちゃんねるまとめサイト」からのアクセスである。詳細な考察は次の**第14章**で行うが，地域からの情報発信に関して，観光地には直接赴かなくても可能な情報編集行為によって，情報の流通が影響を受ける。電子掲示板の記事を編集，発信するという行動は，直接観光目的地域に行かずとも実行することが可能だ。その前段階として，電子掲示板に「部室」のURLを書き込むこともまた同様である。今回の分析によって，こうした「観光目的地域に直接かかわりのない他者」が行うCGM的な情報空間上での情報発信，編集行為が，観光目的地域に直接関係するサイトのアクセス数に大きな影響を与えていることがわかった。

第14章 発信・創造・表現する旅行者

　本書の議論は，情報社会において，観光は他者性を持った他者との交流を可能にするのか，という問いから始まった。それを検討するために，これまでの研究で，「動物化」という特徴が見いだされ，他者性を持った他者を忌避する傾向を指摘されてきた「オタク」の旅行行動である「アニメ聖地巡礼」を分析した。

　アニメ聖地巡礼は，1990年代初めに登場し，2000年代に展開した行動であることがわかった。これはまさに，観光の動物化が始まった時期と合致し，分析対象としてふさわしい。また，アニメ聖地巡礼者は情報通信機器の利用が盛んな旅行情報化世代とも年齢が一致することが確認できた。

1　アニメ聖地巡礼の行動的特徴の整理

　ここで，アニメ聖地巡礼の行動的特徴を整理しておこう。

　まず，アニメ聖地巡礼は，アニメファンがアニメを視聴するところから始まる。とはいえ，ただアニメを視聴しただけでは，アニメの背景が実際にあるのかどうかは不明だ。ここに，内部情報や外部情報といった，舞台に関する情報があわさることで，聖地巡礼の動機が形成される。内部情報とは，記憶のことだ。アニメに映った背景が過去に見たことのある風景であれば，その時点でアニメの背景が実際にあるものを描いていることがわかる。[1]

　ただ，アニメの聖地は有名な風景や観光地ばかりではない。作品にもよる

1）　2011年12月時点では，アニメの聖地巡礼という行動自体が比較的有名になっており，「アニメには実在する風景が使われていることがある」という内部情報を利用することも考えられる。そうした場合は，大河ドラマ観光の状況に近くなるだろう。

が，日常的なエピソードを描くことに力を入れているアニメの場合，むしろ，住宅街や，神社，学校といった，どこにでもありそうな景観であることのほうが多い。そうした場合，正確にアニメの舞台を知るのは難しい。その際には，外部情報としてさまざまな情報を得ることによって，アニメの舞台が実際にあることを知る。アニメの場合，放送局や制作会社などのコンテンツホルダー側がその舞台を明らかにすることはそれほど多くない。[2]

　その場合，アニメの舞台を探しだすのが「開拓的アニメ聖地巡礼者」だ。「開拓者」は，さまざまな情報からアニメの舞台を探しだすアクターである。発見した舞台を写真に収め，インターネットを通じて情報空間上に発信する。その場合，アニメのどのシーンと同じなのかということや，具体的な場所，聖地巡礼の際のマナーなどもあわせて発信する。つまり，「開拓者」は現実空間の風景や自分自身の経験，そして，アニメをコンテンツ源として編集し，デジタルコンテンツを作成，発信しているのだ。

　こうしたネット上の情報をもとに聖地巡礼を行うのは「追随型聖地巡礼者」である。「追随者」は，「開拓者」によって発信されたデジタルコンテンツである「巡礼記」によって情報を得て，実際の聖地巡礼を行う。場合によっては「追随者」は，「開拓者」や先行する「追随者」と，情報空間上で先にコミュニケーションをとり，情報を得ることもある。このようにさまざまな情報を得て，聖地巡礼が行われる。

　聖地巡礼中には，さまざまな行動が見られる。アニメの背景と同じアングルで写真を撮影する，痛絵馬を掛ける，聖地巡礼ノートに記入する，イラストやアニメグッズを地域の商店や宿泊施設などに置いていく，コスプレをする，痛車で訪れるなどだ。こうした現地での行動によって，地域住民は聖地巡礼者が訪れていることを知る。地域住民が，巡礼者が訪れているという事情を理解していない段階では，「なぜかはわからないが最近若い男性の来訪が増えた」といったような感想を持つことが多い。地域住民にインタビューした際にも「最初は何ごとかと思った」「不思議に思った」という旨のコメントを得た。

2）　2011年12月時点では，アニメ聖地巡礼という行動の認知と同様に，アニメの舞台となった場所でまちおこしが行われることについても多くの人々に知られている状態であり，コンテンツホルダーが当初から地域とタイアップするケースも出てき始めている。

第 14 章　発信・創造・表現する旅行者

　だが，そうした状態は長く続かない。地域住民のなかに，聖地巡礼者に対して質問をする人が出る，あるいは，聖地巡礼者が地域住民に説明をする場合があるからだ。このように，アニメ聖地巡礼者が現地に身体をともなってあらわれることで，地域住民との相互作用が生じる。地域住民のなかにも，情報通信機器を使う人がおり，なかには，巡礼者への情報提供を情報空間上で行う地域住民も出始める。

　そうすると，「聖地に関するデータベース」には，開拓者や追随者だけではなく，地域住民によって発信された情報も加わることとなる。アニメを活用したグッズをつくったり，イベントを企画したりする際に，直接アニメファンに尋ねたり，聖地巡礼者に対して施設の利用方法について注意を促したり，ということも行われる。

　このようにしてグッズがつくられたり，イベントが実施されたりし始めると，新聞や雑誌，テレビなどのさまざまなメディアにそのことが取り上げられる。あるいは，コンテンツプロデューサー側が情報発信に参加する場合もある。こうしたメディアによる情報は，さらに多くの人に聖地の存在を知らせることとなる。こうした情報を得て聖地巡礼を行う巡礼者を「二次的聖地巡礼者」と呼ぶ。

　「開拓者」は少数だが，「追随者」「二次巡礼者」と広がっていくにつれ，その人数は増加していく。鷲宮神社に数多くの人が初詣に来たのは，こうした二次的聖地巡礼者や，そもそもアニメには興味は持っておらずとも，聖地巡礼やその後の取り組みに関する報道で鷲宮神社のことを知り，訪れた人々を含めた人数になる。

　さて，現地から戻ってきた聖地巡礼者のなかには，自分の経験を情報空間にアップロードしたり，同人ガイドブックを発行したりする人が出てくる。そうすることで，また聖地に関するデータベースに情報が追加され，このデータベースはより充実していく。この行為については，情報通信機器のモバイル化にともない，聖地巡礼中に行うこともできるようになっていった。こうした一連の流れを整理したのが，図14-1である。

207

図14-1　アニメ聖地巡礼の行動的特徴

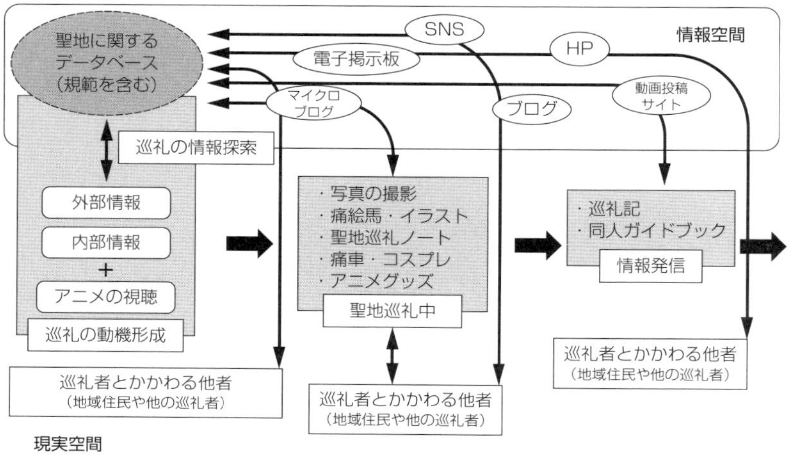

出所：筆者作成。

2　ボトムアップ的に構築される観光情報

　アニメ聖地巡礼行動を整理してみると，次のようなことがわかった。アニメ聖地巡礼を行う巡礼者は，情報の編集，発信が盛んであり，それによってボトムアップ的に観光情報が構築されていることである。それらは「聖地に関するデータベース」となり，さらに新たな巡礼者を再生産する仕組みとなる。

　また，それらデータベースにはタグづけがなされ，検索サイトで検索されることによっていつでも引きだすことができるようになっている。また，なかには，アーカイブなどを自主的につくりだすような巡礼者もおり，特定の誰かや特定の企業が主導して行っているわけではないにもかかわらず，個人がそれぞれに発信した情報が集まって，それが，観光情報を構成しているのである。

　この，個人による情報発信の，特に初期段階で重要な役割を果たしているのが「開拓者」だ。「開拓者」は，ヴァーレン・スミスによる観光者類型の「探検者」と人数の面では共通である（Smith 1989＝1991）。「探検者」の人数はきわ

めて限られているとされていた。「開拓者」についても，mixi のコミュニティ
に参加している人数は40人弱と少ない。この人数的には少ない「開拓者」によっ
て情報発信がなされ，当該地域を訪れる人数が増加していく。これはバトラー
(1980) が提唱した観光地ライフサイクルの構造と類似している。

　ただ，ここで注目しておきたいのは，「開拓者」や他の聖地巡礼者によって
聖地巡礼のルールが発信される点である。これについても，スミスによって提
唱された観光者類型を参照しておきたい（Smith 1989＝1991）。観光者類型の「探
検者」は，地域規範への適応については，完全に受容する特徴を持っていた。
ここで注意したいのは，「開拓者」の場合は，元々ある地域規範への適応では
ない点である。「開拓者」はアニメの舞台を探すために当該地域を訪れるわけ
だが，そのこと自体は地域住民に知られないことも多い。ある程度人数が増え
るか，聖地巡礼ノートや痛絵馬，といったようなさまざまな痕跡が残ってくる
ことによって，地域住民はその存在を認識することができる。「開拓者」の場
合は，地域規範への適応ではなく，同じ価値観を持つ島宇宙の仲間たちに向け
たルールの策定と発信を行っていると言えるだろう。

　こうしたルールが「聖地に関するデータベース」に含まれていることで，事
前学習したうえで旅行行動が行われることになる。通常であれば，観光に行っ
た後でなければ得られないであろう地域住民の反応などを含めたフィードバッ
クが，事前に取得可能になっているのだ。このため，アニメ聖地巡礼者に対す
る地域住民の評価は驚くほどよい。礼儀正しい，挨拶をきちんとしてくる，と
いった地域住民の声がインタビューで何度も聞かれた。

　こうした構造は，情報通信技術の発展がなくとも一部では実現されていたと
思われる。たとえば，ガイドブック『地球の歩き方』は当初このような役割を
果たしていたようだ。個人旅行者が自分の体験を寄稿し，それを掲載するとい
うことを紙媒体で行い，後進の旅行者はそれらを学んで旅行をしていた。しか
し，1990年代ごろから，自分で体験を開拓して寄稿するのではなく，これまで
誰かが行ったことをなぞるような投稿が増えてきて，『地球の歩き方』は，そ
のあり方を大きく変えていった（山口 2010）。

　しかし，情報通信技術の発展によって，こうした書籍や雑誌の編集者がいな
くとも，情報交換の場が情報空間上にあらわれたのである。自分の体験を情報

空間上に発信すれば，同じような興味を持っている人が検索サイトを用いてそれを発見することができるようになった。同好の士を見つけるのが簡単になったと言える。

ただ，それは，自分の趣味にあわせた言葉を検索サイトに打ち込み，それによって情報を得る行為である。そのため，趣味のあう人間が出会いやすくなっただけであり，島宇宙構築を支援する状況が生まれているとも言えよう。他者性を抜きにした他者との出会いを阻害することになり，違った価値観を持った人とのコミュニケーションが忌避される可能性が高まる状況とも言えるだろう。

3 地域側からの情報発信とその流通のあり方

旅行者だけでなく，地域住民もホームページやブログなどによって情報収集や情報発信を行っていることが明らかになった。鷲宮町商工会では，最初期にグッズをつくる際にファンのアドバイスをもらうために，掲示板を利用している。そして，イベントやグッズの情報は鷲宮町商工会ホームページで発信している。また，豊郷では町民がブログを開設しており，自由にコメントが書き込めるようになっている。当該ブログでは，ほぼ毎日，豊郷小学校旧校舎群の周辺の様子や黒板の様子が更新されている。こうした地域側からの情報空間への情報発信は，やはり，聖地に関するデータベースの一部となり，巡礼者はそういった情報も事前や事後に得て，聖地巡礼を行うことはすでに確認したとおりだ。ここで，注目しておきたいのは，そうした情報の流通経路についてである。

「鷲宮町商工会ホームページ」とブログ「今日の部室」のアクセス解析を実施したところ，さまざまな経路で地域側からの情報発信が閲覧されていることが明らかになった。特筆すべきは，「2ちゃんねるまとめサイト」からのアクセス数の増加である。「2ちゃんねるまとめサイト」は，電子掲示板「2ちゃんねる」上でのやりとりを編集したものをコンテンツとするサイトである。電子掲示板の書き込みというデジタルコンテンツをコンテンツ源とし，それを編集することにより新たなデジタルコンテンツをつくり，発信しているサイトで

第14章　発信・創造・表現する旅行者

図14-2　地域側からの情報発信とその流通環境

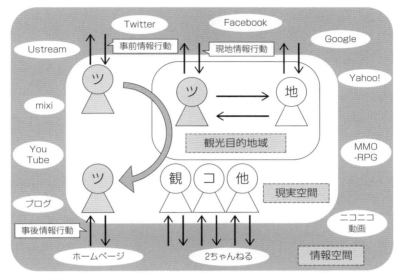

出所：筆者作成。

ある。この「2ちゃんねるまとめサイト」に取り上げられることによって，地域からの情報へのアクセスが増大することがわかった。

　先ほど整理したアニメ聖地巡礼の行動的特徴と，ここで整理した地域側からの情報発信とその流通のあり方をあわせ，全体的な環境を整理したい（図14-2）。

　円と三角形をあわせたものがアクターを指している。「ツ」はツーリストのツであり，旅行者のことを指す。「地」は地域住民のことを指している。「観」は観光プロデューサー，すなわち観光振興にかかわるアクターである。たとえば，旅行業や宿泊業，イベント実施やグッズ開発を行う主体を含む。今回の事例では旅行業は登場しなかった。「コ」はコンテンツプロデューサーであり，アニメ等コンテンツの制作，広報を職業として行うアクターである。報道機関もここに分類できる。

　今回，明らかになった新たなアクターは「他」とした。これは，「観光目的

211

地と直接かかわりのない他者」のことである。「観光目的地と直接かかわりのない他者」とは、観光目的地域には必ずしも行かずに情報の編集や発信のみを行ったり、観光目的地域の現状を具体的に知らずともその地域に関するさまざまな評価を情報空間上に発信したりするアクターである。今回の場合は、ブログ「今日の部室」に掲載された「キャラクターを模した飛び出し坊や」の写真とそれに関する記事へのリンクが2ちゃんねるに貼られ、その2ちゃんねるの記事が編集され、まとめサイトとして発信され、そこから「今日の部室」へのアクセスが増加していた。

実際の風景というアナログコンテンツ源をデジタルカメラによってデジタル化したのは、「今日の部室」の管理人である。そのため、「今日の部室」の管理人はその場所に行く必要がある。しかし、それ以降の、2ちゃんねるに「今日の部室」の該当記事 URL を書き込むこと、そしてその2ちゃんねる記事を編集すること、この2つは、デジタルコンテンツの編集のみによって可能な作業であり、必ずしも当該地域に物理的身体として赴く必要はない。[3] 観光目的地であるアニメ聖地における現実の出来事が、「観光目的地と直接かかわりのない他者」によって、ネット上のコミュニケーションのネタとなり、広く流通していくメカニズムが明らかになった。

4　趣味を突き詰めた結果としての観光

巡礼者のなかには、アニメ聖地巡礼をきっかけとして、元々興味を持っていなかったものに興味、関心が開かれる事態が起こっていることもわかった。開拓者のなかには、当初はアニメの舞台となっている場所を見つけだすことを目的に当地を訪れていたものの、繰り返し訪れるうちに、その地域や住民との交流自体に価値を見いだし、四季を楽しむようになる人もいた。また、巡礼中に偶然出会った巡礼者に対して道案内をする人もいた。

鷲宮を訪れた巡礼者のなかにも、当初は『らき☆すた』のグッズを目当てに

3）　もちろん、実際には、その場に行ったことがある人間が、そうした書き込みや編集を行っている場合もあるだろう。ここで指摘したいのは、「必ずしも」その場に行く必要はなく、こうした作業が可能であるという点だ。

第 14 章　発信・創造・表現する旅行者

訪れた飲食店や商店で，商店主との交流が起こり，グッズとは関係なく飲食店や商店を訪ねる様子が見られ，豊郷を訪れた巡礼者のなかにも，元々は『けいおん！』の聖地というだけで豊郷小学校旧校舎群を訪れていたものが，当地で建築のよさを感じ，他のヴォーリズ建築を訪ねてみたい，という価値判断を行うにいたる人も確認できた。

　もちろん，こうした「理想的」な状態ばかりが見られたわけではない。動物化の傾向が強く見えた巡礼者もなかにはいた。巡礼をしてもその傾向は変化せず，巡礼者や地域住民とトラブルを起こし，結局来なくなってしまった巡礼者もいると聞く。

　しかしながら，動物化し，他者性を持った他者とのコミュニケーションを避けているとされてきたオタクが，動機および行動としては，これまでと矛盾しないままに自分の興味，関心に忠実に巡礼をした結果，他の価値観を認めたり，あるいは，他の価値観と対立したり，他者性を持った他者と交流することにつながったりしているのは興味深い現象だ。つまり，他者性を持った他者との交流機会が，現実空間に身体的に訪れる観光という行為によって創出されているのである。

第15章 他者との回路としての観光の可能性

　アニメ聖地巡礼行動の特徴を明らかにした結果，巡礼者はそれぞれの興味，関心にもとづいて，聖地に関するデータベースに蓄積された情報を得て巡礼していることがわかった。また，その聖地に関するデータベースは，巡礼者や地域住民などがそれぞれに情報空間に発信した情報がボトムアップ的に集積した結果構築されたものであった。また，そういった情報の流通に際しては，コミュニケーションのネタとなる情報が広く流通することもわかった。

　これらの構造から，アニメ聖地巡礼は，精神的な中心が「趣味」にあるアニメファンが，自分の興味，関心を突き詰めて行動した結果，観光という身体的移動をともなう行動を選択したものであることが明らかになった。これは，他者性を持った他者との出会いの回路としての可能性を持つ。一方で，アニメ聖地巡礼行動は，ネットコミュニティが現実空間で出会う「オフ会」にも構造的には類似しているように見える。ここからは，アニメ聖地巡礼とオフ会を比較し，そのコミュニティ的な特徴を明らかにする。

1　オフ会との比較による検討

　オフ会とは何か。アニメ『涼宮ハルヒの憂鬱』の主題歌である「ハレ晴レユカイ」を踊るオフ会についての詳細な研究を行った谷村要によると，「オフ会とは，オフライン・ミーティングの略語であり，電子掲示版などでの呼びかけに応じて同好の士が現実空間上で集まることを指す言葉」である（谷村 2008a；谷村 2008b）。つまり，基本的にはオフ会は情報空間上（オンライン）のコミュニティの成員同士が現実で出会うことが中心で，オフ会開催の場で，その場の現地の人々と交流する，ということはあまりないと考えられる。

214

（1）「殺伐」オフ会

　それは，遠藤薫が示すようなオタクコミュニティの「殺伐」という態度から考えると，より説得力を増す（遠藤 2008）。「殺伐」とは，「何らかの共通了解のうえで（文脈共有のうえで）ある場に共在したとしても，そこにいる誰彼と言葉を交わさないばかりでなく，表情や身体によるいかなる相互認知も行わない」態度のことを指す（遠藤 2008：88）。このように，アニメファンのコミュニティでは，その成員同士では価値観や文脈を共有しているが，それを，コミュニティの外部に対して表明することを避ける傾向がある。ただし，ここで注意をせねばならないのは，オフ会と言っても，いくつかの種類があることである。遠藤が指摘した「殺伐」という現象がともなうオフ会の場合は，オンライン上でのコミュニティの成員同士も会話をすることがない。これを「殺伐オフ会」と便宜上名づけておこう。

　伊藤昌亮は，「2ちゃんねる」で行われる「オンライン・コミュニケーションのパフォーマンス」と，それと「連続的につながり合って」いる，「オフライン・イベントとして催されるパフォーマンス」を示す例として「吉野家祭り」を分析し，この「殺伐オフ会」の特徴を明らかにした（伊藤 2005）。「吉野家祭り」を分析した結果，伊藤は，「仲間・同志の空間の外部としての一般社会のリアリティの場」および「ネットの空間の外部としての対面状況のリアリティの場」という「二重のリアリティの場として吉野家祭りの空間を取り巻いている」と述べる（伊藤 2005：107）。

　つまり，「吉野家祭り」参加者は，2ちゃんねるの価値観を共有する「同志」対「それ以外」という二項対立，そして「ネット空間でのコミュニケーション」と「現実のコミュニケーション」という二項対立を明確に意識していることを意味する。ということは，2ちゃんねるの価値観を共有しない他者とのかかわりは基本的にないと推測できるし，[1] 情報空間でコミュニケーションをした人その人と現実空間でコミュニケーションをすることもないと言えよう。[2] 「殺伐オフ会」では，情報空間上で策定した島宇宙内のルールを守って，現実空間で活

1）　むろん，「吉野家祭り」を体現している状態を，価値観を共有しない他者が見ることや，場合によっては話しかけることなどもあり得るが，全体的にはそうした相互作用が志向された会ではない。

動するのだが，現実空間での活動中にはネットで構築された島宇宙内の仲間同士でも言葉は交わさないのだ。つまり，現実での活動は，ネット上でのコミュニケーションのネタにしかなっていない。

（2）オフ会とアニメ聖地巡礼

　一方で，オフ会のなかには，情報空間上で同じ価値観を持った人が，現実空間で実際に出会い，会話をするものもある。これを本書では「殺伐オフ会」と区別して，「オフ会」と呼ぶ。「オフ会」では，島宇宙内の仲間同士で，現実空間で対面のコミュニケーションを行う。「オフ会」の場所は，通常どこでも構わない。たとえば，アニメソングを歌うオフ会の場合は，カラオケが可能な場所であればどこでもよい。オフ会に参加するメンバーが集まることができる場所でさえあれば，特定の地域に縛られる必要はないのである。つまり「オフ会」は，趣味による「つながり」を最重要視し，地域性を重視しないコミュニティとなっているものが中心であると言える。

　それでは，アニメ聖地巡礼はどうだろうか。ここまで見てきたように，聖地巡礼の場面では，地域住民とのかかわりが見てとれる。たとえば，鷲宮における土師祭での「らき☆すた神輿」の担ぎ手は，アニメファンの価値観や文脈の共有をいわば「さらす」ような体験であり，その価値観の差異を明確に感じながらも，全員が次年度への参加を表明している。なかには，「らき☆すた神輿」をつくってくれ，担ぎ手を募集してくれた人々への感謝の気持ちを述べる人や，これからの鷲宮のあり方を考え，地域を応援するような人も出てきている。これは，「同志」対「それ以外」の二項対立を乗り越えた事例と言えよう。

　ネット上のコミュニケーションだけでは，地域コミュニティとの密接なつながりを事前につくることは難しいだろう。もちろん，地域コミュニティのなかに，ネット上のコミュニケーションに精通している人がいればある程度は可能かもしれないが，その場合でも，ネット上のコミュニケーションに精通している人しか，ネット上のコミュニティの価値観は理解できず，地域住民とは交流

2）　ネットでの呼びかけによって集まっていること，そして，「吉野家祭り」を実践した後に2ちゃんねるで書き込みを行うなど，そういった構造的な連続はあるが，コミュニケーションの内容は連続しない。

第 15 章　他者との回路としての観光の可能性

図15-1　コミュニティに関する「オフ会」と聖地巡礼の比較

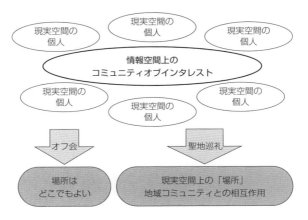

出所：筆者作成。

を持ちにくいだろう。当該地域の地域コミュニティの成員全員がインターネットユーザーであり，かつ，特定のアニメに関するコミュニティに所属しているということは現状ではあり得ない。つまり，これは「特定の場所に身体的に赴く」という観光という行為によってのみつくりだされるようなつながりであり，新たな社会関係資本の形成であると言うことができる（図15-1）。

（3）匿名でありながら特定される個人

　アニメ聖地巡礼の場合は，アニメファンはハンドルネームで呼び合うことが多い。その意味では現実空間上でも匿名的なコミュニケーションである。フィールドワーク中に，巡礼者が地域住民に名前を名乗る場面に遭遇することは多々あったが，ハンドルネームを名乗っている人が多かった。また，地域の人々も，その巡礼者を呼ぶ際にはハンドルネームを使っていた。
　ハンドルネームは匿名的なコミュニケーションの際に使われるものだ。たしかに，これが情報空間上のみであれば，これは完全な匿名的なコミュニケーションであり，関係の切断も容易である。しかし，アニメ聖地巡礼の場合は，いかにハンドルネームを名乗っていようと，現実空間に足を運ぶ限り，存在は特定される。

たとえば，兄目見太郎（あにめ・みたろう）というハンドルネームを名乗って
いたとする。メディアを通した情報空間上のコミュニケーションであれば，こ
のハンドルネームを変えてしまえば，兄目見太郎という存在はなくなったのと
ほぼ同様である。しかし，特定の地域に出かけ，兄目見太郎であると名乗った
場合はこれとは異なる。身体を現実空間にさらし，そこでハンドルネームを名
乗っているからだ。本名はわからずともその容姿は他者に記憶されるため，ハ
ンドルネームを変えても，その姿が変わらない限りは，その存在は継続する。
匿名でありながら，存在それ自体は特定される。こうした新たなコミュニケー
ション状況であると言えよう。

　加えて，旅行者側に地域の今後について考えている者が多いことも特筆すべ
き点だ。これまでの観光研究では，旅行者は目的地である観光地のことを主体
的に考えることが切に求められつつも，どちらかというと地域社会に負のイン
パクトをもたらし，なんとかコントロールしなければならない対象として扱わ
れてきた。しかし，今回の事例では，巡礼者が運営にかかわったり，土師祭の
運営の仕方や，鷲宮町の今後について案じるような意見を積極的に述べたり，
実際にボランティアとして協力している。また，現実空間で取り交わされたこ
とがネット上でも議論されたり，情報空間上で議論されたことが実際に地域振
興に活かされたりと，現実空間と情報空間で，内容的につながりのあるコミュ
ニケーションが継続している。

2　新たな旅行コミュニケーションのメカニズム

　このように，地域のことをよく考え，主体的にまちおこしに参画するといっ
た，新しい旅行コミュニケーションが発生する要因は何なのだろうか。今回の
分析結果からわかる点は，「地域側が旅行者に対して価値観を表明すること」
と，「対面接触場面でのコミュニケーション」である。

（1）地域側が旅行者に対して価値観を表明すること

　まず，「地域側が旅行者に対して価値観を表明すること」であるが，鷲宮で
は，土師祭という地域の祭事のなかに，異質な文化である「らき☆すた神輿」

第 15 章　他者との回路としての観光の可能性

を登場させるという判断を地域側が行い，それを公開していることだ。この事実は，アニメファンにとっては驚きをもって迎えられたことだろう。担ぎ手へのアンケート調査の回答からも，そのことが読みとれる。祭りは地域に密着したものであるから，そこに「らき☆すた神輿」という異質な価値観を堂々と入れ込むこと，そしてそれを広く宣言する，ということは，その価値観を受け入れることの表明につながる。つまり，旅行者側のインタレストを地域側も共感する，あるいは，否定しないということを示している。豊郷においても，「飛び出し女子高生」や豊郷小学校旧校舎群に数多くアニメグッズが置かれていることによって，同様の効果をあげている。そのことによって，「否定のコミュニティ」であるアニメファンが，二項対立を乗り越え，地域を訪れることになる。

　このように来訪者の価値観を受け入れる，ということを地域側から大々的に情報発信するためには，以前であれば莫大な広告費がかかったり，そもそも物理的に不可能であったりしたかもしれない。しかし，本書ですでに確認したとおり，今ではホームページやブログを比較的簡単につくることができるようになっており，発信が容易である。鷲宮町商工会は経営指導員がホームページを自作しており，情報を随時更新することができるようになっている。豊郷では，個人のブログ「今日の部室」が多くのアクセスを集めている。こうした発信を受けて，さまざまな地域からファンが集まってくる。

（2）対面接触場面でのコミュニケーション

　次に，「対面接触場面でのコミュニケーション」は，今回の事例の場合，土師祭当日の出来事が該当する。地域側が価値観を表明していても，さまざまな人が住んでおり，すべての人が「らき☆すた神輿」に賛成していたとは考えにくい。実際に，地域住民や千貫神輿の担ぎ手からのからかいを受けたと主張しているファンもいる。しかし，そうした主張をしたファンも含め，全員が来年もあれば再来したいと述べていることから考えて，全体的には土師祭の経験は満足のいくものであったと言えよう。

　その理由としては，商工会や祭輿会，ファンのボランティアによる運営や，個人商店主の接客などが，担ぎ手に対して好意的であったことが挙げられる。

たとえば，チョココロネがふるまわれるなど，ファンにとって嬉しいサービスを地元商工会主導で行ったことや，特製のＴシャツを祭奥会長が配布したことなどが挙げられる。このように，ファンの心情や，アニメが好きだという気持ちを尊重した形でのコミュニケーションを情報空間上だけでなく，実際に出会う対面接触場面においても行うことで，巡礼者は鷲宮に好意的な印象を持ち，あたかも自地域であるかのように，主体的に鷲宮のことを考えるようになったと考えられる。

アニメ聖地巡礼という旅行行動そのものにも，他者性を持った他者との出会いの確率を高める効果はあると思われるが，やはり，地域側からの働きかけや取り組みによって，巡礼者が他者性を持った他者と出会えるかどうかは大きく変わるだろう。

3　観光をきっかけとした社会の「再」構築にむけて

このように，聖地巡礼は，ネット上の情報交換によって実際の行動が起きる，という側面では「オフ会」と構造上類似しているが，以下の点で大きく異なっている。

「オフ会」が，特定の場所を選ばず，どちらかというと島宇宙内の価値観を強固にし，それ以外の価値観との差異を強調する一方で，聖地巡礼は，特定の場所を訪れ，それをネタとしてネット上でコミュニケーションを行うことによって島宇宙内の価値観を強固にする働きをしつつも，現実空間において地域住民によって働きかけが行われることによって，自分の存在が認められる体験もしているのである。

このような，情報空間と現実空間を横断しつつ旅をすることによって生じる，他者性を持った他者との交流は，今後の社会関係資本構築の１つのあり方と言えるのではないだろうか。

もちろん，本書のみでこれを一般化することはできない。今回はあくまでオタクの旅行行動であるアニメ聖地巡礼を分析した結果である。しかし，オタクは，これまで多くの論者によって，動物化や島宇宙化といった性質を指摘されてきた存在だ。そうした存在が，観光によって他者と出会う契機を得ているこ

とが証明できたことは重要であろう。

4 情報社会における観光の可能性

　ここまで，情報社会において，観光は他者性を持った他者との交流の回路になり得るのか，そして，そうした交流をもとに社会を構想することは可能か，といった問題意識を持ち，オタクの旅行行動であるアニメ聖地巡礼について，多角的かつ詳細な分析を行いながら論じてきた。

　本書ではまず，現代社会における諸問題として，情報社会の進展にともなうコミュニケーションやアイデンティティのあり方の問題と，再帰的近代における個人化の問題を取り上げた。そして，そのなかから，他者性を持った他者と出会う機会はいかにして創出可能であるか，という問題を抽出した。さらに，観光研究のなかでは，この問題に対して，観光がその解決策になり得る可能性が指摘されていることを確認した。そのうえで，本書では，この可能性について，実際のデータをもとに考察を行うこととした。

　先行研究としては，本書の目的である「情報社会における旅行者の特徴を明らかにすること」にしたがい，「観光とメディアに関する研究」「旅行者の特徴に関する研究」「旅行者と地域住民の相互作用に関する研究」を整理し，課題を抽出した。その結果，この３つの領域を横断する最適な事例を分析することにより，先行研究における課題を解決し，目的を達成することが期待できた。

　その最適な事例として，オタクの旅行行動であるアニメ聖地巡礼を対象として分析を進めることにした。オタクはこれまで消費行動やコミュニケーションに現代的な特徴を持つとされ，また，その能動性が注目されてきており，また，公共性について議論がなされる際も分析の対象とされてきているのである。ゆえに，オタクの旅行行動を分析することは，本書の目的に合致する。

　そこで，アニメ聖地巡礼はどのように位置づけられるかを確認する参照点として，観光の潮流を整理し，情報通信機器の活用が活発な世代，性別を明らかにした。その結果，観光は1995年以降に「新たな観光」への期待と「観光の動物化」と名づけられるような旅行者の個人化という現象が見られる時代となっており，情報通信機器の活用が活発な世代，性別は20代，30代の男女，および

40代の男性であった。

　続いて，文献研究と新聞・雑誌記事分析を用いて，アニメ聖地巡礼がいつご
ろ誕生し，どのような行動的特徴を持つのかを明らかにした。その結果，アニ
メ聖地巡礼の誕生時期は1990年代前半であり，特徴として，20代から40代の男
性が中心であり，情報通信機器の活用が活発であることが明らかになった。先
ほどの時代区分に照らし合わせることで，本書における研究対象としてふさわ
しいことが明らかになった。

　ただし，これらの諸特徴は新聞・雑誌記事の分析によるものであり，あくま
で二次データを用いた調査の結果であるため，実証を必要とした。そこで，
フィールドワークとして実際にアニメ聖地巡礼を行い，その特徴を明らかにす
るとともに，類似の行動である大河ドラマ観光と比較することでその特徴を明
確化した。すると，旅行者による情報の能動的な受信と，活発な編集，発信行
動が見られた。

　続いて，フィールドワークの結果，存在が明らかになった，アニメの背景を
探しだす開拓的アニメ聖地巡礼者に対して質問紙調査を行った。すると，これ
までオタクの特徴として指摘されてきた「動物化」の特徴が見いだされつつも，
実際に地域に深く入り込むような活動であるため，人によっては動物化から脱
却している場合も見られた。

　彼らが現実空間を移動して，聖地を発見し，情報空間に情報を発信すること
で，それを見たアニメファンが新たな巡礼者となるのである。そうした巡礼者
は実際どのような特徴を持っているのかを，アニメ聖地4か所における質問紙
調査を分析することで明らかにした。そうすると，新聞・雑誌記事検索でも確
認された特徴である遠方からの来訪や情報源としてインターネットを活用して
いることなどが確認できた。調査を行った4か所のうちの2か所，アニメ『ら
き☆すた』の聖地となった埼玉県北葛飾郡鷲宮町およびアニメ『けいおん！』
の聖地となった滋賀県犬上郡豊郷町において，調査時点でも活発なまちおこし
が行われており，多くの巡礼者が訪れていることが明らかになった。

　そこで，この2か所において，旅行者と他者とのコミュニケーションのあり
方を分析することとした。また，これらのアニメは日常系や空気系と呼ばれ，
物語が希薄で，効率よく「萌える」ためのアニメであるという評価があり，ど

第 15 章　他者との回路としての観光の可能性

ちらかというと動物的な消費のあり方である可能性が高い。

　しかし，実際に現地で調査を行うと，他者性を持った他者とのコミュニケーションを行ったり，自分が元々アニメ聖地として見なしていた場所から興味を広げ，アニメとは関係のない場所に興味を持ったり，当該地域の商店を利用するようになるといった現象が見られた。

　ここで，結論を述べると，観光は他者性を持った他者との交流の回路になり得ると言える。特に本書で明らかになった注目すべき点は，旅行者および旅行目的地の住民，そしてかかわりのない他者まで含めて，個人による情報発信の集積によって，その回路が構築されている点である。

　観光にかかわるシステムは，これまで基本的には旅行業者やマスメディア，地方自治体などによって構築されてきた。それが，本書で示したように，個人の非意図的な行為の集積によって構築され，活用されている。また，こうしたシステムによって，自分の興味を突き詰めた結果，観光という現実空間に身体を移動させる行動に出た結果，他者性を持った他者との出会いの回路となるのだ。

　それは，自動的になされるものではない。現実空間におけるコミュニケーションによって，存在を認められるという経験を得ることで，当該地域に愛情を持ち，何度も通ったり，その地域のことを自分のことのように，当事者性を持って考えたりするようになるのだろう。これは，突飛な発想ではない。齋藤純一は著書『公共性』において，次のように記している。

> 　自らの言葉が他者によって受けとめられ，応答されるという経験は，誰にとっても生きていくための最も基本的な経験である。この経験によって回復される自尊あるいは名誉の感情は，他者からの蔑視や否認の眼差し，あるいは一方向的な保護の視線を跳ね返すことを可能にする。自己主張をおこない，異論を提起するためには，自らがある場所では肯定されているという感情がおそらく不可欠である。（齋藤 2000：15）

　つまり，自分の意見を主張したり，異論を展開したりするためには，まずその存在が認められ，自分が語る意見に耳が傾けられるという経験が重要だという主張だ。アニメ聖地巡礼とそれにともなうコミュニケーションから見えてきたのは，旅行者の価値観を認める場が重要な役割を果たしていることだった。

　それは，地理的に近接しているかどうか，ということは関係なく，自らが精

神的な中心を置いている事柄について，その価値観を認めてくれる場であれば
よい。情報通信技術が発展していなかったときは，同じ価値観の人を見つけづ
らかったはずである。しかし，現在では，情報通信技術が発展，普及し，比較
的マイナーな趣味を持っていても，すぐに同好の士の存在を認識することが可
能になっている。特定の地域が特定の島宇宙の価値観を認めてくれる，という
情報は，そうした趣味的なネットワークを通じて広く拡散し，人々が現実空間
上の地域に集まってくる。そこで，他者性を持った他者と出会い，対話を行う
ことで，島宇宙が開かれていく。

　本書ではアニメ聖地巡礼を分析することによってこうした構造を明らかにす
ることができたが，むろん巡礼者すべてが欲求－充足の回路を開くわけではな
い。やはり他者に他者性をあらわにされると，そこから逃げ出してしまう場合
も見られる。だがしかし，このような島宇宙的なコミュニティが観光という
きっかけによって開かれる構造が，アニメに関係することのみならず，さまざ
まな分野にあることで，人は自分の興味にしたがって情報行動をすることに
よって居場所を見つけ，そこで価値観を認められ，他者性を持った他者と交流
することができるのではないだろうか。

　今後は，アニメ聖地巡礼がどのように展開していくのか，縦断的に研究を続
けていくとともに，こうした構造がアニメファンに特有のものなのか，あるい
は他の観光行動にも見られるものなのか，観光に限らず他の趣味や興味，関
心，社会活動についても見られるのか，検討を行っていく必要がある。

付　　録

付　　録

〈1〉　開拓的アニメ聖地巡礼者への調査項目

＊本書第8章で，開拓的アニメ聖地巡礼者に実施した，mixi のコミュニティとメールを活用した調査における調査項目を以下に示した。

1．舞台探訪歴について（2項目）
　　・1-1．舞台探訪を始めたきっかけはなんですか？　できるだけ詳しく教えてください。
　　・1-2．舞台探訪を始めたのはいつごろですか？　できるだけ詳しく教えてください。

2．舞台の探し方について（4項目）
　　・2-1．舞台探訪の際に主に活用する情報源を教えてください。
　　・2-2．舞台探訪にはどのような交通手段を用いますか？
　　・2-3．舞台探訪に際して情報をよくもらう相手がいらっしゃれば，その情報をもらう頻度が高い順に，上位3名を教えてください。（　）内に相手のお名前やハンドルネーム等，〔　〕内にそのご関係をお書きください。mixi の舞台探訪コミュにいらっしゃる場合は≪　≫内に○をつけてください。

　　　　　　　　1位（　　　　　　　）〔ご関係：　　　　　　　〕≪　≫
　　　　　　　　2位（　　　　　　　）〔ご関係：　　　　　　　〕≪　≫
　　　　　　　　3位（　　　　　　　）〔ご関係：　　　　　　　〕≪　≫

　　・2-4．2-3とは逆に，舞台探訪に際して情報を伝える相手がいらっしゃれば，その情報を伝える頻度が高い順に，上位3名を教えてください。（　）内に相手のお名前やハンドルネーム等，〔　〕内にそのご関係をお書きください。mixi の舞台探訪コミュにいらっしゃる場合は≪　≫内に○をつけてください。

　　　　　　　　1位（　　　　　　　）〔ご関係：　　　　　　　〕≪　≫
　　　　　　　　2位（　　　　　　　）〔ご関係：　　　　　　　〕≪　≫
　　　　　　　　3位（　　　　　　　）〔ご関係：　　　　　　　〕≪　≫

3．舞台探訪の感想（2項目）
　　　3-1．舞台探訪をしていて，特に，楽しく思ったこと，嬉しく思ったことなどを教えてください。
　　　3-2．舞台探訪をしていて，特に，悲しく思ったこと，つらかったこと，残念に思ったことなどを教えてください。

4．今印象に残っている舞台とその作品名とその理由を3つ教えてください。（　）内に舞台名を，〔　〕内に作品名を，【　】内にその理由をそれぞれ書いてください。

1位（　　　　　　　）〔　　　　　　　〕【　　　　　　　　　　　　　　　　】
2位（　　　　　　　）〔　　　　　　　〕【　　　　　　　　　　　　　　　　】
3位（　　　　　　　）〔　　　　　　　〕【　　　　　　　　　　　　　　　　】

5．あなたの人生や生活にとって舞台探訪はどのような意味を持ちますか？　自由にお答えください。

6．基本情報
　　【性　　別】　　【お住まい】（都道府県名まで）
　　【年　　齢】　　【ご職業】　　【連絡先】

〈2〉 アニメ聖地4か所調査の調査票（埼玉県北葛飾郡鷲宮町）

大酉茶屋来訪者アンケート調査　　日付（　　月　　日）

　　本日は鷲宮町、そして大酉茶屋にお越しいただきまして、ありがとうございます。私どもは、鷲宮町の今後のまちおこしを考えるための基礎的データを収集する目的で、アンケート調査をさせていただいております。お急ぎのところ大変恐縮ですが、皆様の貴重なお声をお聞かせ願えれば幸いです。皆様のご回答に関しましては、統計的に処理され、個人情報が公開されることはありませんのでご安心ください。

　　ご協力いただいた方にはお礼としまして、ささやかではありますが、お礼の品が当たるガチャポン専用コインを差し上げます。

連絡先 ████████████████

問1．今回は鷲宮町への何度目のご来訪ですか
1．今回が初めて　2．初めてではない（　　　　回目）　3．頻繁に来ている　4．鷲宮町在住
5．その他（　　　　　　　　　　　　　）
3．とお答えになった方は、来訪頻度を教えてください。　（月・週　　　　回）

問2．今回は大酉茶屋への何度目のご来訪ですか
1．今回が初めて　　2．初めてではない（　　　回目）

問3．あなたが鷲宮町に来るのに用いた交通手段はなんですか
1．東武伊勢崎線（鷲宮駅）　2．JR東北本線（東鷲宮駅）　3．自家用車　4．自動二輪
5．自転車　6．徒歩　7．その他（具体的に：　　　　　　　　　　）

問4．あなたのお住まい（都道府県、市区町村まで）性別・年齢を教えてください
(1)郵便番号（　　　—　　　）、または住所：都道府県名＿＿＿＿＿＿　市区町村名＿＿＿＿＿＿
　　　　　　　　　　　　　　　　　　　　　　（海外の方は国名：　　　　　　）
(2) a. 男性　b. 女性
(3) a. 10代　b. 20代　c. 30代　d. 40代　e. 50代　f. 60歳以上

問5．今回鷲宮町にいらっしゃった目的を教えてください（例：鷲宮神社に参拝するため、鷲宮町の飲食店を訪ねるため、アニメの舞台を見るため、大酉茶屋でそばを食べるため、など）

問6．鷲宮町を訪れてどのように感じましたか、自由にお書きください

付　録

問7．今回**鷲宮町**への来訪を決めた際の**情報源**は何ですか、そして、**その内容**はどのようなものでしたか？　（例**：インターネット**を選んだ場合　下欄には「鷲宮町商工会のホームページ」「個人のブログ」「mixi のコミュニティの情報」など、内容をお願いいたします。）

 1．人づてに聞いて 2．テレビのニュース 3．書籍・雑誌 4．新聞記事

 5．インターネット 6．いつも通っている 7．その他（媒体名：   ）

情報の内容〔

問8．今回の**ご旅行の日程**と**旅行人数**について教えてください

（1）今回の**全体**の旅行日程

  1．日帰り 2．（ ）泊（ ）日 3．（その他：   ）

（2）全体の旅行日程の中の**鷲宮町での**滞在期間（滞在時間）

   ＊鷲宮町にいる予定の期間（時間）を右の空欄に記入してください（   ）

（3）旅行人数（**同行者**がおありの方は、そのご関係（友人、家族、など）をお書きください。）

  1．1人旅 2．同行者あり（ 人）≪同行者とのご関係：   ≫

  3．旅行会社のツアー 4．その他

問9．普段の生活で**インターネット**を使うことがありますか（どちらかに〇）

 1．はい 2．いいえ

問10．インターネットを使う際によく使う**端末**はなんですか？

1．携帯電話のみ 2．パソコンのみ 3．携帯電話とパソコン

4．ゲーム機（具体的に：   ）　5．その他（具体的に：   ）

問11．インターネットを主に使う**場所**はどこですか？

1．自宅 2．職場 3．大学 4．ネットカフェ・漫画喫茶

5．その他（   ）

問12．インターネットを**どのような目的**で使用していますか？当てはまるものをすべて選んでください

1．ウェブページを閲覧する 2．ウェブページを作成する 3．ブログを閲覧する

4．ブログを作成する 5．SNS を利用する 6．買い物をする（本、CD、航空券、チケット等）

7．メール 8．Skype 9．音楽のダウンロード 10．動画のダウンロード

11．YouTube やニコニコ動画などの動画サイト閲覧　12．YouTube やニコニコ動画などの動画サイトにコメントや作品を投稿　13．2ちゃんねるなどの掲示板の閲覧　14．2ちゃんねるなどの掲示板への書き込み　15．その他〔

229

問１３．鷲宮町に来たことによって**新たな知り合いができましたか**

１．できた　　　２．できていない　　　３．作るつもりが無い　　　４．その他（　　　　　　　）

＊　**１とお答えになった方は何人くらいできましたか？**（＿＿＿人）

問１４．大酉茶屋、鷲宮神社が**アニメ「らき☆すた」の舞台**になったことをご存じですか？

１．知っている　　　２．知らなかった

問１５．**大酉茶屋、鷲宮神社以外の「らき☆すた」の舞台には行かれましたか？**

１．行っていないがこれから行く予定　　　２．行っていないし行く予定もない　　　３．すでに行った

＊　１あるいは3とお答えの方にお尋ねします。具体的にはどこに行かれる予定ですか？
あるいは、どこに行かれましたか？

問１６．**「らき☆すた」以外**の作品でアニメの舞台となった地域を訪れたことはありますか

１．行っていないがこれから行く予定　　　２．行ったことがないし行く予定もない　　　３．すでに行った

＊　１あるいは3とお答えの方にお尋ねします。具体的にはどこに行かれる予定ですか？
あるいは、どこに行かれましたか？「アニメ作品名・地域名」という形でお答えください。

問１７．好きな**アニメ作品ベスト３**を教えてください

＊好きなアニメが無い方は、□にチェックを入れてください。

１．（　　　　　　　　　　　）　　　　　　好きなアニメは無い → □
２．（　　　　　　　　　　　）
３．（　　　　　　　　　　　）

問１８．好きな**キャラクター**がいればベスト３を教えてください（キャラ名・登場作品）

＊好きなキャラクターがいない方は、□にチェックを入れてください。

１．（　　　　　　　　　　　）　　　　　　好きなキャラはいない → □
２．（　　　　　　　　　　　）
３．（　　　　　　　　　　　）

付　録

問１９．今後、鷲宮町商工会に何を最も期待されますか

１．イベント　２．グッズ　３．その他（　　　　　　　　　）

＊具体的にどのような形で実施することを希望しますか。

（例：【1. イベントを選択された場合】飲食店を巡るスタンプラリー、声優を呼ぶイベント、など）

問２０．１０年後、鷲宮町はどのようになっていると思いますか？

＊平成22年3月23日に久喜市・菖蒲町・栗橋町と合併予定。

問２１．今年度、鷲宮町商工会がドラマを制作することをご存じですか

１．知っている　　２．知らなかった

問２２．鷲宮町商工会がドラマを制作することについてどのように感じられますか

（例：とても面白いと思う、とてもつまらないと思う、画期的だと思う、よくあることだと思う、など、印象を自由にお書きください。）

問２３．最後に鷲宮町・大酉茶屋について、ご意見・ご要望などいただけますでしょうか

お急ぎのところ、長いアンケートにお答えいただきまして、ありがとうございました。皆様の貴重なご意見をまとめ、皆様に見ていただける形で公開いたします（個人が特定できないような形です）。鷲宮町商工会のホームページにて公開に関する情報を流しますので、ご確認ください。

231

〈3〉 アニメ聖地４か所調査の調査票（滋賀県犬上郡豊郷町）

豊郷小学校来訪者アンケート調査

本日は豊郷小学校にお越しいただきまして、ありがとうございます。私どもは、豊郷小学校の保存と継承に役立てるための基礎的データを収集するため、豊郷町教育委員会に許可をいただいて、アンケート調査をさせていただいております。お急ぎのところ大変恐縮ですが、皆様のお声をお聞かせ願えれば幸いです。皆様のご回答に関しましては、統計的に処理され、個人情報が公開されることはありませんのでご安心ください。

また、本調査に関するお問い合わせは、下記連絡先宛てにお願いいたします。

問１．今回は豊郷町への何度目のご来訪ですか
１．今回が初めて　２．初めてではない（　　　回目）

問２．あなたが、豊郷小学校に来るのに用いた交通手段はなんですか
１．近江鉄道　２．JR東海道本線　３．自家用車　４．自動二輪　５．徒歩
６．その他（具体的に：　　　　　　　　　　　　　　　　　　　　）

問３．あなたのお住まい（都道府県、市区町村）性別・年齢を教えてください

(1) 郵便番号　　　―　　　、または住所：都道府県名＿＿＿＿＿＿市区町村名＿＿＿＿＿＿
　　　　　　　　　　　　　　　　　　　　（海外の方は国名：　　　　　　）
(2) a. 男性　b. 女性
(3) a. 10代　b. 20代　c. 30代　d. 40代　e. 50代　f. 60歳以上

問４．今回豊郷小学校にいらっしゃった理由を教えてください　（例：アニメ「けいおん！」の舞台だから、知人・友人に勧められたから、ヴォーリズの建築に興味があったから、ツアープログラムの途中の立寄場所、など複数回答可）

問５．豊郷小学校のことを初めて知った情報源は何ですか
１．人づてに聞いて　　２．テレビのニュース　　３．書籍・雑誌　　４．新聞記事
５．インターネット（具体的に：　　　　　　　　）　　６．現地で見て初めて
７．その他（　　　　　　　　　　　　　　　）

付　録

問６．今回のご旅行の日程と旅行人数について教えてください
（１）今回の全体の旅行日程
　　１．日帰り　２．（　）泊（　）日　３．（その他：　　　　　　　　　　　）
（２）全体の旅行日程の中の豊郷町での滞在期間（滞在時間）
　　＊豊郷町にいる予定の期間（時間）を右の空欄に記入してください（　　　　　　　）
（３）旅行人数
　　１．１人旅　２．同行者あり（　　　　人）　３．ツアーグループ　４．その他

問７．豊郷小学校を見てどのように感じられましたか？自由にお書きください

問８．豊郷小学校の魅力度を教えてください

　　全く魅力的ではない　　　　　　　　　　　　　　　　大変魅力的
　　　　├──────┼──────┼──────┼──────┤
　　　　１　　　　　　２　　　　　　３　　　　　　４　　　　　　５

問９．本日、豊郷町では何にいくらぐらいお金を使われましたか
【使用金額】（　　　　　　）円　　【内訳】

問１０．豊郷小学校がテレビアニメ「けいおん！」の舞台になったことをご存じですか？
１．知っている　　２．知らなかった

問１１．豊郷小学校以外の「けいおん！」の舞台には行かれましたか？
１．行っていないがこれから行く予定　　２．行っていないし行く予定もない　　３．すでに行った

１あるいは３とお答えの方にお尋ねします。具体的にはどこに行かれる予定ですか？
あるいは、どこに行かれましたか？

問１２．「けいおん！」以外の作品でアニメの舞台となった地域を訪れたことはありますか
１．ない　　２．ある（行ったことがある地域と元になった作品名を「地域名・作品名」というように
　　　　　　　　ご回答ください）

233

問１３．豊郷小学校が建築家ヴォーリズの設計だとご存知ですか？

１．知っている　　２．知らなかった

問１４．豊郷小学校以外のヴォーリズの建築物を知っていますか、またそちらを見に行きたいと思いますか？

１．知っているので、これから行く予定
２．知ってはいるが、行く予定はない
３．知らないし、行く予定もない
４．知ってはいないが、これから行きたいとは思う
５．すでに行った

１あるいは５とお答えの方にお尋ねします。具体的にはどこに行かれる予定ですか？あるいは、どこに行かれましたか？

問１５．最後に豊郷町・豊郷小学校について、ご意見・ご感想をいただけますでしょうか

本日は、お急ぎのところ、アンケートにご協力いただきまして、誠にありがとうございました。アンケートボックスに投函してください。また、**調査結果報告書**を希望される方は、右下のボックスにチェックを入れ、ご連絡先記入欄にお送り先住所か、添付ファイルを受け取ることができるメールアドレスをお書き添えください。調査結果がまとまり、皆様にご覧いただける形になり次第、お知らせさせていただきます。　　　　　　　　　　　　　　　**調査結果報告書希望**　☐

＊＊＊＊＊＊＊＊＊＊＊＊＊＊＊＊調査協力のお願い＊＊＊＊＊＊＊＊＊＊＊＊＊＊＊＊

今後も継続的な調査にご協力いただけますでしょうか。
もちろん、各調査に参加する、参加しないはその都度選択していただけます。よろしければ、下のボックスにチェックを入れ、右の空欄にご連絡先をお書きください。

継続調査協力可能　☐

ご連絡先記入欄

付　録

〈4〉 「らき☆すた神輿」担ぎ手アンケートの調査票

《ウェブアンケート》
　　☆「らき☆すた神輿」担ぎ手アンケート☆

この度はアンケートにご協力頂ける旨の回答をありがとうございます。大変お手数をおかけするにもかかわらず温かいお言葉まで頂いて，改めて感謝申し上げる次第です。

　1）ご挨拶
　2）回答方法
　3）アンケート

《（1）のページ》
鷲宮町商工会では，北海道大学観光学高等研究センターと共同で，鷲宮町の観光についての研究を行っています。頂いたアンケートの回答は厳重に保管し，調査・研究の目的のみに使用します。皆様の忌憚の無いご意見を頂けますと幸いです。アンケートの結果は，研究成果報告ページ「鷲ペディア」にて公開予定です。

　2）回答方法
　3）アンケート

《（2）のページ》
これから，1問ずつ，メールを送らせて頂きます。全部で7問あります。
回答方法は，問1に対しての回答については回答の前に「問1」とつけて頂いてから回答願います。

　　回答先　　██████████████

たとえば，1問目のメール「問1：らき☆すた神輿のことを何によって知りましたか？　具体的に教えてください。」の場合，「問1：大西茶屋の前の看板で見た」と打ち込んで返信して頂く，というような形です。お手数をおかけしますが，何卒ご協力のほどよろしくお願いいたします。締切は9月26日（金）までです。本アンケートについてのお問い合わせは下記の連絡先までお願いいたします。

　　　　　　　　　　　　　　　　　　　　　　　　██████████████

《（3）のページ》

　　回答先　　██████████████

問1）らき☆すた神輿のことを何によって知りましたか？　具体的に教えてください。
問2）鷲宮町を訪れたのは，土師祭の時で何度目でしたか？　（20回以上の方は20回以上とお書きください）
問3）らき☆すた神輿を担いでみて，いかがでしたか？　できるだけ詳しく教えてください。
問4）土師祭全体で，楽しかったことや，うれしく思ったこと，印象的だったことをできるだけ詳しく教えてください。
問5）土師祭全体で，いやな思いをしたことや，改善したほうが良いと思ったことをできるだけ詳しく教えてください。
問6）来年もう一度らき☆すた神輿があれば，担ぎたいと思いますか？
問7）鷲宮町の今後の方向性に対するご意見や，らき☆すたへの想い，鷲宮町を訪れての感想など，なんでも結構です。ご自由にお書き頂ければありがたく思います。

　　回答先　　██████████████

ご協力ありがとうございました。

235

〈5〉 「鷲宮町商工会ホームページ」および「今日の部室」の日ごとのアクセス数一覧

＊本書第13章の分析を行うためのデータである「鷲宮町商工会ホームページ」および「今日の部室」の日ごとのアクセス数を一覧にして示した。解析期間は2010年6月1日から2011年5月31日までの1年間である。

〔2010年〕

月日	鷲宮HP	部室	月日	鷲宮HP	部室	月日	鷲宮HP	部室
6月1日	431	1907	6月30日	542	1543	7月30日	586	2474
6月2日	335	1903	7月1日	507	1721	7月31日	532	2221
6月3日	399	1685	7月2日	489	2072	8月1日	471	2511
6月4日	383	2231	7月3日	447	2849	8月2日	587	3241
6月5日	376	2067	7月4日	545	2869	8月3日	711	2852
6月6日	375	2422	7月5日	742	2242	8月4日	525	2391
6月7日	413	2196	7月6日	824	1687	8月5日	514	2524
6月8日	393	2362	7月7日	1179	1717	8月6日	613	2580
6月9日	389	2038	7月8日	667	1425	8月7日	589	2631
6月10日	407	2237	7月9日	521	1465	8月8日	573	3161
6月11日	374	2061	7月10日	506	1806	8月9日	618	3526
6月12日	405	2123	7月11日	510	1839	8月10日	578	3112
6月13日	402	2888	7月12日	579	1981	8月11日	526	2975
6月14日	591	2221	7月13日	496	2175	8月12日	578	2505
6月15日	528	1855	7月14日	480	1805	8月13日	472	3056
6月16日	463	2152	7月15日	702	1965	8月14日	428	2648
6月17日	459	2035	7月16日	582	1861	8月15日	436	2921
6月18日	442	1951	7月17日	476	1989	8月16日	544	3212
6月19日	408	2706	7月18日	483	2304	8月17日	524	3027
6月20日	503	2418	7月19日	457	2516	8月18日	551	2701
6月21日	522	2768	7月20日	496	2481	8月19日	502	2728
6月22日	465	2412	7月21日	457	1912	8月20日	490	2738
6月23日	451	2428	7月22日	494	3497	8月21日	365	3347
6月24日	467	2144	7月23日	503	7709	8月22日	859	3619
6月25日	437	1789	7月24日	445	4541	8月23日	795	3401
6月26日	368	1911	7月25日	630	4287	8月24日	574	2805
6月27日	404	2092	7月26日	610	5499	8月25日	578	2431
6月28日	526	1895	7月27日	537	6862	8月26日	563	3413
6月29日	543	1661	7月28日	559	7248	8月27日	538	7906
			7月29日	620	3874	8月28日	538	3877

8月29日	577	3607	10月4日	529	3406	11月9日	882	2753
8月30日	732	3273	10月5日	498	2576	11月10日	849	2687
8月31日	675	3131	10月6日	550	2759	11月11日	688	3046
9月1日	681	3143	10月7日	604	2532	11月12日	610	2763
9月2日	675	3168	10月8日	857	2613	11月13日	510	3766
9月3日	912	3189	10月9日	878	3606	11月14日	503	16280
9月4日	1173	3174	10月10日	884	3525	11月15日	512	7172
9月5日	1837	3168	10月11日	592	3891	11月16日	447	5737
9月6日	3462	3638	10月12日	534	3184	11月17日	512	10828
9月7日	1468	4239	10月13日	643	2694	11月18日	686	7057
9月8日	818	6472	10月14日	12281	2607	11月19日	631	4095
9月9日	687	9618	10月15日	3882	2678	11月20日	500	5045
9月10日	570	4556	10月16日	1770	3256	11月21日	514	4416
9月11日	534	4491	10月17日	1422	3547	11月22日	584	3407
9月12日	525	4296	10月18日	1383	3781	11月23日	558	4534
9月13日	534	3505	10月19日	1474	3121	11月24日	479	2781
9月14日	467	3325	10月20日	1147	4212	11月25日	515	2556
9月15日	487	3331	10月21日	1012	3546	11月26日	590	2851
9月16日	479	3280	10月22日	865	3181	11月27日	574	2506
9月17日	426	3088	10月23日	733	3277	11月28日	656	2240
9月18日	469	3216	10月24日	739	4138	11月29日	785	2261
9月19日	415	3573	10月25日	875	3618	11月30日	730	2935
9月20日	439	4090	10月26日	750	3889	12月1日	563	3109
9月21日	532	3560	10月27日	591	3459	12月2日	561	3044
9月22日	414	2940	10月28日	631	2864	12月3日	460	2474
9月23日	452	3533	10月29日	620	3492	12月4日	449	2554
9月24日	456	3278	10月30日	542	4819	12月5日	474	3174
9月25日	407	3198	10月31日	593	13813	12月6日	516	2246
9月26日	448	3251	11月1日	688	6944	12月7日	512	2307
9月27日	494	3088	11月2日	660	5041	12月8日	498	2269
9月28日	441	2980	11月3日	646	4387	12月9日	534	2326
9月29日	473	3601	11月4日	716	4013	12月10日	549	2053
9月30日	441	3132	11月5日	667	3004	12月11日	495	1914
10月1日	431	3018	11月6日	521	3173	12月12日	527	2159
10月2日	420	3019	11月7日	121	3175	12月13日	535	1847
10月3日	501	3578	11月8日	347	3026	12月14日	536	6781

月日		
12月15日	585	6264
12月16日	618	3857
12月17日	661	2717
12月18日	556	3401
12月19日	966	3280
12月20日	841	2991
12月21日	640	2653
12月22日	731	2679
12月23日	665	2782
12月24日	634	2385
12月25日	577	1936
12月26日	665	2269
12月27日	754	1733
12月28日	776	1811
12月29日	738	1548
12月30日	1104	1241
12月31日	1981	1193

〔2011年〕

月日	鷲宮HP	部室
1月1日	3646	1586
1月2日	2325	1488
1月3日	1395	1498
1月4日	1774	2141
1月5日	1396	2204
1月6日	937	1918
1月7日	923	2035
1月8日	800	2379
1月9日	841	1982
1月10日	767	2192
1月11日	709	1896
1月12日	647	2062
1月13日	684	2232
1月14日	569	2270
1月15日	554	2900
1月16日	542	5433
1月17日	535	2638
1月18日	491	2060
1月19日	543	10884
1月20日	477	10610
1月21日	494	2830
1月22日	557	2488
1月23日	697	2319
1月24日	525	1988
1月25日	502	1888
1月26日	476	1477
1月27日	428	2055
1月28日	381	2083
1月29日	402	1910
1月30日	434	2045
1月31日	456	2056
2月1日	429	1901
2月2日	483	2082
2月3日	425	2130
2月4日	421	3504
2月5日	369	3050
2月6日	386	2687
2月7日	428	2430
2月8日	424	2607
2月9日	471	2327
2月10日	464	1997
2月11日	381	2262
2月12日	350	2359
2月13日	355	2307
2月14日	424	2216
2月15日	408	2307
2月16日	413	2553
2月17日	421	2731
2月18日	419	2589
2月19日	396	2247
2月20日	368	2261
2月21日	392	2428
2月22日	382	2938
2月23日	344	3493
2月24日	386	2730
2月25日	394	2022
2月26日	322	2425
2月27日	351	3002
2月28日	427	2838
3月1日	424	2153
3月2日	364	1887
3月3日	349	2264
3月4日	347	2486
3月5日	371	2079
3月6日	301	2695
3月7日	326	2346
3月8日	367	2440
3月9日	372	2337
3月10日	371	2197
3月11日	331	2267
3月12日	337	2491
3月13日	390	2576
3月14日	495	2787
3月15日	379	3704
3月16日	394	2608
3月17日	288	2196
3月18日	324	2246
3月19日	328	2646
3月20日	297	2478
3月21日	339	3687
3月22日	278	2612
3月23日	349	2030
3月24日	382	2068
3月25日	356	2078
3月26日	312	2087
3月27日	268	2022
3月28日	317	1910
3月29日	305	1734

3月30日	325	1911		5月5日	313	2919
3月31日	332	1892		5月6日	346	2136
4月1日	298	1918		5月7日	356	3271
4月2日	312	2032		5月8日	355	2303
4月3日	245	2029		5月9日	360	1743
4月4日	294	1885		5月10日	360	1564
4月5日	295	1715		5月11日	329	1934
4月6日	306	1843		5月12日	308	1621
4月7日	325	1870		5月13日	305	1521
4月8日	316	1818		5月14日	331	1942
4月9日	309	2140		5月15日	302	2192
4月10日	273	2286		5月16日	309	1794
4月11日	345	2198		5月17日	317	2261
4月12日	300	2120		5月18日	313	1929
4月13日	310	1851		5月19日	331	1805
4月14日	278	1770		5月20日	329	1664
4月15日	303	1920		5月21日	315	1811
4月16日	270	2473		5月22日	350	2163
4月17日	283	2171		5月23日	318	1458
4月18日	317	2161		5月24日	304	1435
4月19日	346	1866		5月25日	308	1549
4月20日	274	1851		5月26日	321	1351
4月21日	346	1736		5月27日	299	1355
4月22日	284	1734		5月28日	279	1811
4月23日	308	2294		5月29日	295	1953
4月24日	316	2373		5月30日	388	1736
4月25日	387	2364		5月31日	452	1548
4月26日	330	2117				
4月27日	364	2440				
4月28日	362	2836				
4月29日	322	3572				
4月30日	305	3368				
5月1日	398	3155				
5月2日	406	3315				
5月3日	362	3493				
5月4日	353	2750				

〈6〉 関連論文一覧

＊本書の一部には，既出のデータや分析結果を用いている。それらの初出論文を関連論文一覧とし，次に示した。

〔岡本健〕

2009,「観光情報革命時代のツーリズム（その4）——旅行情報化世代」『北海道大学文化資源マネジメント論集』6：1-16.

2009,「アニメ聖地巡礼の誕生と展開」『CATS叢書 メディアコンテンツとツーリズム——鷲宮町の経験から考える文化創造型交流の可能性』1：31-62.

2010,「コンテンツ・インデュースト・ツーリズム——コンテンツから考える情報社会の旅行行動」『コンテンツ文化史研究』3：48-68.

2010,「コンテンツと旅行行動の関係性——コンテンツ＝ツーリズム研究枠組みの構築に向けて」『観光・余暇関係諸学会共同大会学術論文集』2：1-8.

2010,「現代日本における若者の旅文化に関する研究——アニメ聖地巡礼を事例として」『旅の文化研究所 研究報告』19：1-19.

2011,「新たなつながりを創出する情報社会の旅行コミュニケーション——コミュニティオブインタレストと地域コミュニティの出会い」山北輝裕・谷村要・稲津秀樹・吹上裕樹編『KG/GP社会学批評 別冊 共同研究成果論集』77-95.

2011,「コンテンツツーリズムにおけるホスピタリティマネジメント——土師祭「らき☆すた神輿」を事例として」『HOSPITALITY』18：165-174.

2011,「交流の回路としての観光——アニメ聖地巡礼から考える情報社会の旅行コミュニケーション」『人工知能学会誌』26（3）：256-263.

2011,「コンテンツツーリズムにおける地域からの情報発信とその流通——『らき☆すた』聖地「鷲宮」と『けいおん！』聖地「豊郷」の比較から」『観光・余暇関係諸学会共同大会学術論文集』3：37-44.

付　録

〈7〉　発展論文一覧

＊筆者が博士論文「情報社会における旅行者の特徴に関する観光社会学的研究」を提出した後に発表した論文を紹介する。タイトルを追っていくと，アニメ聖地巡礼の研究を中心にしながら，発表媒体をさまざまなジャンルに広げたり，分析対象の範囲が広くなっていったりしていることに気が付くだろう。研究を展開させていく1つの例として参考にしていただければ幸いである。

- 岡本健，2012，「旅行者主導型コンテンツツーリズムにおける観光資源マネジメント――らき☆すた聖地「鷲宮」とけいおん！聖地「豊郷」の比較から」『日本情報経営学会誌』32（3）：59-71.
- 岡本健，2012，「観光・地域デザイン2.0と観光情報学――アニメ聖地巡礼から観光の新たなあり方を考える」『観光と情報』8（1）：15-26.
- 岡本健，2012，「ツアー・オブ・ザ・リビングデッド――ゾンビの旅行コミュニケーション分析試論」『コンテンツツーリズム論叢』1：14-65.
- 岡本健，2013，「コンテンツツーリズムの景観論――アニメ聖地巡礼／拡張現実景観／オタクスケープ」『ランドスケープ研究』77（3）：222-225.
- 岡本健，2013，「コンテンツツーリズムにおける観光文化のあり方に関する研究――アニメ聖地で見られる地域文化とコンテンツ文化の関係性に注目して」『旅の文化研究所 研究報告』23：71-88.
- 岡本健，2014，「コンテンツと神社・神話の関係性――観光資源としての物語・地域・文化」『コンテンツツーリズム論叢』5：28-35.
- Okamoto Takeshi，2014，「Otaku tourism and the anime pilgrimage phenomenon in Japan」『Japan Forum』27（1）：12-36.
- 岡本健，2015，「メディアコンテンツと観光，都市，コミュニティ――情報社会のサードプレイスとしてのアニメ聖地」『奈良県立大学研究季報』25（2）：193-212.
- 岡本健，2015，「コンテンツツーリズムの現場からみる空間概念――現実・情報・虚構空間をめぐる観光旅行のあり方」『地理』60（6）：20-28.
- 岡本健，2016，「あいどるたちのいるところ――アイドルと空間・場所・移動」『ユリイカ』2016年9月臨時増刊号：243-250.
- 岡本健，2018，「スマートフォンゲームの観光メディアコミュニケーション――『Pokémon GO』のフィールドワークからの観光の再定義」『奈良県立大学研究季報』28（3）：37-62.

〈8〉 コンテンツツーリズム関連書籍一覧

＊コンテンツツーリズムについて学べる書籍を紹介する。1冊丸ごとアニメ聖地巡礼やコンテ
ンツツーリズムについて扱っている書籍を挙げたが，一部で扱っている書籍は他にも多数存
在する。これらの書籍の参考文献欄を見て，他の文献も探してみてほしい。

- 長谷川文雄・水鳥川和夫編，2005，『コンテンツ・ビジネスが地域を変える』NTT出版．
- 北海道大学観光学高等研究センター文化資源マネジメント研究チーム編，2009，『CATS叢書
  メディアコンテンツとツーリズム──鷺宮町の経験から考える文化創造型交流の可能性』
  1．
- 増淵敏之，2010，『物語を旅するひとびと──コンテンツ・ツーリズムとは何か』彩流社．
- 山村高淑・岡本健編，2010，『CATS叢書 次世代まちおこしとツーリズム──鷺宮町・幸手市
  に見る商店街振興の未来』4．
- 山村高淑，2011，『アニメ・マンガで地域振興──まちのファンを生むコンテンツツーリズ
  ム開発法』東京法令出版．
- 増淵敏之，2011，『物語を旅するひとびとⅡ──ご当地ソングの歩き方』彩流社．
- 山村高淑・岡本健編，2012，『CATS叢書 観光資源としてのコンテンツを考える──情報社会
  における旅行行動の諸相から』7．
- 岡本健，2013，『n次創作観光──アニメ聖地巡礼／コンテンツツーリズム／観光社会学の可
  能性』NPO法人北海道冒険芸術出版．
- コンテンツツーリズム学会，2014，『コンテンツツーリズム入門』古今書院．
- 岡本健監修，2014，『マンガ・アニメで人気の「聖地」をめぐる神社巡礼』エクスナレッジ．
- 由谷裕哉・佐藤喜久一郎，2014，『サブカルチャー聖地巡礼──アニメ聖地と戦国史蹟』岩
  田書院．
- 増淵敏之，2014，『物語を旅するひとびとⅢ──コンテンツツーリズムとしての文学巡り』
  彩流社．
- 岡本健編，2015，『コンテンツツーリズム研究──情報社会の観光行動と地域振興』福村出
  版．
- 原真志・山本健太・和田崇編，2015，『コンテンツと地域──映画・テレビ・アニメ』ナカ
  ニシヤ出版．
- 山村高淑／シートン・フィリップ／張慶在／平井健文／鍋水孝太編，2016，『CATS叢書 コン
  テンツ・ツーリズム研究の射程──国際研究の可能性と課題』8．
- 酒井亨，2016，『アニメが地方を救う!?──「聖地巡礼」の経済効果を考える』ワニブックス．
- Seaton, Philip and Yamamura Takayoshi eds., 2016, *Japanese Popular Culture and Contents Tourism*, Routledge.
- Seaton, Philip, Yamamura Takayoshi, Sugawa-Shimada Akiko and Jang Kyungjae, 2017, *Contents Tourism in Japan: Pilgrimages to "Sacred Sites" of Popular Culture*, Cambria Press.

長めのあとがき

　本書は，2012年3月に北海道大学大学院に提出した博士論文「情報社会における旅行者の特徴に関する観光社会学的研究」に，全体的な改稿を施して単行本化したものです。扱っている事象は，2018年の「今」からすると，もはや「少し昔」の出来事になってしまっています。

　それに，私の博士論文は，北海道大学の機関リポジトリ「HUSCAP」で，その全文が公開されています。さらに，内容のエッセンスは，書籍『n次創作観光——アニメ聖地巡礼／コンテンツツーリズム／観光社会学の可能性』という形で，NPO法人北海道冒険芸術出版から2013年に出版していただきました。『n次創作観光』は，博士論文の大枠はそのままに，分量を削りに削ることで，1000円を切る価格で発売し，大手取次を通さない販売形式だったにもかかわらず，多くの方にお読みいただき，重版もかかりました。

　「ネットで無料で読めるのにどうして……」「6年以上前のものを，いまさら」と思われる方がいらっしゃるかもしれません。ここでは，「なぜ，今，本書を世に問うのか」，筆者の経験と対照する形で，その理由を整理しておきたいと思います。あまり自分語りをしても仕方ないのですが，私自身がこの10年間歩んできた道は，そのまま日本における観光立国の推進や観光学研究の進展の過程と関係があります。また，社会的な背景や筆者のバックグラウンドは，本文の理解に資する情報にもなると思います。しばし，お付き合いください。

観光学との出会い

　私が本格的に観光研究を始めたのは，2007年4月に北海道大学大学院国際広報メディア・観光学院の修士課程に入学してからになります。私は，この観光の大学院の修士1期生にあたります。博士後期課程も同時に募集をしていたため，博士の1期生もおられるのですが，修士の1期生で，その後博士後期課程に進学し，修了したのは私が初めてのケースでした。

　北海道大学観光学高等研究センターの初代センター長・石森秀三先生のお話

では，そもそも，国立大学法人である北海道大学に観光のセクションができた背景には，小泉純一郎元首相による「観光立国宣言」があったそうです。観光で国を立てる，とうたったからには，国立大学に観光について研究，教育を行う機関を設置すべきだというわけです。

こうした背景もあり，1期生として大学院に入学した学生の多くが，旅行会社や鉄道会社の社員，地方自治体やNPO法人の職員などの，実務家の方でした。北海道大学の学部から進学したのは私一人という状況だったのです[1]。私自身は，こうした社会的，政策的な背景からの関心というよりは，いくつかの理由で「新しくできる観光の大学院」に関心を持ち，進学を考えるようになります。

それまでは，北海道大学の文学部で認知心理学を専攻していました[2]。認知心理学とは，人間の認知の仕方を，主に実験と統計学を用いて解明していく学問です。この分野も実に面白かったのですが，進学先の大学院を決める際には，私の関心の中心は，人間の認知機能そのものよりも，それを前提とした人と人との関係性やコミュニケーションに移っていました。

北海道大学の文学部には，社会心理学を専門としたセクションや，社会学を専門としたセクションもありましたが，同級生は学部時代からこの分野を修めているわけで，そのなかに大学院から飛び込む勇気が当時の私にはありませんでした。また，当時，社会心理学のセクションには，国内外で著名な山岸俊男先生[3]がいらっしゃり，莫大な予算を獲得して，かなりの規模で研究を進めている印象でした。同級生や先輩から聞いた噂のレベルでしたが，学部生から海外の学会で発表していると聞いて，怖気づいたというのも正直なところです。

もう1つは，認知心理学で大学教員になるのはかなり難しいことを痛感したことです。認知心理学の大学教員の枠に対して，大学院生の数は多く，大学のポストを巡って激しい競争が起こっていました。私は，いつのころからか，

1） 私と同じように学部から直接大学院に進学した学生も他に数名いましたが，他大学から大学院に進学された方々でした。

2） 専門は，聴覚機能に着目した音楽心理学でした。方法として脈波という生理指標を用いた実験を採用していました。

3） 2018年5月8日に70歳で亡くなられました。

「大学教員」になりたいと考えていました。子どものころから教員へのあこがれはあったらしく、小学生時分の文集を見ると、将来の夢として「映画監督」か「小学校の先生」と書かれていて驚きました。かなり遠い職業が並列されていて、自分でも「大丈夫か？」と心配になりますが、よく考えると、今は大学教員として、アニメやマンガ、映画と観光の研究を仕事にしており、なんとなく両方叶っていて、「三つ子の魂百まで」とはよく言ったものだと思います。

　そして、学生時代はさまざまなアルバイトをやりましたが、なかでも好きだったのが塾講師と家庭教師でした。「勉強が大嫌い」「数学が苦手」という小学生、中学生、高校生たちが、どんどん内容を理解していき、成績が上がるにつれて、自分で考えてそれを表現できるようになっていく、この変化に携われるのが楽しく、今でもそのときの経験が役に立っています。当時、修学旅行生や地域住民向けに北海道大学を案内するキャンパスガイドをやっていたこともあり、「学習効果の高い修学旅行とは」というテーマを掲げて、観光学の大学院の門をたたきました。大学院に入学し、授業を受けながら自分の研究を進めていくなかで、初めて知ることがたくさんあり、刺激的な毎日でした。

きれいすぎる観光への違和感

　ただ、1つ、大きな違和感を抱いていました。それは、「観光」というものが、ずいぶんお行儀のよいもの、役に立つもの、として語られていたことです。これは、観光研究そのものの歴史的変遷がその背後にありました。観光は、それまで研究対象として認められてこなかった（と認識されていた）からです。それゆえ、観光は自らを「防衛」する理屈を必要としたのです。

　いわく、大量誘客、大量消費の「マス・ツーリズム」によって生じた観光公害に対する反省から、そうではない「オルタナティブ・ツーリズム」へ。自然や文化などの地域資源を食いつぶす観光から、持続的な「サスティナブル・ツーリズム」へ。昔ながらの観光産業主導の観光から「新たな観光」「ニューツーリズム」へ……。観光を「悪いもの」から「良いもの」に、あるいは、「適切にマネジメントすべき対象」として位置づけ、学問的、政策的課題を見いだしていこうとする流れがあったのです。

　大学院での授業でも、学会における議論でも、講演会を聞きに行っても、こ

うした方向性の話がそこら中で語られていました。語られている内容は，至極まっとうだと思いましたし，首肯できるものであると同時に，何かがひっかかりました。それは，想定されている「観光」が「きれいすぎる」という感覚でした。私自身は，「観光」は，良い意味でも悪い意味でも「いかがわしい」ものだと考えています。いつの時代も，観光資源は人々の欲望にしたがってつくりだされます。土産物売り場に行くと，怪しげなお土産がたくさん並んでいる。修学旅行のときは，地域資源などそっちのけで非日常感を楽しみ，友だちと騒いで，夜は枕投げや，夜更かしに興じます。高速道路のパーキングエリアにしばらくいると，団体旅行客を乗せたバスが到着し，吐きだされてきた旅客たちは長旅の疲れを口にしながら，トイレに行ったり，お土産物を物色したり，ソフトクリームを買って食べたりします……。

　意識の高い観光は，「建前」や「理念」として頭では理解できますが，実際の旅行者が感じているワクワクした気持ちや，観光文化で見られるある種の「ばかばかしさ」を捨象しているように思えたのです。こういう大衆的な観光を「否定」しなくてもよいのではないか。「楽しさ」や「面白さ」だって観光にとってはとても重要なことではないか。こういうことも含めて研究するのが観光学なんじゃないのか，そう感じていました。

　そんなときでした。2008年3月に，埼玉県北葛飾郡鷲宮町のことをmixiのニュースで見かけたのです。指導教員の山村高淑先生に「こんなのあるらしいですよ！」とメールしたところ，先生はすぐさま「行ってみましょう！」とイベントへのアクセスツアーのチケットを取ってくださいました。現地に行ってとても驚きました。アニメファンと地域の住民が，実に楽しそうに談笑しているのです。私はその様子を見て，「彼らは以前からの知り合いなのだろう」と思いました。ところが直接聞いてみると，ファンは今日初めて鷲宮に来て，地域の住民とは，つい先ほど会ったばかりなのだと言います。

　このとき，私は「もしかして，これは観光学にとって，すごく重要な事例なのではないだろうか」と，うすぼんやりと感じました。そのときははっきり言語化できていませんでしたが，後でふり返ると，観光の「猥雑性」や「楽しさ」「面白さ」を残したまま，地域住民と旅行者の両者が相手の価値観を尊重し合う関係性が築かれていることに魅力を感じたのだと思います。

長めのあとがき

とはいえ，それはもしかすると，私が見たそのときにしか起こらなかった，実に珍しいケースであるかもしれません。ここから私の研究が始まります。『らき☆すた』の全話視聴はもちろん，関連する過去のさまざまな作品や，そのとき放映されていた他のアニメ，そして，その後に放映されるアニメなどをチェックし，猛勉強しました。そこには，コンテンツ作品や聖地巡礼を純粋に楽しんでいる自分がいる一方で，研究者として「オタク語り」に終始してはならないと思う自分もいました。

告白すると，鷲宮のことを知ったとき，私は『らき☆すた』を見たことがありませんでした。アニメやマンガは子どものころから好きでしたが，美少女アニメにはあまりなじみがなく，好きなのは『ドラえもん』『機動戦士ガンダム』『機動警察パトレイバー』『攻殻機動隊』『新世紀エヴァンゲリオン』などの作品でした。ですから，最初に現地に行ったときは，ファンの方々と話せるほど知識がなかったのです。私の著作に対する評価のなかには，「オタクが好きもの研究をしただけだ」というものがあるのと同時に，「この本の著者はオタクではない」というものもあります。その原因は，私のコンテンツ体験が上記のようなものであったことが大きいのかもしれません。

アニメ聖地巡礼研究に対する評価

これまで「修学旅行」や「ボランティアガイド」を研究テーマにする，と言っていた私が突然「アニメ聖地巡礼」研究に舵を切ったことに心配の声をかけてくださる先生もおられました。「興味の範囲が狭すぎる」「評価が定まっていない現在進行形の対象を研究するのはリスクが高い」「そういうテーマだと大学教員になるのは難しい」，こういったアドバイスもいただきました。

一時期，アニメ聖地巡礼を対象に研究を進めていってよいものか，本気で悩みました。「修学旅行やボランティアガイドの研究をメインでやりながら，サブでこういう研究をしようか」と考えた時期もありました。

ためしに，アニメ聖地巡礼，そして，その研究は，研究者にはどう受け取られるのか，さまざまな学会で発表してみました。当時，アニメ聖地巡礼，コンテンツツーリズムの説明をすると，多くの研究者には，「オタクたちのマニアックな行動で，市場規模は実に小さい」と理解されていたように思います。

247

質疑応答の時間に多くの方が質問するのは，持続可能ではないのではないか，経済効果はそれほどないのではないか，そういったことが中心でした。

　そんなとき，私の背中を押してくださったのは，指導教員の山村高淑先生でした。「岡本さんの好きなことをやればいいです」「正しい努力は，誰かがどこかで必ず見てくれていますよ」「多くの人がなじみのない内容も3年言い続ければ，理解してくれる人が出てきます」，そう言って積極的に応援してくださいました。おかげで，中途半端なことをせず，アニメ聖地巡礼研究で修士論文，博士論文を書くことができ，今の自分があります。

　また，学会で発表するなかでも，応援してくださる方々が出てきました。特に，玉井建也先生[4]と，コンテンツ文化史学会の会長であった吉田正高先生[5]には，学会で発表機会をいただいたり，学会誌への投稿を薦めていただいたりと，さまざまな点でお世話になりました。他にも徐々に応援してくださる方が増えていきました。皆さんのおかげで，思いつきで始めた研究をここまで続けてくることができました。

　アニメ聖地巡礼やコンテンツツーリズムが多くの人に関心を持たれるようになったことも，本書を今，このタイミングで世に問おうと思った大きな要因になっています。

　2008年ごろの反応は，先ほど書いたとおりで，「観光の対象として扱われない」というものでした。ところが，今や，観光庁が「テーマ別観光による地方誘客事業」で「アニメツーリズム」を重点項目として挙げています[6]。2016年9月16日には，『機動戦士ガンダム』で有名なアニメ監督の富野由悠季氏が会長を務める「一般社団法人アニメツーリズム協会」がつくられ，「アニメ聖地88か所」が選定されました。

　2013年6月27日には，アニメ『ガールズ＆パンツァー』の聖地である茨城県大洗町における取り組みが観光庁の第1回「今しかできない旅がある」若者旅行を応援する取組表彰で奨励賞を受賞しました。そして，『ほしのこえ』の新海誠監督のアニメ映画『君の名は。』（2016年）は，作品の大ヒットとともに，

4）　現在，東北芸術工科大学芸術学部准教授。
5）　元，東北芸術工科大学教養教育センター教授。
6）　2017（平成29）年度に続き，2018（平成30）年度にも継続して選定されている。

アニメ聖地巡礼を多くの人に知らしめました。「聖地巡礼」は，この年の新語・流行語大賞のトップ10にも選ばれたのです。

アニメ聖地巡礼についての評価や認識は，10年前とは隔世の感があります。アニメ聖地巡礼やコンテンツツーリズムの研究をしたいという学生さんは毎年一定数いらっしゃいますし，留学生からも毎年連絡をもらいます。こういう状況に際して，現在の状態の礎になった時代の話をしっかり整理しておかなければならない，そのように考えました。

変化のスピードの速い現象を書き留めておく

当たり前ですが，10年たつと，いろいろなものが変化しています。そして，変化した後は，その前の状態を思い出すのが実に難しくなります。皆さんもこういう経験はありませんか？　久しぶりに街に出て，新しく建てられた建物を見たとき，その前に何が建っていたか，まったく忘れてしまうという経験です。人の記憶は実に曖昧で，記憶の内容はどんどん変容していきます。

今回，自分が書いた博士論文を久しぶりにじっくり読み直しましたが，自分が書いたものなのに，「なぜ，わざわざこのように書かれているのか」がすぐにはわからない箇所がありました。特に，情報通信技術の発展，普及のスピードはすさまじく，出先でもスマホでネットに接続でき，軽量のノートPCからWi-Fiにつないで，メールやファイルのやり取りができるようになった今，2000年代後半のことでさえ，急速に「過去のこと」になってきています。

大学の教員を含めた研究者のなかには，現在進行中の現象を研究の対象とすることに慎重になる方はたくさんいらっしゃいます。学生さんのなかにも，今起こっていることを卒論のテーマにしようとして，指導教員から「やめておきなさい」とテーマを変えるようアドバイスを受けた方がいらっしゃるでしょう。たしかに，今起こっていることは，その先どうなるかがわからず，どのように評価するか，何を基準に分析するかが難しいため，学術的な正確性を考えると，その態度は誠実なものです。

ただ，そうやって「評価が定まるまで待つ」ことを続けていると，変化の過程が保存されず，常に数年前を想起して記録されていくことになります。変化のスピードが速くなった今，その「数年」の間に忘れ去られていくものがたく

さんあるのではないでしょうか。むしろ積極的に現代文化を調査し，記録として残していくことが重要だと思います。本書で扱ったアニメ聖地巡礼もそうです。2018年5月現在のアニメ聖地巡礼と，10年前の聖地巡礼は，大枠の行動としては同じでも，細部や置かれた社会的状況がかなり変化しています。

　こうしたわけで，本書の内容については，むしろ，当時の状況を残そうと考え，可読性を上げるための変更にとどめました。それゆえ，今書かれたものであれば，確実に引用していなければおかしい文献が引用されていなかったり，すでに事例としてはかなり前のものを取り上げて分析していたりします。また，分析も，今から振り返って，ではなく，その当時に私が考えたことを優先しました。一方，経年変化するデータのなかには，論旨に影響を与えない範囲で，最新の情報を付加した部分もあります。

　映画にたとえていうなら，ディレクターズ・カット版のようなものでしょうか。リメイクほどつくり変えてはいないけれど，最新の技術で映像を鮮明にしたり，新しいシーンを少し付け加えたりしたヴァージョンのことです。本書が，これからのアニメ聖地巡礼，コンテンツツーリズム研究のたたき台として機能してくれれば，こんなに嬉しいことはありません。

お世話になった皆さんへ

　そう息巻いたところで，出してくださるところがなければ本は出ません。いくつかの出版社の編集者の方々に相談させていただきましたが，なかなか実現には至りませんでした。そんなとき，別の書籍企画の打ち合わせで，法律文化社の上田哲平さんとお会いできることになりました。初対面なのに図々しくも博士論文の出版の企画について相談させていただいたところ，上田さんはとても誠実で前向きな言葉をかけてくださいました。『n次創作観光』や『ゾンビ学』をすでに読んでくださっていて，私の「学術書がもっと気軽に人々に読まれてほしい」という想いを共有してくださったうえで，博士論文を書籍として世に出すために有益なアドバイスと励ましをたくさんいただきました。本当に有難うございました。

　調査にご協力いただいた聖地巡礼者の皆さん，地域の皆さんにも感謝申し上げます。特に，大学院生時代はもちろん，その後も，公私ともどもお世話に

なっている久喜市商工会の坂田庄巳さん，松本真治さん，豊郷町役場の清水純一郎さん，ハブさん，柿崎俊道さん，いつも本当に有難うございます。研究を進めていくうえで刺激をいただく多くの研究者にも感謝します。とても全員記載できないほどたくさんの方にお世話になっていますが，特に密なディスカッションをしてくださる谷川嘉浩先生[7]，田島悠来先生[8]，松井広志先生[9]，片山明久先生[10]，いつも充実の時間を有難うございます。

　また，特にこの場を借りて，御礼を申し上げたい方がいらっしゃいます。お一人は，「らき☆すた神輿」の発案者である成田靖さんです。2018年1月30日に79歳で永眠されました。もう一人は，私の研究を力強く応援してくださった吉田正高先生です。コンテンツ文化史学会の初代会長を務められました。吉田先生も2018年3月31日に帰らぬ人となりました。48歳の若さでした。お二人は，私が研究人生のなかで出会った大切な大切な先輩です。お立場は違いますが，お二人ともご自身が「これ」と決めたお好きなものに対して，妥協なく力を注がれる方でした。その後ろ姿は本当にまぶしくて「あんなふうに好きなことに一生懸命でい続けたいな」と今でも尊敬し，目標にしています。ご冥福をお祈り申し上げるとともに，学恩に感謝申し上げます。有難うございました。

　私の授業を受講してくれて，刺激的なコメントをくれた学生さんたちにも御礼を言いたいと思います。愛媛大学，京都文教大学，帝塚山大学，東京成徳大学，同志社女子大学，奈良県立大学，立命館大学，和歌山大学，などで行った授業では，皆さんからのさまざまな感想や意見をいただくことができ，その言葉は本書執筆の原動力となりました。おかげで，研究と教育の往還の面白さを日々感じさせていただいています。いつも有難うございます。

　そして，妻，玲亜には最大級の感謝を捧げたいと思います。私はハラスメントが原因で，2016年の夏ごろから不眠症になり，その後，症状が悪化して重度のうつ症状に陥ってしまいました。ひどい状態が約半年にわたって続きましたが，その間，妻は献身的に支えてくれ，おかげで今はすっかり治って，また元

7）　現在，京都大学大学院人間・環境学研究科博士後期課程，日本学術振興会特別研究員（DC 2）。

8）　現在，帝京大学文学部社会学科助教。

9）　現在，愛知淑徳大学創造表現学部創造表現学科講師。

10）　現在，京都文教大学総合社会学部総合社会学科准教授。

気に研究，教育ができています。妻がいてくれなければ，この本は日の目を見ていないでしょうし，私自身も研究者として再起できていたかわかりません。いつも笑顔で楽しい時間をくれて，本当に有難う。

　最後になってしまいましたが，本書を手に取ってくださり，最後までお付き合いいただいた皆さん，まことに有難うございました。アニメ聖地巡礼，コンテンツツーリズムの研究は，まだまだやるべきテーマがたくさんある分野ですし，さまざまな事象と関連している総合的な分野です。皆さんの手で，面白い研究成果をどんどん世に問うてください。私も頑張ります。一緒に楽しい社会をつくっていきましょう。

　　2018年5月25日
　　　京都府宇治市の「京都アニメーション」近くのマクドナルドで

　　　　　　　　　　　　　　　　　　　　　　　　岡 本　健

参考文献一覧

〔和文献〕

浅野智彦，1999，「親密性の新しい形へ」富田英典・藤村正之編『みんなぼっちの世界——若者たちの東京・神戸90's・展開編』恒星社厚生閣，41-57.

浅野智彦，2011，『趣味縁からはじまる社会参加』岩波書店.

東浩紀，2001，『動物化するポストモダン——オタクから見た日本社会』講談社.

井口貢編，2002，『観光文化の振興と地域社会』ミネルヴァ書房.

井口貢編，2008，『観光学への扉』学芸出版社.

石森秀三編，1996，『観光の二〇世紀』ドメス出版.

石森秀三，2001a，「内発的観光開発と自律的観光」『国立民族学博物館調査報告 ヘリテージ・ツーリズムの総合的研究』21：5 -19.

石森秀三，2001b，「21世紀における自律的観光の可能性」『国立民族学博物館調査報告 エコツーリズムの総合的研究』23：5 -14.

李受美，2005，「『大河ドラマ』と大河ドラマ——テレビ・ドラマの歴史的想像力に対する一考察としての日韓比較分析」『東京大学大学院情報学環紀要 情報学研究』68：189-209.

李受美，2006，「『大河ドラマ』ジャンルの登場とその社会的意味の形成過程」『東京大学大学院情報学環紀要 情報学研究』70：147-169.

板倉陽一郎，2009，「混淆が生み出す法運用問題」出口弘・田中秀幸・小山友介編『コンテンツ産業論——混淆と伝播の日本型モデル』東京大学出版会，91-112.

伊地知晋一，2006，『CGM マーケティング——消費者集合体を味方にする技術』ソフトバンククリエイティブ.

井手口彰典，2009，「萌える地域振興の行方——『萌えおこし』の可能性とその課題について」『地域総合研究』37（1）：57-69.

伊藤昌亮，2005，「ネットに媒介される儀礼的パフォーマンス——2 ちゃんねる・吉野家祭りをめぐるメディア人類学的研究」『マス・コミュニケーション研究』66：91-110.

稲葉振一郎，2005，『オタクの遺伝子——長谷川裕一・SF まんがの世界』太田出版.

稲葉振一郎，2006，『モダンのクールダウン——片隅の啓蒙』NTT 出版.

井上努，2007，「旅行経験に基づく〈観光オタク〉の創作活動と表象」『立教観光学研究紀要』9：29-32.

今井信治，2009，「アニメ『聖地巡礼』実践者の行動に見る伝統的巡礼と観光活動の架橋可能性——埼玉県鷲宮神社奉納絵馬分析を中心に」『CATS 叢書 メディアコンテンツとツーリズム——鷲宮町の経験から考える文化創造型交流の可能性』1：87-111.

今井信治，2010，「コンテンツがもたらす場所解釈の変容——埼玉県鷲宮神社奉納絵馬比較分

析を中心に」『コンテンツ文化史研究』3：69-86.

内田純一，2009，「フィルム・インスパイアード・ツーリズム――映画による観光創出から地域イノベーションまで」『CATS 叢書 メディアコンテンツとツーリズム――鷲宮町の経験から考える文化創造型交流の可能性』1：115-125.

宇野常寛，2008，『ゼロ年代の想像力』早川書房.

宇野常寛，2011，『リトル・ピープルの時代』幻冬舎.

江口信清，1998，『観光と権力――カリブ海地域社会の観光現象』多賀出版.

遠藤薫，2008，「否定の〈コミュニティ〉」遠藤薫編『ネットメディアと〈コミュニティ〉形成』東京電機大学出版局，79-96.

遠藤英樹，2001，「観光という『イメージの織物』――奈良を事例とした考察」『社会学評論』52（1）：133-146.

遠藤英樹，2004，「観光空間 知覚 メディアをめぐる新たな社会理論への転回」遠藤英樹・堀野正人編『『観光のまなざし』の転回――越境する観光学』春風社，84-98.

遠藤英樹，2009a，「社会構想における観光の可能性」『地域創造学研究』19（3）：37-57.

遠藤英樹，2009b，「リプライ」『地域創造学研究』20（1）：93-101.

遠藤英樹，2009c，「観光空間のイメージ メディアテクストとしての観光」神田孝治編『観光の空間――視点とアプローチ』ナカニシヤ出版，166-175.

遠藤英樹，2010，「観光の快楽をめぐる『外部の唯物論』――『遊び』＝『戯れ』を軸とした社会構想」遠藤英樹・堀野正人編『観光社会学のアクチュアリティ』晃洋書房，22-39.

大澤真幸，2008，『不可能性の時代』岩波書店.

太田好信，1998，『トランスポジションの思想――文化人類学の再想像』世界思想社.

大塚英志，1989，『物語消費論――「ビックリマン」の神話学』新曜社.

大塚英志，2004，『「おたく」の精神史――一九八〇年代論』講談社.

大藪多可志編，2010，『観光と地域再生』海文堂出版.

岡田斗司夫，1996，『オタク学入門』太田出版.

岡田斗司夫編，1998，『国際おたく大学――1998年 最前線からの研究報告』光文社.

奥野卓司，2008，『ジャパンクールと情報革命』アスキー・メディアワークス.

海津ゆりえ，2011，「エコツーリズムとはなにか」真板昭夫・石森秀三・海津ゆりえ編『エコツーリズムを学ぶ人のために』世界思想社，21-31.

柿崎俊道，2005，『聖地巡礼――アニメ・マンガ12ヶ所めぐり』キルタイムコミュニケーション.

かきふらい，2008-2010，『けいおん！ 1-4』芳文社.

柏倉康夫，2005，「誰もが使えるコンピュータの誕生」柏倉康夫編『改訂版 情報化社会研究――メディアの発展と社会』放送大学教育振興会，147-159.

加藤紀雄，2000，「地域づくり NOW（1）NHK 大河ドラマのロケと地域づくり」『地域政策』10（2）：33-36.

金田淳子，2007，「マンガ同人誌――解釈共同体のポリティクス」佐藤健二・吉見俊哉編『文化の社会学』有斐閣，163-190.

釜石直裕，2011，「アニメ聖地巡礼型まちづくりにおけるイベントの役割に関する研究――滋賀県犬上郡豊郷町における『けいおんがく！ライブ』を事例として」『コンテンツツーリ

ズム研究』4：1-10.

河合良介編，2006，『萌える！経済白書』宝島社.

川口喬一・岡本靖正編，1998，『最新 文学批評用語辞典』研究社出版.

国土交通省総合政策局観光部監修，観光まちづくり研究会編，2002，『新たな観光まちづくりの挑戦』ぎょうせい.

神崎宣武編，2005，『文明としてのツーリズム——歩く・見る・聞く，そして考える』人文書館.

岸川善光，2010，「コンテンツビジネスの意義」岸川善光編『コンテンツビジネス特論』学文社，1-26.

北野太乙，1998，『日本アニメ史学研究序説』八幡書店.

キネマ旬報映画総合研究所編，2011，『"日常系アニメ"ヒットの法則』キネマ旬報社.

木村めぐみ，2009，「イギリス映画産業の地域・オーディエンスとの連携——フィルム・コミッションの展開と可能性」『情報文化学会誌』16（1）：47-54.

木村めぐみ，2010，「フィルムコミッションの現状と課題」『地域活性研究』1：175-184.

キルタイムコミュニケーション，2000，『美少女ゲームマニアックス』キルタイムコミュニケーション.

キルタイムコミュニケーション，2001，『美少女ゲームマニアックス2』キルタイムコミュニケーション.

キルタイムコミュニケーション，2002，『美少女ゲームマニアックス3』キルタイムコミュニケーション.

黒瀬陽平，2008，「キャラクターが，見ている。——アニメ表現論序説」『思想地図』1：427-463.

公益財団法人日本交通公社，2008，『旅行者動向2008——国内・海外旅行者の意識と行動』公益財団法人日本交通公社.

公益財団法人日本交通公社，2009，『旅行者動向2009——国内・海外旅行者の意識と行動』公益財団法人日本交通公社.

公益財団法人日本交通公社，2010，『旅行者動向2010——国内・海外旅行者の意識と行動』公益財団法人日本交通公社.

公益社団法人日本観光協会，2005，『平成16年度版 観光の実態と志向——第23回国民の観光に関する動向調査』公益社団法人日本観光振興協会.

公益社団法人日本観光協会，2008，『平成19年度版 観光の実態と志向——第26回国民の観光に関する動向調査 自動車旅行の実態』公益社団法人日本観光振興協会.

公益社団法人日本観光協会，2011，『平成22年度版 観光の実態と志向——第29回国民の観光に関する動向調査 人はなぜ旅に出なくなったのか』公益社団法人日本観光振興協会.

古川博康・本田清春，2004，『歴史と文化薫る学び舎 豊郷小学校——校舎保存運動の記録 豊郷小学校問題の全貌』サンライズ出版.

国土交通省総合政策局観光資源課・文化庁文化部芸術文化課地域文化振興室・関東運輸局企画観光部・近畿運輸局企画観光部・中国運輸局企画観光部，2007，『日本のアニメを活用した国際観光交流等の拡大による地域活性化調査』.

国土交通省総合政策局観光地域振興課・経済産業省商務情報政策局文化情報関連産業課・文化

庁文化部芸術文化課, 2005, 『映像等コンテンツの制作・活用による地域振興のあり方に関する調査報告書』.

小林義寛, 1999, 「テレビ・アニメのメディア・ファンダム——魔女っ子アニメの世界」伊藤守・藤田真文編『テレビジョン・ポリフォニー——番組・視聴者分析の試み』世界思想社, 182-215.

小山友介, 2009, 「2つのコンテンツ産業システム」出口弘・田中秀幸・小山友介編『コンテンツ産業論——混淆と伝播の日本型モデル』東京大学出版会, 61-90.

齋藤純一, 2000, 『公共性』岩波書店.

櫻井孝昌, 2009a, 『アニメ文化外交』筑摩書房.

櫻井孝昌, 2009b, 『世界カワイイ革命——なぜ彼女たちは「日本人になりたい」と叫ぶのか』PHP研究所.

櫻井孝昌, 2010, 『日本はアニメで再興する——クルマと家電が外貨を稼ぐ時代は終わった』アスキー・メディアワークス.

佐々木土師二, 2000, 『旅行者行動の心理学』関西大学出版部.

佐々木土師二, 2007, 『観光旅行の心理学』北大路書房.

佐藤善之, 2010, 「オタク絵馬とは何か——宮城縣護國神社の絵馬調査結果とその分析」山村高淑・岡本健編『CATS叢書 次世代まちおこしとツーリズム——鷲宮町・幸手市に見る商店街振興の未来』4：115-127.

佐藤誠, 1990, 『リゾート列島』岩波書店.

サンエイムック, 2011, 『萌えコレ！——日本縦断！萌えキャラ＆萌えおこし総合ガイド』三栄書房.

三才ムック, 2010, 『サイクルクリップ』三才ブックス.

JTBパブリッシング, 2008, 『もえるるぶCOOL JAPAN——オタクニッポンガイド』JTBパブリッシング.

敷田麻実・森重昌之, 2006, 「オープンソースによる自律的観光——デザインプロセスへの観光客の参加とその促進メカニズム」『国立民族学博物館調査報告』61：243-261.

篠原高志, 2003, 「テレビ番組を活用した観光振興と番組誘致について」『観光』441：30-36.

白神浩志, 2005, 「コンテンツがまちをおこす」長谷川文雄・水鳥川和夫編『コンテンツ・ビジネスが地域を変える』NTT出版, 23-50.

白幡洋三郎, 1996, 『旅行ノススメ——昭和が生んだ庶民の「新文化」』中央公論社.

スタジオ・ハードデラックス編, 2011, 『ボーカロイド現象——新世紀コンテンツ産業の未来モデル』PHP研究所.

須藤廣, 2005a, 「観光の近代と現代——観光というイデオロギーの生成と変容」須藤廣・遠藤英樹『観光社会学——ツーリズム研究の冒険的試み』明石書店, 41-91.

須藤廣, 2005b, 「日本人の海外旅行パターンの変容——ハワイにおける日本人観光の創造と展開」須藤廣・遠藤英樹『観光社会学——ツーリズム研究の冒険的試み』明石書店, 118-147.

総務省, 2011, 『平成23年版 情報通信白書——共生型ネット社会の実現に向けて』ぎょうせい.

高橋信之, 2011, 「まえがき」スタジオ・ハードデラックス編『ボーカロイド現象——新世紀

コンテンツ産業の未来モデル』PHP研究所，12-13.

田上博司，2007，『デジタルコミュニケーション――ICTの基礎知識』晃洋書房.

田川隆博，2009，「オタク分析の方向性」『名古屋文理大学紀要』9：73-80.

田中辰雄，2003，「コンテンツ産業の経済・経営分析」新宅純二郎・田中辰雄・柳川範之編『ゲーム産業の経済分析――コンテンツ産業発展の構造と戦略』東洋経済新報社，1-11.

谷國大輔，2009，『映画にしくまれたカミの見えざる手――ニッポンの未来ぢから』講談社.

谷村要，2008a，「インターネットを媒介とした集合行為によるメディア表現活動のメカニズム――『ハレ晴レユカイ』ダンス『祭り』の事例から」『情報通信学会誌』25（3）：69-81.

谷村要，2008b，「自己目的化するインターネットの『祭り』――『吉野家祭り』と『『ハレ晴レユカイ』ダンス祭り』の比較から」『関西学院大学社会学部紀要』104：139-152.

谷村要，2008c，「インターネットにおける『DiY文化』」『関西学院大学社会学部紀要』106：73-83.

田畑暁生，2004，「ひとめでわかる〈情報社会〉の歴史的流れ」田畑暁生編『情報社会を知るクリティカル・ワーズ』フィルムアート社，230-233.

玉井建也，2009，「『聖地』へと至る尾道というフィールド――歌枕から『かみちゅ！』へ？」『コンテンツ文化史研究』1：22-34.

津堅信之，2004，『日本アニメーションの力――85年の歴史を貫く2つの軸』NTT出版.

出口弘・田中秀幸・小山友介編，2009，『コンテンツ産業論――混淆と伝播の日本型モデル』東京大学出版会.

寺岡伸悟，2011，「メディアと観光」安村克己・堀野正人・遠藤英樹・寺岡伸悟編『よくわかる観光社会学』ミネルヴァ書房，82-83.

富田英典，2009，『インティメイト・ストレンジャー――「匿名性」と「親密性」をめぐる文化社会学的研究』関西大学出版部.

ドリルプロジェクト編，2010，『アニメ＆コミック 聖地巡礼NAVI』飛鳥新社.

内閣府政府広報室，2004，「自由時間と観光」『月刊世論調査』36（2）：3-91.

永井純一，2011，「デジタルメディアで創作する」土橋臣吾・南田勝也・辻泉編『デジタルメディアの社会学――問題を発見し，可能性を探る』北樹出版，171-185.

中島梓，1991，『コミュニケーション不全症候群』筑摩書房.

長島一由，2007，『フィルムコミッションガイド』WAVE出版.

中島太郎，2009，「社会教育施設紹介 現場からの宝探し（第20回）『誰も知らない』から『誰もが知っている』へ――ブームはチャンス NHK大河ドラマ特別展『天地人』をめぐって」『社会教育』64（10）：78-80.

中谷哲弥，2007，「フィルム・ツーリズムに関する一考察――『観光地イメージ』の構築と観光経験をめぐって」『奈良県立大学研究季報』18（1・2）：41-56.

中谷哲弥，2010，「フィルム・ツーリズムにおける『観光地イメージ』の構築と観光経験」遠藤英樹・堀野正人編『観光社会学のアクチュアリティ』晃洋書房，125-144.

中村伊知哉・小野打恵編，2006，『日本のポップパワー――世界を変えるコンテンツの実像』日本経済新聞社.

中村純子，2005，「ニューカレドニア土産工芸品にみる民族多様性と文化変容——『文化の客体化』概念の地域的再検討」『横浜商大論集』38（2）：182-205.

中村哲，2003，「観光におけるマスメディアの影響——映像媒体を中心に」前田勇編『21世紀の観光学——展望と課題』学文社，83-100.

中村哲・西村幸子・高井典子，2014，「『若者の海外旅行離れ』を読み解く——観光行動論からのアプローチ」法律文化社.

中村均，2004，『ライトノベル完全読本』日経 BP 社.

中森明夫，1983，「『おたく』の研究」『漫画ブリッコ』1983年6-7月号.

中森明夫，1985，「おたく族」『鳩よ！』1985年4月号.

難波功士，2007，『族の系譜学——ユース・サブカルチャーズの戦後史』青弓社.

西村幸夫編，2009，『観光まちづくり——まち自慢からはじまる地域マネジメント』学芸出版社.

野村総合研究所オタク市場予測チーム，2005，『オタク市場の研究』東洋経済新報社.

橋本和也，1999，『観光人類学の戦略——文化の売り方・売られ方』世界思想社.

橋本和也，2011，『観光経験の人類学——みやげものとガイドの「ものがたり」をめぐって』世界思想社.

橋本裕之，2006，「まつり——創られる旅」前田勇・佐々木土師二監修，小口孝司編『観光の社会心理学——ひと，こと，もの 3つの視点から』北大路書房，167-183.

橋元良明・奥律哉・長尾嘉英・庄野徹，2010，『ネオ・デジタルネイティブの誕生——日本独自の進化を遂げるネット世代』ダイヤモンド社.

長谷川文雄，2007，「コンテンツによる地域振興」長谷川文雄・福冨忠和編『コンテンツ学』世界思想社，301-316.

長谷川文雄・水鳥川和夫編，2005，『コンテンツ・ビジネスが地域を変える』NTT 出版.

パソコン美少女ゲーム研究会編，2000，『パソコン美少女ゲーム歴史大全——1982-2000』ぶんか社.

濱野智史，2008a，「ニコニコ動画の生成力——メタデータが可能にする新たな創造性」『思想地図』2：313-354.

濱野智史，2008b，『アーキテクチャの生態系——情報環境はいかに設計されてきたか』NTT 出版.

七邊信重，2009，「同人・インディーズゲーム制作を可能にする『構造』——制作・頒布の現状とその歴史に関する社会学的考察」『コンテンツ文化史研究』1：35-55.

七邊信重，2010，「ゲーム業界に広がるインディペンデントの流れ」デジタルゲームの教科書制作委員会『デジタルゲームの教科書——知っておくべきゲーム業界最新トレンド』ソフトバンククリエイティブ，289-308.

ヒロヤス・カイ，2008，『オタクの考察——4000億円のオタク市場はこうして生まれた！』シーアンドアール研究所.

深見聡，2009，「大河ドラマ『篤姫』効果と観光形態に関する一考察」『地域環境研究 環境教育研究マネジメントセンター年報』1：57-64.

深見聡・井出明編，2010，『観光とまちづくり——地域を活かす新しい視点』古今書院.

参考文献一覧

福嶋麻衣子・いしたにまさき，2011，『日本の若者は不幸じゃない』ソフトバンククリエイティブ．

藤山哲人，2006，『秋葉原マニアックス2006 萌える聖地アキバリターンズ』毎日コミュニケーションズ．

藤原実，2009，『知ってるだけで恥ずかしい 現代オタク用語の基礎知識』ディスカヴァー・トゥエンティワン．

別冊宝島編集部編，1989，『別冊宝島 おたくの本 104号』JICC 出版局．

北海道大学観光学高等研究センター文化資源マネジメント研究チーム編，2009，『CATS 叢書 メディアコンテンツとツーリズム──鷲宮町の経験から考える文化創造型交流の可能性』1．

堀田純司，2005，『萌え萌えジャパン──二兆円市場の萌える構造』講談社．

本田透，2005，『萌える男』筑摩書房．

前田勇，1995，『観光とサービスの心理学──観光行動学序説』学文社．

前原正美，2008，「メディア産業と観光産業──大河ドラマと観光ビジネス」『東洋学園大学紀要』16：131-150．

真木悠介，2003，『気流の鳴る音──交響するコミューン』筑摩書房．

増田雅史・生貝直人，2012，『デジタルコンテンツ法制──過去・現在・未来の課題』朝日新聞出版．

増淵敏之，2010，『物語を旅するひとびと──コンテンツ・ツーリズムとは何か』彩流社．

まんがタイムきらら編集部編，2010，『けいおん！テレビアニメ公式ガイドブック 桜高軽音部活動日誌』芳文社．

水野博介，2000，「情報化と家族ライフスタイルの変容」橋元良明・船津衛編『情報化と社会生活』北樹出版，84-107．

見田宗介，2006，『社会学入門──人間と社会の未来』岩波書店．

水鳥川和夫，2005，「日本発のコンテンツは世界を変える」長谷川文雄・水鳥川和夫編『コンテンツ・ビジネスが地域を変える』NTT 出版，1-21．

宮台真司，1994，『制服少女たちの選択』講談社．

村瀬ひろみ，2003，「オタクというオーディエンス」小林直毅・毛利嘉孝編『テレビはどう見られてきたのか──テレビ・オーディエンスのいる風景』せりか書房，133-152．

毛利嘉孝，2007，「コンテンツと文化」長谷川文雄・福冨忠和編『コンテンツ学』世界思想社，284-300．

萌え用語選定委員会編，2005，『萌え萌え用語の萌え知識』イーグルパブリッシング．

森川信男，2006，『コンピュータとコミュニケーション──情報ネットワーク化時代の情報革新』学文社．

安福恵美子，2006，『ツーリズムと文化体験──〈場〉の価値とそのマネジメントをめぐって』流通経済大学出版会．

安村克己，2001，『社会学で読み解く観光──新時代をつくる社会現象』学文社．

安村克己，2006，『観光まちづくりの力学──観光と地域の社会学的研究』学文社．

安村克己，2009，「遠藤論文『社会構想における観光の可能性』への問い」『地域創造学研究』

20（1）：83-91.

山口経済研究所編，2003，「大河ドラマ『武蔵 MUSASHI』で盛り上がる下関市」『やまぐち経済月報』336： 2 -13.

山口誠，2010，『ニッポンの海外旅行——若者と観光メディアの50年史』筑摩書房.

山口康男，2004，『日本のアニメ全史』テン・ブックス.

山崎正和，2003，『社交する人間——ホモ・ソシアビリス』中央公論新社.

山下晋司，1996，「序 南へ！北へ！——移動の民族誌」青木保・内堀基光・梶原景昭・小松和彦・清水昭俊・中林伸浩・福井勝義・船曳建夫・山下晋司編『移動の民族誌』岩波書店， 1 -28.

山下晋司，1999，『バリ 観光人類学のレッスン』東京大学出版会.

山田義裕，2008，「他者と出会う——支配の欲求から出会いの欲求への転回」『北海道大学大学院メディア・コミュニケーション研究院 大交流時代における観光創造』70：249-266.

山田義裕，2009，「まなざしを贈る——ポスト虚構の時代における他者との出会い（前編）」『The northern review』36：17-30.

山田義裕，2010，「まなざしを贈る——ポスト虚構の時代における他者との出会い（後編）」『The northern review』37：11-45.

山中速人，1996，「メディアと観光——ハワイ『楽園』イメージの形成とメディア」山下晋司編『観光人類学』新曜社，74-83.

山村順次編，2006，『観光地域社会の構築——日本と世界』同文舘出版.

山村高淑，2008，「アニメ聖地の成立とその展開に関する研究——アニメ作品『らき☆すた』による埼玉県鷲宮町の旅客誘致に関する一考察」『国際広報メディア・観光学ジャーナル』 7 ：145-164.

山村高淑，2011a，『アニメ・マンガで地域振興——まちのファンを生むコンテンツツーリズム開発法』東京法令出版.

山村高淑，2011b，「日本における戦後高度経済成長期の団体旅行に関する一考察——『職場旅行』隆盛化の実態とその背景について」『旅の文化研究所 研究報告 戦後日本における旅の大衆化に関する研究』20： 9 -24.

山村高淑・張天新・藤木庸介，2007，『世界遺産と地域振興——中国雲南省・麗江にくらす』世界思想社.

吉田順一，2008，「観光創造の方法と方向——ネオツーリズムと文化デザイン」『北海道大学大学院メディア・コミュニケーション研究院 大交流時代における観光創造』70：229-248.

吉田正高，2004，『二次元美少女論——オタクの女神創造史』二見書房.

吉田春生，2006，『観光と地域社会』ミネルヴァ書房.

美水かがみ，2005-2010，『らき☆すた 1 - 8 』角川書店.

吉見俊哉，1994，『メディア時代の文化社会学』新曜社.

吉本たいまつ，2009，『おたくの起源』NTT 出版.

米田公則，2003，『情報ネットワーク社会とコミュニティ』文化書房博文社.

参考文献一覧

〔欧文献〕

Andereck, K. L., Valentine, K. M., Knopf, R.C. and Vogt, C. A., 2005, Residents' Perception of Community Tourism Impacts, *Annals of Tourism Research*, 32（4）：1056-1076.

Ap, J., 1992, Residents' Perception on Tourism Impacts, *Annals of Tourism Research*, 19（3）：665-690.

Barral, E., 1999, *Otaku: Les Enfants du Virtuel*, Denoël.（＝2000, 新島進訳『オタク・ジャポニカ――仮想現実人間の誕生』河出書房新社.）

Beeton, S., 2005, *Film-Induced Tourism*, Channel View Publications.

Boorstin, D. J., 1962, *The Image*, Harper and Row.（＝1964, 星野郁美・後藤和彦訳『幻影の時代――マスコミが製造する事実』創元社.）

Brunt, P. and Courtney, P., 1999, Host Perceptions of Sociocultural Impacts, *Annals of Tourism Research*, 26（3）：493-515.

Buchmann, A., Moore, K. and Fisher, D., 2010, Experiencing Film Tourism: Authenticity & Fellowship, *Annals of Tourism Research*, 37（1）：229-248.

Butler, R. W., 1980, The Concept of a Tourist Area Cycle of Evolution: Implications for Management of Resources, *Canadian Geographer*, 24（1）：5-12.

Cohen, E., 1972, Toward a Sociology of International Tourism, *Social Research*, 39：164-182.

Cohen, E., 1979, Phenomenology of Tourist Experiences, *Sociology*, 13：179-201.（＝1998, 遠藤英樹訳「観光経験の現象学」『奈良県立商科大学研究季報』9（1）：39-58.）

Giddens, A., 1991, *Modernity and Self-Identity: Self and Society in the Late Modern Age*, Stanford University Press.（＝2005, 秋吉美都・安藤太郎・筒井淳也訳『モダニティと自己アイデンティティ――後期近代における自己と社会』ハーベスト社.）

Homans, G. C., 1961, *Social Behavior: Its Elementary Forms*, Harcourt, Brace and World.（＝1978, 橋本茂訳『社会行動――その基本形態』誠信書房.）

Kim, H. and Richardson, S. L., 2003, Motion Picture Impacts on Destination Images, *Annals of Tourism Research*, 30（1）：216-237.

Kozak, M. and Decrop, A., 2009, *Handbook of Tourist Behavior*, Routledge.

Lyotard, J. F., 1979, *La Condition Postmoderne*, Edition de Minuit.（＝1986, 小林康夫訳『ポスト・モダンの条件――知・社会・言語ゲーム』風の薔薇.）

MacCannell, D., 1973, Staged Authenticity: Arrangements of Social Space in Tourist Settings, *American Journal of Sociology*, 79（3）：589-603.

MacIver, R. M., 1917, *Community: A Sociological Study*, Ayer Co Pub.（＝1975, 中久郎・松本通晴監訳『コミュニティ――社会学的研究：社会生活の性質と基本法則に関する一試論』ミネルヴァ書房.）

Mannell, R. C. and Kleiber, D. A., 1997, *A Social Psychology of Leisure*, Venture Publishing.（＝2004, 速水敏彦監訳『レジャーの社会心理学』世界思想社.）

Månsson, M., 2011, Mediatized Tourism, *Annals of Tourism Research*, 38（4）：1634-1652.

March, R. and Woodside, A. G., 2005, *Tourism Behaviour: Travellers' Decisions and Actions*, CABI Publishing.

Mason, P. and Cheyne, J., 2000, Residents' Attitudes to proposed Tourism Development, *Annals of Tourism*

261

Research, 27（2）: 391-411.

Mercille, J., 2005, Media effects on image: The Case of Tibet, *Annals of Tourism Research*, 32（4）: 1039-1055.

Meyrowitz, J., 1985, *No Sense of Place: The Impact of Electronic Media on Social Behavior*, Oxford University Press.（＝2003, 安川一・髙山啓子・上谷香陽訳『場所感の喪失（上）——電子メディアが社会的行動に及ぼす影響』新曜社.）

Parsons, T., 1937, *The Structure of Social Action*, Free Press.（＝1974-1989, 稲上毅・厚東洋輔訳『社会的行為の構造』木鐸社.）

Parsons, T., 1951, *The Social System*, Free Press.（＝1974, 佐藤勉訳『社会体系論』青木書店.）

Parsons, T., Bales, R. F. and Shils, E. A., 1953, *Working Papers in the Theory of Action*, Free Press.

Pearce, P. L., 1982, *The Social Psychology of Tourist Behaviour*, Pergamon Press.

Pearce, P. L., 2005, *Tourist Behaviour: Themes and Conceptual Schemes*, Channel View Publications.

Riley, R., Baker, D. and Van Doren, C. S., 1998, Movie induced tourism, *Annals of Tourism Research*, 25（4）: 919-935.

Smith, V. L. ed., 1989, *Hosts and Guests: The Anthropology of Tourism*, University of Pennsylvania Press.（＝1991, 三村浩史監訳『観光・リゾート開発の人類学——ホスト＆ゲスト論でみる地域文化の対応』勁草書房.）

Urry, J., 1990, *The Tourist Gaze: Leisure and Travel in Contemporary Societies*, Sage.（＝1995, 加太宏邦訳『観光のまなざし——現代社会におけるレジャーと旅行』法政大学出版局.）

Urry, J., 1995, *Consuming Places*, Routledge.（＝2003, 吉原直樹・大澤善信監訳, 武田篤志・松本行真・齋藤綾美・末良哲・髙橋雅也訳『場所を消費する』法政大学出版局.）

Weber, M., 1904, Die protestantische Ethik und der 'Geist' des Kapitalismus, *Archiv für Sozialwissenschaften und Sozialpolitik*, 20: 1-54／21: 1-110.（＝1955-1962, 梶山力・大塚久雄訳『プロテスタンティズムの倫理と資本主義の精神』岩波書店.）

Weber, M., 1922, Soziologische Grundbegriffe, *Wirtschaft und Gesellschaft*, J. C. B. Mohr［1980］S. 1-30.（＝1972, 清水幾太郎訳『社会学の根本概念』岩波書店.）

索　引

あ

アーカイブサイト ……………………… 124
ICT …………………………………………… 9
IT …………………………………………… 9
アイデンティティ ………………………… 6
iPhone …………………………………… 107
アクセス解析 ……………………… iii, 145
『朝霧の巫女』 …………………………… 55
『アタック No. 1』 …………………… 148
新しい観光 ……………………………… 65
『篤姫』 ………………………………… 118
アナログコンテンツ …………………… 27
アニメ …………………………………… i, 2
Anime Expo ……………………………… 29
アニメーション ………………………… 24
新たな観光 ……………………………… 62
『an・an』 ……………………………… 60
アンケート（質問紙）調査 …… iii, 167
アンノン族 ……………………………… 60
異質性 …………………………………… 18
痛絵馬 ………………………………… 111
痛車 …………………………………… 115
『痛車グラフィックス』 ……………… 182
イベント ………………………………… 56
イメージ ……………………………… i, 20
イラスト ………………………………… 50
入込客数 ………………………………… 5
インターネット ………………………… 1
インタープリテーション ……………… 42
インタビュー（聞き取り）調査 …… iii, 156
インティメイト・ストレンジャー …… 10
インバウンド …………………………… 29
ウィンドウズ95 ………………………… 68
ウィンドウズ3.1 ……………………… 68
上杉まつり ……………………………… 80

ウェブ（空間） ………………………… 16
ウェブサイト …………………… iii, 48
歌枕 ……………………………………… 26
『宇宙戦艦ヤマト』 …………………… 47
『AIR』 ………………………………… 109
映画 ……………………………………… 19
『エイトマン』 ………………………… 148
『エイトマン ロボット007，光線銃レーザー』
………………………………………… 149
『ヱヴァンゲリヲン新劇場版』 ……… 29
AKB48 ………………………………… 164
エコツーリズム ………………………… 62
SNS（ソーシャルネットワーキングサービ
ス） …………………………… iii, 109
SF ……………………………………… 46
エスニックツーリズム ………………… 62
N 次創作 ……………………………… 49
絵葉書 …………………………………… 20
絵馬 ……………………………………… 84
演劇 ……………………………………… 24
オイルショック ………………………… 59
『黄金バット』 ………………………… 148
『王立宇宙軍 オネアミスの翼』 …… 150
『狼少年ケン』 ………………………… 148
『狼少年ケン アラビアの怪人，魔の岩の決闘』
………………………………………… 149
『狼少年ケン おく病なライオン』 … 149
大きな物語 ……………………………… 14
オーディエンス ………………………… 21
『おジャ魔女どれみ』 ………………… 130
『お嬢様特急』 ………………………… 130
『おそ松くん』 ………………………… 148
オタク（おたく） ……………………… 2
オタク第 1 世代 ………………………… 47
オタク第 2 世代 ………………………… 47
オタク第 3 世代 ………………………… 48

263

オタク第4世代 ……………… 142
『オタクと町が萌えた夏』 ……… 165
オタク論 ……………………… 54
『おねがい☆ツインズ』 ………… 83
『おねがい☆ティーチャー』 …… 55
『オバケのQ太郎』 …………… 148
オフ会 ………………………… 84
俺の嫁 ………………………… 192
音　楽 ………………………… 24
音楽テープ …………………… 49
音　声 ………………………… 24

か

『ガールズ＆パンツァー』 ……… 248
海外渡航の自由化 ……………… 58
開拓的アニメ聖地巡礼者 ……… 55
ガイド ………………………… 42
ガイドブック ………………… 19
『怪物くん』 …………………… 148
拡張現実 ……………………… 155
『風の谷のナウシカ』 ………… 149
仮想現実 ……………………… 155
家族・友人の話 ……………… 68
価値観の多様化 ……………… 17
『Kanon』 …………………… 109
『かみちゅ！』 ………………… 111
『仮面ライダー龍騎』 ………… 154
観光オタク …………………… 66
観光客 ………………………… 19
観光経験 ……………………… 20
観光情報 ……………………… 110
観光情報誌 …………………… 21
観光の動物化 ………………… 82
観光のまなざし ……………… 20
観光ビジネス ………………… 3
観光プロデューサー ………… 211
観察調査 ……………………… 106
『かんなぎ』 …………………… 29
看　板 ………………………… 163
期　待 ………………………… 3
『機動警察パトレイバー』 ……… 247

『機動戦士ガンダム』 ………… 47
『君の四股名は。』 ……………… i
『君の名は。』 ……………… i, 248
キャラクター ………………… 48
キャラクター・グッズ ……… 49
『Campus ～桜の舞う中で～』 … 130
『究極超人あ～る』 …………… 79
行　政 ………………………… 22
共同性 ………………………… 53
共同体 ………………………… 14
『巨人の星』 …………………… 148
『銀河鉄道999』 ……………… 149
近代的な個人 ………………… 14
空気系 ………………………… 147
Google ………………………… 107
グッズ ………………………… 156
グッドスマイルカンパニー …… 160
『CLANNAD』 ………………… 109
『クレヨンしんちゃん』 ……… 29
『けいおん！』 ………………… 55
『けいおん！！』 ……………… 139
携帯ストラップ ……………… 157
携帯電話 ……………………… 12
ゲーム ………………………… 22
『ゲゲゲの鬼太郎』 …………… 148
ゲスト（旅行者） ……………… 39
研　究 ……………………… i, 6
検索サイト …………………… 22
現実空間 ……………………… 16
『攻殻機動隊』 ………………… 247
『高機動幻想ガンパレード・マーチ』 … 130
公共圏 ………………………… 18
公共性 ………………………… 2
航空機 ………………………… 19
高速道路 ……………………… 58
高速バス ……………………… 58
高度経済成長 ………………… 15
『GHOST IN THE SHELL / 攻殻機動隊』 …… 151
『コードギアス 反逆のルルーシュ』 … 154
国内航空線 …………………… 58
個人化 ………………………… 2

索 引

個人旅行 …………………………………… 66	写 真 …………………………………… 19
孤人旅行 …………………………………… 66	JAPAN ANIME MAP ………………… 29
コスプレ …………………………………… 94	Japan Expo ………………………… 29
『こちら葛飾区亀有公園前派出所』（『こち亀』）	『じゃらん』 ……………………………… 182
……………………………………………… 81	『ジャングル大帝』 …………………… 148
個別的 …………………………………… 20	『週刊少年ジャンプ』 ………………… 81
コミック …………………………………… 47	『週刊文春』 …………………………… 182
コミックマーケット …………………… 28	宗教的な巡礼 ………………………… 37
コミュニケーション …………………… I	主体的 …………………………………… 62
コミュニティ …………………………… 16	趣味縁 …………………………………… 54
コミュニティオブインタレスト ……… 169	巡礼記 …………………………………… 94
『こんきくらぶ』 ……………………… 181	小 説 …………………………………… 24
コンテンツ ……………………………… 17	消 費 …………………………………… 23
コンテンツツーリズム ………………… 28	情報環境 …………………………………… 7
コンテンツプロデューサー …………… 179	情報空間 …………………………………… II
コンピュータ …………………………… 8	情報源 …………………………………… 33
コンピュータゲーム …………………… 24	情報行動 …………………………………… 23
『コンプティーク』 …………………… 83	情報社会 …………………………………… I
	情報収集源 ……………………………… 71
さ	情報通信機器 …………………………… I
	情報通信技術 …………………………… I
再帰的近代 ……………………………… 13	情報ネットワーク …………………… 41
再帰的な個人 …………………………… 14	情報発信 …………………………………… 3
「再帰的な」個人主義 ………………… 63	『女王の教室』 ……………………… 154
『最終兵器彼女』 ……………………… 29	書 籍 ……………………………… ii, 26
『サイボーグ009』 …………………… 148	書籍雑誌 …………………………………… 25
『サイボーグ009 怪獣戦争』 ………… 149	自律性 …………………………………… 53
『咲-Saki-』 …………………………… 55	自律的 …………………………………… 5
『サザエさん』 ………………………… 148	自律的観光 ……………………………… 5
雑 誌 …………………………………… 20	新幹線 …………………………………… 58
サブカルチャー ………………………… 47	神 社 ……………………………… i, 82
『サマーウォーズ』 …………………… 29	新自由主義 …………………………… 151
『さらば宇宙戦艦ヤマト 愛の戦士たち』 … 149	『新世紀エヴァンゲリオン』 ………… 48
産 業 …………………………………… 4	新 聞 …………………………………… 20
CGM（Consumer Generated Media）…… 25	新聞・雑誌記事分析 ………………… iii, 75
CD …………………………………… 49	親密性 …………………………………… I
CD-ROM ……………………………… 49	心理学的 …………………………………… 38
質問紙 …………………………………… 54	人類学的 …………………………………… 35
実況中継 ……………………………… III	『涼宮ハルヒの憂鬱』 ………………… 29
島宇宙 …………………………………… 16	スタンプラリー …………………… 158
社会関係資本 ………………………… 217	スペシャル・インタレスト・ツーリズム …… 62
社会学的 …………………………………… 6	

スマートフォン（スマホ）………… 107
政　策………………………………… 1
精神的（な）中心…………………… 35
聖地巡礼…………………………… i, 2
聖地に関するデータベース……… 125
世界観………………………………… 48
世界コスプレサミット……………… 28
『世界の中心で，愛をさけぶ』…… 28
先行研究………………………… iii, 7
『戦国 BASARA』…………………… 31
『戦国 BASARA 2 』………………… 83
『戦国無双 2 』……………………… 83
『前前前世』…………………………… i
『センチメンタルグラフティ』…… 130
『千と千尋の神隠し』……………… 29
相互作用……………………………… 19
ソーシャルメディア………………… 23
ソフトツーリズム…………………… 62

た

『タイガーマスク』………………… 148
大河ドラマ…………………………… 21
第三次観光革命……………………… 57
『太陽の王子 ホルスの大冒険』… 149
『D.C. II ～ダ・カーポ II ～』…… 130
『武田信玄』………………………… 120
他者関係……………………………… 1
他者性を持った他者………………… 1
多重人格……………………………… 13
タブレット型端末………………… 107
多様化………………………………… 1
『ダロス I リメンバー・バーソロミュー』…150
「単純な」個人主義………………… 63
誕生日会…………………………… 186
地域規範……………………………… 37
地域住民……………………………… 3
地域振興……………………………… 3
小さな物語…………………………… 16
チョココロネ……………………… 163
地理的な遠近………………………… 11
地理的な空間………………………… 11

Twitter…………………………… i, 23
出会い………………………………… 1
DIY………………………………… 123
D2…………………………………… 164
DTM………………………………… 51
DTM ソフト………………………… 50
DVD………………………………… 101
データベース………………………… 48
データベース消費…………………… 16
データベース的動物………………… 15
デジタル化…………………………… 1
デジタルコンテンツ………………… 27
『デジモンアドベンチャー』……… 29
『DEATH NOTE』………………… 153
『鉄人28号』……………………… 148
『鉄腕アトム』…………………… 148
『鉄腕アトム 宇宙の勇者』……… 149
テレビ………………………………… 20
テレビアニメ………………………… 94
テレビジョン………………………… 59
テレビドラマ………………………… 23
テレビ番組…………………………… 25
『天空の城ラピュタ』……………… 150
電子掲示板………………………… 110
『天地人』………………………… 120
『天地無用！魎皇鬼』……………… 80
電　話………………………………… 12
『とある科学の超電磁砲』………… 29
動　画………………………………… 49
東京オリンピック…………………… 58
同質性………………………………… 17
同人ガイドブック………………… 207
同人誌………………………………… 49
同人誌即売会………………………… 49
動物化………………………………… 1
動物の時代…………………………… 15
『東方 Project』…………………… 53
『true tears』……………………… 29
特　撮………………………………… 47
匿名性………………………………… 1
都市空間……………………………… 12

索　引

『となりのトトロ』 …………………… 150
飛び出し坊や …………………………… 184
『ドラえもん』 ………………………… 150
『ドラえもん のび太の恐竜』 ………… 150
『ドラゴン桜』 ………………………… 154
ドラマ ………………………………………… 25
『どろろ』 ……………………………… 148

な

『ナイトライフ』 ……………………… 130
二項対立 …………………………………… 13
ニコニコ動画 ……………………………… 50
二次創作 …………………………………… 49
『24人のビリー・ミリガン』 …………… 13
日常系 …………………………………… 147
2ちゃんねる（5ちゃんねる） ……… 131
2ちゃんねるまとめサイト ………… 131
日本政府観光局 …………………………… 29
ニューメディア …………………………… 23
ネットワーク ……………………………… 9
ネットワーク化 …………………………… 1
『狙った恋の落とし方。』 ………………… 27
能動化 ……………………………………… 1
能動的 ……………………………………… 19
ノートパソコン …………………………… 98
『non・no』 ……………………………… 60

は

パーソナル化 ……………………………… 11
パーソナル・コンピュータ（パソコン） … 46
『パーマン』 …………………………… 148
排他性 ……………………………………… 16
『ハクション大魔王』 ………………… 148
初音ミク …………………………………… 50
『バトル・ロワイアル』 ……………… 153
『花の生涯』 …………………………… 118
バブル経済 ………………………………… 61
バンダイ ………………………………… 150
バンダイビジュアル ……………………… 79
ハンドルネーム ………………………… 217
『万能文化猫娘』 ……………………… 130

パンフレット ……………………………… 22
『ぴあ』 ………………………………… 181
P.A.WORKS ……………………………… 138
『ひぐらしのなく頃に』 ……………… 109
ビジネス …………………………………… 1
美少女ゲーム …………………………… 130
『美少女戦士セーラームーン』 ………… 29
『美少女戦士セーラームーン R』 ……… 80
『美少女戦士セーラームーン S』 ……… 80
『美少女戦士セーラームーン SuperS』 ………… 80
『美少女戦士セーラームーン セーラース
　ターズ』 ………………………………… 80
ビデオゲーム ……………………………… 46
ビデオテープ ……………………………… 49
ビデオデッキ ……………………………… 46
批判的検討 …………………………… iii, 54
『ひみつのアッコちゃん』 …………… 148
『秒速5センチメートル』 ……………… 83
『ひょっこりひょうたん島』 ………… 149
ファッション ……………………………… 28
ファンサブ ………………………………… 49
ファンジン（fanzine） …………………… 49
フィールドワーク ……………… iii, 31
フィギュア ………………………………… 47
フィルムツーリズム ……………………… 21
Facebook ………………………………… 23
『Fate/stay night』 …………………… 130
不可能性の時代 …………………………… 65
舞台探訪 …………………………………… 82
物理化学的なパターン …………………… 27
『冬のソナタ』 …………………………… 22
Flickr ……………………………………… 23
ブログ ……………………………… iii, 23
フロッピー・ディスク …………………… 49
文化人類学 ………………………………… 40
文芸 ………………………………………… 24
文献研究 ……………………………… iii, 55
ホームページ ……………………………… 71
ポケベル …………………………………… 11
『ほしのこえ』 ………………………… 151
ホスト（地域住民） ……………………… 39

267

『火垂るの墓』……………… 150
『炎の蜃気楼』……………… 80
ボランティア……………… 170
本……………………… iii, 121

友人からの口コミ……………… 107
YouTube…………………… 23
ユビキタスネットワーク社会……… 9
『妖怪人間ベム』……………… 148

ま

『前前前頭』…………………… i
『マジンガーZ』……………… 152
マス・ツーリズム……………… 38
マスメディア………………… 21
MAD………………………… 49
MAD 動画…………………… 147
MAD ムービー……………… 52
『マッハ GoGoGo』………… 148
『魔法使いサリー』…………… 148
『真夜中の殺人コール』………… 10
マンガ（漫画）……………… 13
『漫画ブリッコ』……………… 46
mixi………………………… 109
『源義経』…………………… 118
ミラージュ・ツアー…………… 80
『ムーミン』………………… 148
『無限のリヴァイアス』………… 154
『武蔵 MUSASHI』………… 120
メディア…………………… 10
メディア・コミュニケーション…… 1
萌　え……………………… 31
模　型……………………… 20
『もののけ姫』……………… 150
モバイル化………………… 11

や

Yahoo!……………………… 124
UGC（User Generated Contents）…… 25

ら

『LIAR GAME』……………… 154
ライトノベル………………… 80
『らき☆すた』……………… 29
『らき☆すた OVA』………… 164
ラジオ……………………… 41
『Love Letter』……………… 27
リアリティ…………………… 3
『リアル鬼ごっこ』…………… 154
リスポンシブル・ツーリズム…… 62
リピーター………………… 85
『リボンの騎士』……………… 148
『龍馬伝』…………………… 119
旅行経験…………………… 66
旅行雑誌…………………… 23
旅行実務……………………… 4
旅行者……………………… 1
旅行者の個人化……………… 1
旅行商品…………………… 23
旅行情報…………………… 60
旅行番組…………………… 24
旅行保険…………………… 19
レコード………………………

わ

Wi-Fi……………………… 249
鷲宮町商工会………………… 95
『鷲宮☆物語〜商工会の挑戦〜』… 164
『鷲宮☆物語〜序章〜』……… 161

＊索引のページ数は，初出のページのみを記しています。

【著者紹介】

岡本　健（おかもと　たけし）　近畿大学総合社会学部総合社会学科教授
　　　　　　　　　　　　　　　近畿大学情報学研究所ICT教育部門教授（兼務）

1983年奈良市生まれ。北海道大学文学部卒業（専攻は認知心理学）。2012年3月，北海道大学大学院国際広報メディア・観光学院博士後期課程修了。博士（観光学）。
専門は，観光社会学，コンテンツツーリズム学，メディア・コンテンツ学など。

〔主要著書〕
『ゆるレポ』（共編著，人文書院，2021年）
『ソーシャルメディア・スタディーズ』（共編著，北樹出版，2021年）
『メディア・コンテンツ・スタディーズ』（共編著，ナカニシヤ出版，2020年）
『大学で学ぶゾンビ学』（単著，扶桑社，2020年）
『コンテンツツーリズム研究［増補改訂版］』（編著，福村出版，2019年）
『巡礼ビジネス』（単著，KADOKAWA，2018年）
『ゾンビ学』（単著，人文書院，2017年）
『マンガ・アニメで人気の「聖地」をめぐる神社巡礼』（監修，エクスナレッジ，2014年）
『n次創作観光』（単著，NPO法人北海道冒険芸術出版，2013年）

Horitsu Bunka Sha

アニメ聖地巡礼の観光社会学
──コンテンツツーリズムのメディア・コミュニケーション分析

2018年9月15日　初版第1刷発行
2024年7月15日　初版第5刷発行

著　者　　岡本　　健
発行者　　畑　　　光
発行所　　株式会社　法律文化社
〒603-8053
京都市北区上賀茂岩ヶ垣内町71
電話 075(791)7131　FAX 075(721)8400
https://www.hou-bun.com/

印刷：西濃印刷㈱／製本：㈱吉田三誠堂製本所
装幀：白沢　正
ISBN 978-4-589-03957-6
©2018 Takeshi Okamoto Printed in Japan

乱丁など不良本がありましたら，ご連絡下さい。送料小社負担にてお取り替えいたします。
本書についてのご意見・ご感想は，小社ウェブサイト，トップページの「読者カード」にてお聞かせ下さい。

JCOPY　〈出版者著作権管理機構　委託出版物〉
本書の無断複写は著作権法上での例外を除き禁じられています。複写される場合は，そのつど事前に，出版者著作権管理機構（電話 03-5244-5088，FAX 03-5244-5089，e-mail: info@jcopy.or.jp）の許諾を得て下さい。

池田太臣・木村至聖・小島伸之編著

巨大ロボットの社会学
―戦後日本が生んだ想像力のゆくえ―

A5判・222頁・2970円

アニメ作品の世界と，玩具・ゲーム・観光といったアニメを超えて広がる巨大ロボットについて社会学のアプローチで分析。日本の文化における意味・位置づけ，そしてそれに託して何が描かれてきたのかを明らかにする。

近森高明・工藤保則編

無印都市の社会学
―どこにでもある日常空間をフィールドワークする―

A5判・288頁・2860円

どこにでもありそうな無印都市からフィールドワークを用いて，豊かな様相を描く。日常の「あるある」を記述しながら，その条件を分析することで，都市空間とその経験様式に対する社会学的反省の手がかりをえる。

西村大志・松浦雄介編

映画は社会学する

A5判・272頁・2420円

映画を用いて読者の想像力を刺激し，活性化するなかで，社会学における古典ともいうべき20の基礎理論を修得するための入門書。映画という創造力に富んだ思考実験から，人間や社会のリアルを社会学的につかみとる。

遠藤英樹編著

ツーリズム・リサーチメソッド入門
―「観光」を考えるための道案内―

A5判・244頁・3190円

現代の多様な観光現象を考察するには，観光現象に関わるデータを収集・分析し，その結果を表現するためのツーリズム・リサーチメソッドが必要である。本書は，「質的なリサーチ」「量的なリサーチ」「観光メディアのリサーチ」について分かりやすく紹介する。

井口 貢編

観光学事始め
―「脱観光的」観光のススメ

A5判・286頁・3080円

地域固有の価値とそこに暮らす人びとを育み，内発的・自律的に地域文化を創造するこれからの「観光」のあり方を提示。これまでの消費型・紋切型・モノカルチャー型「観光」を克服し，様々な実践事例や先達の知恵から語り口調で愉しく観光の「本義」を語る。

―――法律文化社―――

表示価格は消費税10％を含んだ価格です